Leonardo Boff

Das mütterliche Antlitz Gottes

Ein interdisziplinärer Versuch über das Weibliche und seine religiöse Bedeutung

W0176428

Patmos Verlag
Düsseldorf

Das Original dieses Buches erschien 1979 unter dem Titel
»O rosto materno de Deus. Ensaio interdisciplinar sobre o feminino e suas
formas religiosas« im Verlag Vozes, Petrópolis.
Aus dem Portugiesischen übersetzt von Horst Goldstein.
Die Redaktion der Anmerkungen besorgte Annette Lepschy.

CIP-Kurztitelaufnahme der Deutschen Bibliothek

Boff, Leonardo:
Das mütterliche Antlitz Gottes : e. interdisziplinärer Versuch
über d. Weibliche u. seine religiöse Bedeutung / Leonardo Boff.
[Aus d. Portug. übers. von Horst Goldstein]. –
1. Aufl. – Düsseldorf : Patmos Verlag, 1985.
  Einheitssacht.: O rosto materno de Deus ‹dt.›
  ISBN 3-491-77638-4

© 1985 Patmos Verlag Düsseldorf
Alle Rechte vorbehalten
1. Auflage 1985
Umschlaggestaltung: Peter J. Kahrl
Gesamtherstellung: Lengericher Handelsdruckerei, Lengerich/Westf.
ISBN 3-491-77638-4

Inhalt

Fünfter Teil: Die Mythologie
Maria – Tempel des Geistes, die neue Eva

»Gott ist Vater,
und mehr noch,
er ist uns auch Mutter.«

Papst Johannes Paul I.

Einleitung
Das Weibliche und die Theologie

1. Soziale und religiöse Bedeutung des Weiblichen

Im Verhältnis zwischen Mann und Frau verlagern sich in der Gesellschaft gegenwärtig weltweit die Gewichte. Von einer patriarchalischen Sozietät, die auf der Vorherrschaft des Mannes und der Vernunft gründet, entwickeln sich die Beziehungen zu einem mehr personalen Zusammenleben, in dem die maßgeblichen Kräfte die Person und das Gleichgewicht ihrer Eigenschaften sind. Diese Entwicklung ist zum Nutzen der Frau, die über Jahrhunderte hin auf eine geschlechtliche Bestimmung (ledig, verheiratet, verwitwet, noch zu haben usf.) reduziert war. Die Arbeitsgesellschaft beutete die Kraft der Frau aus, eröffnete ihr zugleich aber auch die Möglichkeit, ihre Fähigkeiten zu zeigen. So erprobte die Frau neue Arbeitsweisen und setzte sich kraft ihrer Autorität und Kompetenz in Zweigen durch, in denen der Mann allein das Sagen zu haben meinte. Inzwischen gibt es praktisch keinen Bereich mehr, in dem nicht auch die Frau aufgerufen wäre, ihren Beitrag zu leisten.

Diese neuen weiblichen Verhaltensformen stießen Reflexionen in alle Richtungen an. Sie sind mit ihrer Fülle an wahrhaft revolutionärer Kritik und Revision in vollem Gang und bedrohen die Grundlagen der zusammenbrechenden patriarchalischen Kultur mitsamt ihren Idealen. So bildet zum Beispiel die Rationalität einen der Schlüsselbegriffe zum Verständnis der Welt während der letzten vier Jahrhunderte. Rationalität beinhaltet Objektivität und widerspricht Emotion, Subjektivität, Gefühl und Intuition. Der *Idealtypus* ist reine Rationalität mit einem Mindestmaß an subjektiver Äußerung seitens des Analysierenden. In dieser Kultur der Vernunftherrschaft wurde nun der Mann mit der Rationalität und die Frau mit der Irrationalität bzw. Gefühlswelt identifiziert. Indem die Rationalität als das anzustrebende Ideal ausgewiesen wurde, geriet die Weiblichkeit in Mißkredit und Geringschätzung, weil das Irrationale, Intuitive und Gefühlsmäßige nichts galt.

Diese Diskriminierung hat eine lange Geschichte im westlichen und theologischen Denken. So argumentiert zum Beispiel Augustinus: »Es entspricht der natürlichen Ordnung unter den Menschen, daß die Frauen den Männern und die Kinder den Eltern untertan sind; denn es ist eine Sache der Gerechtigkeit, daß sich die schwächere Vernunft der stärkeren unterwirft.«[1] Thomas von Aquin dachte nicht anders: »Die Frau ist dem Mann von Natur aus untergeordnet, weil im Mann von Natur aus die Unterscheidungskraft des Verstandes überwiegt.«[2]

Zu beachten ist, daß immer mit der Natur argumentiert wird. Mit anderen Worten: Geschichtsbedingte und veränderliche Situationen werden ontologisiert und für unveränderlich erklärt. Hinzu kommt die Mißlichkeit (mit allen Folgen in der Gesetzgebung bis auf den heutigen Tag), daß diese Fakten als verstandesmäßige Defizite gedeutet und die Frauen dadurch mit Kindern und Geistesschwachen gleichgestellt werden.

Während der letzten Jahrzehnte wurde heftige Kritik an der Rationalität und ihren Ansprüchen laut. Man begann, das »A-rationale« als einen eigenen Wert zu entdecken, der kein Widerspruch zum Verstandesmäßigen, sondern einfach anders ist. Auf kultureller Ebene erlebten die Intuition, das Weibliche und alles, was mit Subjektivität zu tun hat, eine großartige Aufwertung. Man darf davon ausgehen, daß wir gegenwärtig in das Zeitalter der *sophia* kommen, die als Archetyp des Weiblichen Merkmale der Integration auch des Männlichen aufweist.

Angesichts der Tatsache, daß das Thema »Frau« neue Werte mit sich bringt, daß die Frau, ohne Vorrechte zu beanspruchen und ohne die Herrschaft des einen über den anderen zu tolerieren, die Forderung erhebt, als Person anerkannt und mit ihrem spezifischen Unterschied akzeptiert zu werden, und daß dadurch auch ein neues Gleichgewicht in den sozialen Bezügen entsteht, wurde dieser ganze Komplex zu einem Thema von größer Wichtigkeit. So kam es auf allen Gebieten anthropologischer, historischer, soziologischer, psychologischer und religionswissenschaftlicher Forschung zu einer unübersehbaren Zahl von Studien und Reflexionen. Die große Mehrzahl dieser Untersuchungen zielt darauf ab, die aufbrechende Linie des Weiblichen zu unterstützen; einige wollen das Thema aber auch entschärfen und das gegenwärtig in der Gesellschaft noch tonange-

---

[1] Quaestiones in Heptateuchum 2, 152 (CCL 33,50).
[2] Sth q.92 a.1 ad 2.

bende Patriarchat untermauern, obgleich es bereits weithin in Frage gezogen wird.

Allem Anschein nach erleben wir im Augenblick, daß einer der entscheidendsten Archetypen des kollektiven Unbewußten der Menschheit aufbricht: der Archetyp der *anima* mit seinen vielfältigen Erscheinungsformen. In zigtausend Jahren passiert so etwas nur einmal. Dadurch aber kommt es zu einer Achsenverschiebung im gesamten Geschichtszusammenhang. Als Mann und Frau entwickelt der Mensch ein neues Selbstverständnis. Beide definieren ihr wechselseitiges Verhältnis, das institutionelle Machtgefüge und ihr Gottesbild neu.

2. Der theologische Eigenwert des Weiblichen

Die Theologie versteht sich als den disziplinierten und geregelten Diskurs des Glaubens. Glaube ist die Lebens- und Betrachtungsweise, die alle Dinge dieser Welt und der menschlichen Erfahrung in einen Bezug zu Gott stellt. Alles wird letztlich im Licht Gottes gesehen, gedeutet und gelebt.

Auch das hier anstehende Thema des Weiblichen fällt in den Fragehorizont der Theologie. Erstens: Wie offenbart das Weibliche Gott? Zweitens: Inwiefern offenbart sich Gott im Weiblichen? Mit anderen Worten: Inwiefern stellt das Weibliche, das uns ja bekannt ist, einen Weg zur Erkenntnis Gottes dar? Und weiter: Wie kann sich Gott selbst unter weiblichen Zügen zu verstehen geben und sich konkret darstellen? Können wir mit der Anrufung »Meine Mutter« mit Gott in Beziehung treten, wie wir es tun, wenn wir ihn »Mein Vater« nennen?

Die Überlieferung des Glaubens hat das Weibliche auf Maria, auf die Mutter Jesu, konzentriert. In ihr sah sie alle numinosen und luminösen Möglichkeiten des Weiblichen verwirklicht, bis sie schließlich einfach *Unsere Liebe Frau* war. Sie ist Jungfrau, Mutter, Gattin, Witwe und Königin, sie ist die Weisheit, das Zelt Gottes usf.[3] Dagegen hat kaum jemand das Weibliche als Weg zu Gott erforscht.

---

[3] Die Erhöhung des Weiblichen in Maria fungiert als Kompensationsmechanik angesichts der allgemeinen Diskriminierung der Frau in der Gesellschaft. Jedoch läuft diese Polarisierung des Weiblichen allein in Maria auf eine neuerliche Bekräftigung dessen hinaus, was man eigentlich überwinden wollte: auf eine Überbewertung der Geschlechter. Vgl. dazu: *F. A. Hoyer*, Verachtung des Weiblichen, in: Erdkreis 19 (1969) 397–416; *Y. Pellé-Douël*, Être femme, Paris 1967, 101; *F. Quéré*, La femme a venir, Paris, 1976, 83–120.

Im Rahmen der herrschenden christlichen Kultur scheint ein Ausspruch wie »Gott ist meine Mutter« die Gefühle zu verletzen. Trotzdem dürfen wir uns der Frage nicht entziehen, wenn wir den Aufbruch des Weiblichen in unserer Kultur ernst nehmen wollen. Ist es nicht bezeichnend, daß Papst Johannes Paul I. bei einer öffentlichen Audienz, ein wenig pointiert, gesagt hat: »Gott ist Vater, und mehr noch, er ist auch Mutter«? Die Theologie hat ebenso wie die anderen Wissenschaften die Aufgabe, die relevanten Themen ihrer Zeit zu erarbeiten. Obgleich sie in ihren internen Verfahrensregeln wie auch in der Form, in der sie ihren Diskurs gestaltet, selbständig ist, hängt sie in der Frage der für sie bedeutsamen Themen von Kultur, Gesellschaft und geschichtlicher Konstellation ab, die sie herausfordern und in Blick- und Reflexionsrichtung bestimmen.

Was sich der Theologie als Aufgabe stellt, ist, daß sie imstande sein muß, den ihr von den verschiedenen Wissenschaften* vorgelegten analytischen Text unter ihrem Blickwinkel (Formalobjekt) zu lesen. Hier wie auch in anderen Bereichen hat die Theologie entweder ein naives oder ein kritisches Bewußtsein. Ein *naives* Bewußtsein hat sie, wenn sie das Thema (in diesem Fall: das Weibliche) angeht, ohne zuvor mit den von der Kultur unausgesprochen überlieferten Ideen gebrochen zu haben. So geht die herrschende Ideologie mit der Frau und dem Weiblichen nach dem üblichen Muster um, in der Regel im Horizont des patriarchalischen Verständnisses, das das Weibliche unterdrückt oder stets vom Mann aus betrachtet. Ihre Reflexion mag wissenschaftstheoretisch korrekt sein (das heißt: der Grammatik und Syntax des theologischen Diskurses entsprechen), kann aber von einem falschverstandenen oder der falschen Sache verpflichteten gesellschaftlichen Ort aus geschehen (dann ist sie konservativ oder einfach progressiv und gelehrt). Ein *kritisches* Bewußtsein zeigt die Theologie dagegen dann, wenn sie das gestellte Thema unter Berücksichtigung dessen behandelt, was die analytischen Wissenschaften dazu sagen. Der theologische Diskurs ist nicht unmittelbar, sondern durch die Humanwissenschaften vermittelt, bildet also nicht das erste, sondern das zweite Wort, das über das erste der Wissenschaften gesprochen wird. So vermeidet es die Theologie, Dummheiten zu sagen und die Wirklichkeit zu mystifizieren, und erhält die Chance, ihren spezifischen Beitrag zu dem anstehenden Thema zu leisten.

* In unserer Übersetzung dient der deutsche Ausdruck »Wissenschaft« bzw. »wissenschaftlich« als abkürzende Wiedergabe des Begriffs »ciências« (= empirische Wissenschaften) bzw. »científico« (= empirisch-wissenschaftlich) (Anm. des Übersetzers).

Natürlich geht es der Theologie nicht um eine beliebige Art von analytischem Text. Die Wissenschaft kommt nicht zu homogenen Ergebnissen. Es gibt vielfältige Methoden mit unterschiedlichen Resultaten und Interessen, die allesamt in die Forschung eingehen. Der Glaube ist der Horizont und das Licht, das bei der Auswahl des Textes hilft, mit dem sich die Theologie vorrangig befassen wird. Der Glaube achtet die Autonomie der Rationalität. Aber er verzichtet nicht auf seine Identität als Glaube; denn er fordert bestimmte Werte und verlangt Methoden, die die von ihm intendierten Werte sichtbar werden lassen und ihnen besser entsprechen oder Unwerte und vom Glauben aufgedeckte Betrügereien anprangern.[4] So bevorzugt zum Beispiel der Glaube (die Theologie) einen wissenschaftlichen Text, der die Frau als Person mit eigener Identität und das Weibliche als einerseits autonome, andererseits aber auch dem Männlichen reziproke Struktur beschreibt, gegenüber anderen Texten, welche die bekannten Vorurteile gegen die Frau nur bestätigen und sie zum abhängigen und geringerwertigen Anhang des Mannes machen *(vir occasionatus,* wie Thomas von Aquin sagt). Kraft der inneren Dynamik des Glaubens ist der Theologe bestrebt, die Ergebnisse und die Methoden zu übernehmen, die mit den Anliegen des Glaubens, wie Achtung, Freiheit, Brüderlichkeit und Gegnerschaft gegen jede Art von Diskriminierung und Unterdrückung, in Einklang stehen.

So stellt sich uns als erste Aufgabe die Aneignung der erreichbaren Ergebnisse über die Frau auf einer kritischen und analytischen und nicht mehr naiven Ebene. Danach geht es folgerichtig um eine theologische Reflexion über das Weibliche im Mann, in der Frau, in Maria und in Gott.

Wir möchten versuchen, den Traktat über Maria auf der Grundlage der Überlegungen über das Weibliche neu zu entwerfen.[5] Dabei gehen wir davon aus, daß das Weibliche ein hinreichend weiter Horizont ist, in dem das Geheimnis Marias seinen Ort finden kann. In ihr sehen wir das Weibliche – einschließlich seines Endzustandes in Gott – in aboluter Form realisiert.

Was wir uns vornehmen, ist kühn und steckt voll theoretischer und

---

[4] Zu dieser ganzen Frage, die äußerst komplex ist, vgl.: *C. Boff,* Theologie und Praxis. Die erkenntnistheoretischen Grundlagen der Theologie der Befreiung, München/Mainz 1983 (Petrópolis 1979).
[5] Vgl.: *M. Bertola,* Dimensione antropologica del culto mariano, in: Marianum 39 (1977) 69–82.

praktischer Risiken. Deshalb haben unsere Überlegungen eindeutig den Charakter eines Versuchs. Wir haben nicht vor, unsere Position zu forcieren, sondern überlassen sie dem besseren Urteil der Kritiker und der Kirche. Die neuen Kenntnisse, über die wir verfügen, sowie die gesellschaftlichen Veränderungen bezüglich des Weiblichen laden uns ein, die überlieferten und anerkannten Perspektiven des Glaubens hinsichtlich Marias neu zu bedenken und neu zu konzipieren.

Wenn die Theologie diese Aufgabe nicht übernimmt, wer soll sie dann übernehmen? So stellen wir uns also der Herausforderung und rüsten uns mit Mut, um ihr eine Antwort zu geben, so gut wir es mit unseren Kräften vermögen.

Im übrigen erklären und geben wir zu, daß, wer hier über das Weibliche schreibt, ein Mann und dazu ein Ordensmann ist. Beides markiert eine innere Grenze. Nur selten anerkennt ein Mann, daß er als Mann schreibt. Meistens tun literarische Produktionen so, als wäre ihr Verfasser ein Mensch schlechthin; dadurch kaschieren sie jene Grenzen, die sich daraus ergeben, daß jemand Mann und keine Frau ist oder umgekehrt. Die Sicht des Weiblichen, die ein Mann entwirft, ist immer die eines Mannes und nicht die einer Frau, wenn sich auch das Weibliche nicht ausschließlich in der Frau, sondern auch im Mann findet. Die Tage sind hoffentlich nicht mehr fern, an denen Frauen eine systematische Reflexion über Maria erarbeiten – im Licht des Weiblichen, das in ihnen und ganz besonders in Maria, der Mutter Gottes und unserer Mutter, lebt. Ohne Zweifel würde das Bild Marias dann anders aussehen, als wir es ererbt haben oder auch hier zeichnen. Solange es aber noch nicht soweit ist, verfügen wir nur über Fragmente wie dieses, das wir hiermit dem Leser vorlegen.

Erster Teil: Das Problem
Das Weibliche und die Mariologie

I. Das Weibliche als strukturierendes Prinzip der Mariologie

1. Die Glaubenstatsachen um Maria

Der christliche Glaube spricht Maria eine unvergleichliche, transzendente Bedeutung zu. Ihre herausragende Würde besteht darin, daß sie die Mutter des menschgewordenen Gottes ist, nicht nur im physisch-biologischen Sinn, sondern vor allem im Sinne eines personalen und freien Engagements. Ihre Mutterschaft war jungfräulich, vollkommen und umfassend. Aber auch das Jungfrau-Sein darf nicht nur als ein physisch-biologisches Datum begriffen werden, sondern will insbesondere als Ausdruck der Freiheit, die sich Gott ganz weiht, verstanden sein. Jungfräulichkeit und Mutterschaft – beides Ausdrucksformen eines uneingeschränkten Sich-Einlassens auf Gott – setzen eine Existenz voraus, die von ihrer Mitte her und von Anfang an frei von jedem Makel der Erbsünde sowie der persönlichen Sünde ist, die die menschliche Existenz in dramatischer Weise spalten. Deshalb wird Maria als die unbefleckt Empfangene verehrt. So konkretisiert sie die neue Schöpfung, die Gott in der alten heranreifen läßt. Weiter verkörpert sie, was die Kirche als Gemeinschaft der Erlösten sein soll. Allein in Maria verwirklicht die Kirche ihren Archetyp und ihre Utopie; in Maria ist die Kirche ganz Kirche. Da Maria somit das hervorragendste Mitglied der Kirche ist, nimmt sie auch in den Bezügen der Heilsvermittlung, von denen alle berührt sind, einen entsprechenden Platz ein. Deshalb wird sie als Mittlerin aller Gnaden verehrt, weil sie – in Gemeinschaft mit dem Heiligen Geist und ihrem Sohn – voll der Gnade ist. Maria ist so eng mit ihrem Sohn, mit dem Heiligen Geist und mit Gott verbunden, daß sie als Mit-Erlöserin gefeiert wird. Ihr Tod war die Krone dieses vollkommenen Lebens. Mit Leib und Seele wurde sie in den Himmel aufgenommen. So nimmt sie das Geschick aller Gerechten vorweg und konkretisiert, was die universale Umgestaltung des gesamten Alls im Reich Gottes sein wird.

2. Gibt es einen einheitstiftenden Sinn in den Tatsachen?

Solcher Art und so zahlreich sind die Fakten, die der Glaube von Maria bezeugt. In Gottesdienst und Frömmigkeit, von denen letztere tief im Herzen des Katholizismus verwurzelt ist, bewahrt das Volk Gottes seine Erinnerung daran. Allerdings hält es nicht nur das Gedächtnis an das wach, was Gott an Maria tat, sondern bemüht sich auch, das an Maria gewirkte Heil auf dem Weg von Nachfolge und Nachahmung in sein menschliches Leben hereinzuholen. Maria fand ja zu ihrer Größe auf einem schmalen Pfad, der von Leid, Unscheinbarkeit und Namenlosigkeit gekennzeichnet ist.

In ihrem Moment der Klarsicht und der Rückschau fragt sich die Frömmigkeit nun: Haben diese Mariengeschehnisse alle ihre eigene, voneinander abgehobene Existenz, oder stehen sie miteinander in Verbindung und bilden eine gnadenhafte Kette? Ergeben sie so etwas wie eine Sinneinheit? Verkörpern sie nicht einen einzigen Heilsplan Gottes? Läßt sich dieser Sinn beschreiben, läßt sich dieser Plan benennen?

Es obliegt der systematischen Glaubensreflexion (der Theologie), zu versuchen, eine solche Einheit, die die unterschiedlichsten Heilstatsachen miteinander verbindet, ausfindig zu machen. Der Glaube geht von der Überzeugung aus, daß nichts zufällig geschieht, weil nichts Gott entgeht. Mit anderen Worten: Gott ist nicht nur absolut freier Wille – und braucht deshalb niemandem seine Gründe zu erklären –, sondern auch höchste Weisheit und höchste Rationalität. Und Rationalität hat zu tun mit Einheit, Harmonie und Sinn. Mag sein, daß die Gründe Gottes nicht unsere Gründe sind – deshalb spricht Paulus ja auch von der Logik des Kreuzes (1 Kor 1,18) –, aber nie sind sie völlig absurd. Das Herz des Menschen gäbe sich nie der Sinnlosigkeit der Willkür hin, und der Glaube betete nie das dunkle Geheimnis an, wenn es nicht auch von der Sonne des Gottesgeistes bewohnt wäre. Alles trägt also einen geheimen Sinn in sich, der, auch wenn er nicht auf den ersten Blick ersichtlich ist, sich doch durch Nachdenken, das sich mit Inbrunst salbt, und durch menschliches Fragen, das sich allen Besitz- und Gewaltinstinktes entledigt, finden läßt. Als disziplinierter und grammatisierter Glaubensdiskurs stellt sich die Theologie selbst die Aufgabe, die den Fakten zugrunde liegende Sinnstruktur herauszufinden und das unsichtbare System herauszuarbeiten, dessen sichtbare Gestaltwerdungen die geschichtlichen Ereignisse sind.

So stellen sich uns folgende Fragen: Was für eine gestaltgebende Idee hatte die göttliche Weisheit von Maria? Was ist der Kern, der alle Mariengeschehnisse erklärt und verständlich macht? Was will uns Gott durch Maria von sich selbst mitteilen? Was vermittelt uns Gott in seinen Großtaten an Maria von unserem Mensch-Sein und unserer Bestimmung? Im Licht dieser Fragen könnte Maria den Menschen sowohl etwas von seinem eigenen Mensch-Sein als auch eine neue Seite Gottes offenbaren.

Daß Maria eine Frau war, ist durchaus nicht unwichtig. So werden die Fragen gezielter: Was für ein Antlitz will Gott uns durch das Weibliche vermitteln? Inwiefern führt uns das Weibliche zu Gott? Welche letzte Bedeutung hat das Weibliche für die Erlösung, für die Menschheit und für Gott selbst? All diese Fragen, die sich dem um Verstehen bemühten Glauben stellen, fordern die Reflexion heraus und wollen im Laufe unserer mariologischen Studie behandelt werden.

Für uns liegt das mariologische Grundprinzip im Weiblichen. Das heißt: Auf der Grundlage des Weiblichen als anthropologischer Grundkategorie lassen sich alle Aussagen des Glaubens über Maria wie auch andere, zu denen die theologische Vernunft gelangt, systematisieren. Im Folgenden möchten wir das gleich begründen. Unsere Sehweise ist neu und wurde in der mariologischen Tradition bisher noch nicht als Achse der Betrachtung über Maria und über das Geheimnis, das sich mit ihr verbindet, gewählt. Zuvor sollen jedoch noch rasch die möglichen Gesamtdeutungen der mariologischen Daten, so wie sie in der Theologie der Gegenwart gängig sind, referiert werden.

3. Der einheitstiftende Kern der Mariologie

Noch immer wird in der Theologie die alte und komplexe Frage diskutiert, worin das eine, einzige Prinzip bestehe, das uns den geheimen Plan Gottes mit Maria und durch Maria mit allen Menschen offenbart.[1] Einige Etappen dieser Diskussion seien hier genannt.

---

[1] Zur Vertiefung in diese Frage vgl.: *A. Müller*, Ein mariologisches Fundamentalprinzip? in: MySal III 2, 407–421; *R. Laurentin*, Kurzer Traktat der Marianischen Theologie, Regensburg 1959, 129–136, 191–194; *E. Schillebeeckx*, Maria – Moeder van de verlossing, Antwerpen 1955; *C. Dillenschneider*, Le principe premier d'une théologie mariale organique. Orientations, Paris 1956; *G. de Broglie*, Le »principe fondamental« de la

Eine *erste* Position hat einen religiösen und heiligen Respekt vor dem Geheimnis. Deshalb weigert sie sich, überhaupt nach den geheimen Heilsplan zu fragen. Was ist der Mensch, daß er es wagen könnte, in die Gedanken Gottes einzudringen? Mit ihren ewigen Fragen laufe die Theologie Gefahr (der sie nicht selten auch erliege), zu einer raffinierten Form von Entsakralisierung und Profanierung des Gottesgedankens zu werden, weil sie vergesse, daß sie nur *von Gott her* fragen dürfe. Eine Weise, Gottes Göttlichkeit zu bestreiten, bestehe darin, sie mit stolzer und allmächtiger Attitüde zu behaupten. Demnach habe die Theologie die demütige Aufgabe, die Heilstatsachen festzuhalten, so wie sie sich in der Zeit ereignet hätten und wie sie von Gott mitgeteilt worden seien. So sei zum Beispiel zu konstatieren, daß Maria zu beiden Testamenten gehöre und die Brücke zwischen dem Alten und dem Neuen Bund sei; im Laufe der Geschichte hätten sich die Ereignisse zugetragen, die Marias Funktion bei der Erlösung der Menschen konkretisiert hätten; diese Geschehnisse hätten den Plan Gottes Geschichte werden lassen. Zu nennen seien da die unbefleckte Empfängnis Marias, sodann ihre Jungfrauschaft, ihre göttliche und menschliche Mutterschaft, ihre stille Teilnahme am Leben Jesu, ihr Tod und ihre Aufnahme in den Himmel und schließlich ihre geheimnisvolle und wachsende Anwesenheit in der Verehrung des Volkes Gottes.[2]

Diese Einstellung ist notwendig und nützlich, weil sie in der Theologie das Bewußtsein wachhält, daß sie sich nur vortasten kann und daß alle Systematisierungen Konstruktionen sind. Wenn sich unsere theologische Konstruktion von der Wirklichkeit als Plan Gottes ausgibt, dann ist nichts mehr sicher, und es gibt keine Instanzen mehr, die uns irgend etwas garantieren könnten. In der Tat ist Maria an die Zeit gebunden; glaubend und hoffend pilgerte sie durch die Tage, war Jungfrau, wurde Mutter Gottes, wurde unter dem Kreuz zur Mit-Erlöserin aller Menschen und mußte warten, bis sie verherrlicht wurde. Aber wir werden den Fakten nicht gerecht, wenn wir sie bloß konstatieren. Sie wollen reflektiert werden; denn sie stehen im Dienst an einem Sinn. Die Vernunft gibt keine Ruhe, und die Liebe ist nicht sicher, solange sie nicht die Kette ausgemacht haben, innerhalb

théologie mariale, in: Maria VI, Paris 1961, 297–365; *C. Vollert,* A Theology of Mary, New York 1965, 49–112; *W. H. Marshner,* Criteria for Doctrinal Development in Marian Dogmas, in: Marian Studies 28 (1977) 47–100.

[2] Der entschiedenste Vertreter dieser Richtung ist zweifelsohne *R. Laurentin* mit seinem Buch: Kurzer Traktat der Marianischen Theologie.

deren diese Ereignisse nur hervorspringende Punkte sind. Die Theologie muß denken, was sie weiß; mit historischem Positivismus ist es nicht getan, weil er nur feststellt und auflistet, ohne Klarheit zu schaffen. Theologie aber hat es damit zu tun, daß sie Klarheit schafft und damit Kenntnis und Sinn vermittelt.

Einen *zweiten* theologischen Weg gehen jene Theologen, die argumentieren, die Frage nach der Sinneinheit in den Geschehnissen um Maria sei zwar legitim, aber trotzdem dürfe es keinen gesonderten Mariologietraktat geben. Maria habe weder in sich noch für sich gelebt. Immer sei sie eine Frau im Dienst an anderen gewesen, an Gott oder an Christus, an der Erlösung, an der Kirche oder am letzten Sinn der Geschichte. So gesehen, dürfe Maria nie gesondert betrachtet werden, sondern müsse stets ihren Platz in den verschiedenen Teilen der Theologie haben. Wenn von Gott und seinem Heilsplan die Rede sei, trete Maria als die auf den Plan, die zum Stand vor der Sünde wie auch zum menschgewordenen, von Gott als ersten gedachten und geliebten Sohn gehöre. Wenn es um Christus gehe, trete sie uns als seine Mutter, als Mit-Erlöserin, als Mit-Mittlerin wie auch als die entgegen, in der das Werk der Befreiung des Menschen voll verwirklicht sei. Wenn die Kirche thematisiert werde, erscheine Maria als der Prototyp dessen, worum die Kirche sich immer zu bemühen habe. Im Traktat über die Gnade sei sie die Gnadenvolle und – nach Christus – das vollkommene und volle Sakrament der Gegenwart Gottes in der Welt. In den Überlegungen zur theologischen Anthropologie erscheine Maria als das erste neue Wesen der von Gott erneuerten Schöpfung und stehe am Beginn der eschatologischen Geschichte, die mit Christus eröffnet worden sei. Innerhalb der Eschatologie antizipiere Maria die definitive Wirklichkeit im Reiche Gottes, wenn Materie und Geist endlich verwandelt sein würden. Und so geht es durch alle Themen. Die mittelalterlichen Theologen sprachen so von Maria. Das Zweite Vaticanum griff auf diese Methode zurück (*Lumen gentium,* Kap. 8), die dann auch in der theologischen Literatur in Lateinamerika voll zur Geltung kam. Bei allen wichtigen Themen, mit denen sich die Theologie zu befassen hat, findet sich immer auch ein Absatz über Unsere Liebe Frau, insofern sie die besprochenen oder betrachteten Werte auf hervorragende Weise in ihrem Leben verwirklicht hat.

Eine solche Verfahrensweise hat unleugbare Vorteile und respektiert die geschichtliche Bedeutung von Marias demütigem Dienst. In allem ist sie diskret, aber in immer vollerem Sinne gegenwärtig.

Da diese Verfahrensweise aber nicht systematisch ist, kann sie Gefahr laufen, nicht das zu sagen, was der Glaube von Maria sagen kann. Das aber wäre eine Verarmung, weil man sich dann keine Rechenschaft von dem Offenbarungsreichtum gäbe, der in Maria liegt. In bestimmten Fragen, die sich der Theologie stellen, kommt sie gar nicht vor und hat dort somit auch nichts zu sagen. Aber Maria ist selbst eine fundamentale Frage, die reflektiert sein will, weil Gott in ihr zu einer Dichte findet, die nur mit Jesus Christus vergleichbar ist.

Einen *dritten* Weg wagt eine systematische Reflexion über Maria, die positiv einen mariologischen Traktat entwirft. Die freie und personale göttliche Mutterschaft bilde das einheitstiftende Prinzip der marianischen Geschehnisse.[3] Die konkrete göttliche und menschliche Mutterschaft, zu der Maria freiwillig im Glauben ja gesagt hat (im Glauben empfing sie), ist zweifelsohne das Kernstück des Geheimnisses Marias. Um diesen Mittelpunkt herum gruppieren sich alle anderen marianischen Geheimnisse. So ständen Jungfräulichkeit und Mutterschaft nicht einfach nebeneinander, denn das Mutter-Sein sei ja jungfräulich. Die Jungfräulichkeit stehe im Dienst an der Mutterschaft, die sie freiwillig bejaht habe und die ganz auf den Messias ausgerichtet sei. Damit Maria dieser höchsten Auszeichnung – Mutter des menschgewordenen Gottes zu sein – würdig werden könne, sei sie in ihrer Empfängnis unbefleckt und voll der Gnade geblieben. Die Mutterschaft nehme sie auf eine solche Weise in Leben und Schicksal ihres Sohnes hinein, daß sie aufs engste an der von ihm erwirkten Erlösung teilhabe. Maria sei die erhabenste Erlöste. Aus der konkreten Mutterschaft erwachse im Verhältnis zu allen Kindern im Sohn die geistige Mutterschaft, erwachse ihre Mit-Beteiligung an der Erlösung, ihre mit-verdienende Vermittlung bei allen Gnaden und erwachse schließlich auch, daß sie als Mutter, die an der Herrlichkeit des Sohnes Anteil habe, mit Leib und Seele in den Himmel aufgenommen sei. So trete uns Maria als der Glanz Christi entgegen.

Diese Sicht ist von großem Reichtum. Fast alle Mariologen in Gegenwart und Vergangenheit vertreten sie. Aber beinahe überhaupt nicht reflektieren sie über die Tatsache, daß Maria Frau ist und als jungfräuliche Mutter in das Werk zur Erlösung der Menschheit hineingenommen wurde. Die Erlösung und das befreiende Eingreifen Gottes in die Welt weisen weibliche und mütterliche Züge auf. Der

---

[3] Vgl.: *T. M. Bartolomei,* La maternità divina di Maria in se stessa e come primo e supremo principio della Mariologia, in: Divus Thomas 60 (1957) 160–193.

Grund dafür, daß Gott Maria erwählt hat, besteht darin – wie wir sehen werden –, daß er das Weibliche als entscheidenden Faktor mit in die Ökonomie des Heils und der Vergöttlichung der Menschheit hineinnehmen wollte.

Ein *vierter* Weg in der Harmonisierung der marianischen Geheimnisse im Lichte eines einzigen systematisierenden Prinzips geht von Christus als dem Mittelpunkt des ewigen Heilsplanes Gottes für alle Dinge aus. Die Mariologie folgt dem Weg der Christologie.[4] Christus habe als Gottmensch in höchster Form teil an Gott und seiner göttlichen Ehre. Maria sei in Gemeinschaft mit Christus die zweite und werde nur von ihm übertroffen. Die Art und Weise, in der sie sich aufs engste und vollkommen mit Christus verbinde, bestehe darin, daß sie seine Mutter werde. So geschehe alles, was heilsstiftend mit Christus geschehe, auch – partizipierend und abgeleitet – mit Maria (freilich sei Maria nicht wie Jesus hypostatisch mit dem ewigen Logos geeint). Deshalb sei sie Mit-Erlöserin und Mit-Mittlerin, werde im Himmel verklärt usf.

Gewiß ist dies ein großartiger Entwurf. Aber auch er geht an der unbezweifelbaren Tatsache vorbei, daß in der göttlichen Erlösung ein weibliches, jungfräuliches, eheliches und mütterliches Element enthalten ist.

Ein *fünfter* Weg sieht Maria innerhalb der Kirche. Sie sei das Urbild der Kirche.[5] In ihr realisiere die Kirche alle ihre Ideale. Die Kirche müsse heilig und unbefleckt sein, wie Maria es in vollendeter Weise sei. Die Kirche sei dazu aufgerufen, in so enger Vereinigung mit Christus zu leben, daß sie mit ihm einen einzigen Leib und ein einziges Leben bilde, wie Maria mit Christus ein Leib, ein Leben und eine Liebe gewesen sei. Die Kirche sei eingeladen, sich am Heilswerk Christi zu beteiligen, weil sie das universale Heilssakrament sei, wie Maria die Mit-Erlöserin *par excellence* gewesen und zum vollen Sakrament geworden sei, insofern sie voll der Gnade gewesen sei und in ihrem Schoß das Wurzelsakrament, Jesus, getragen habe. Die Kirche müsse unentwegt am Schicksal Jesu teilhaben: sterben und auferstehen, wie Maria am Kreuz ihres Sohnes teilhabe und mit ihm zur Herrlichkeit auferstehe. Die Kirche sei das Sakrament des Heili-

---

[4] Vgl.: *P. Sánchez-Céspedes,* El misterio de María. Mariología bíblica. El principio fundamental: Cristo y María un solo principio redentor, Santander 1955; *C. Koser,* A teologia da Imaculada em Duns Scotus, in: Revista Eclesiástica Brasileira 14 (1954) 610–676.

[5] Vgl.: *O. Semmelroth,* Urbild der Kirche, Würzburg 1950.

gen Geistes, der in ihr wohne, wie Maria die Gemahlin des Heiligen Geistes gewesen sei. So potenziere sich also die theologische Wirklichkeit der Kirche, nachdem sie bereits in Maria Geschichte geworden sei.

Sosehr sich auch die *Virgo Maria* und die *Virgo Ecclesia*, die *Mater Dei* und die *Mater Ecclesia* wechselseitig interpretieren, es dürfen dennoch die erheblichen Unterschiede nicht übersehen werden. Die Kirche ist nicht nur die, welche den auferweckten Christus und seinen Geist in ihrem Schoß trägt, sondern auch die, welche ihn mit ihrer Sünde und gar zu langsamen Umkehr, die Maria beide fremd waren, beleidigen kann. Eine ungebührliche Identifizierung zwischen Maria und der Kirche idealisiert und entgeschichtlicht entweder die Kirche oder neutralisiert Marias kritische Funktion gegenüber der Kirche, die heilig und sündig ist, oder mißt ihrer einzigartigen Stellung in der Heilsgeschichte nicht den gebührenden Wert zu.

Hinter einer *sechsten* Annäherung stehen interdisziplinäre und ökumenische Anliegen. Hier wird die Mariologie innerhalb des Credo, des gemeinsamen Glaubenssymbols aller Christen (Katholiken, Orthodoxe und Protestanten), angesiedelt.[6] Schon mit dem ersten Wort *Credo,* »Ich glaube«, mit dem der Sprechende den Horizont des Glaubens eröffnet, ohne den jedweder Inhalt seinen spezifischen Charakter verlöre, wird Maria als das Urbild des Glaubens der Kirche eingeführt. Kraft ihres Glaubens wurde sie Mutter Gottes (Lk 1,28–38).

Im ersten Artikel des Credo – ein Gott. Schöpfer des Himmels und der Erde – kann vom Platz Marias im Plan des Heils und von ihrer Vorherbestimmung gesprochen werden.

Im zweiten Artikel – Jesus Christus, der für uns Menschen und um unseres Heiles willen vom Himmel herabgekommen, durch das Wirken des Heiligen Geistes aus der Jungfrau Maria Fleisch geworden ist und als Mensch geboren wurde – wird Maria ausdrücklich in Bezug gesetzt zum Heil des Menschen, zum Heiligen Geist, der sie befruchtet hat, und zu Christus, dem »einziggeborenen Sohn Gottes«, dessen Mutter Maria ist.

Der dritte Artikel – Leiden und Auferstehung Jesu – gibt Anlaß, über die Mit-Erlösung Marias, ihre Gemeinschaft mit ihrem Sohn Jesus und ihre Beteiligung an seiner Bestimmung (vgl. Joh 19,25–27) nachzudenken.

---

[6] Vgl.: *R. Laurentin,* Maria nel Dogma, in: Dizionario Teologico Interdisciplinare 2, Turin 1977, 465–468.

Am vierten Artikel des Credo – »Ich glaube an den Heiligen Geist« – läßt sich zeigen, daß sich der Geist niemals von Maria entfernt, sondern sie in die Dynamik des Heils und der Gemeinschaft, die er über die Jahrhunderte hin in der Menschheit weckt, mit hineingenommen hat.

Im fünften Artikel – »Ich glaube an die heilige katholische Kirche« – erscheint Maria als das Urbild der Kirche, als der Neubeginn der erlösten Menschheit und als ihr erhabenstes Mitglied.

Der sechste Artikel – über die Gemeinschaft der Heiligen – läßt uns Maria in ihrer geistigen Mutterschaft betrachten, wie sie Mit-Erlöserin, Mittlerin, Fürsprecherin und der Typus der Kirche im Sinne eher von Gemeinschaft als von Autorität und Institution ist.

Der siebte Artikel, in dem wir die Vergebung der Sünden bekennen, ist der sachgerechte Ort, um das Thema der Unbefleckten Empfängnis zu behandeln: daß Maria im Hinblick auf die Verdienste Christi vor jeder Sünde bewahrt blieb. Allerdings darf diese Gnade nicht so sehr im Sinne eines Privilegs verstanden werden, das Maria aus dem Kreis der anderen Menschen aussonderte, als vielmehr in dem Sinn, daß das vollkommene Werk Gottes, das an uns erst in der Endzeit realisiert werden wird, in Maria bereits vorweggenommen worden ist.

Im achten Artikel über die Auferstehung des Fleisches läßt sich von der Aufnahme Mariens mit Leib und Seele in den Himmel sprechen und von deren eschatologischem Sinn als Erhöhung der Schöpfung zur Herrlichkeit in Gott.

Im neunten und letzten Artikel, in dem wir unseren Glauben an das ewige Leben bekennen, betrachten wir Maria als Königin des Alls an der Seite ihres Sohnes, wie sie über die versöhnte Schöpfung herrscht, freilich nicht nach der machterpichten Art der Herren dieser Welt, sondern im Sinne eines Dienstes (vgl. Lk 12,37) an der Gemeinschaft mit allen.

Eine solche Sehweise kommt den Erfordernissen der Ökumene entgegen. Diese bemüht sich um eine gemeinsame Basis, auf der ein Dialog möglich wird und die unterschiedlichen Perspektiven zusammenfinden. Aber theologisch ist sie nicht sehr reich, weil sie nicht nach dem organischen Zusammenhang des Ganzen fragt. Eher liefert sie ein äußeres, didaktisches Schema. Auf die eigentlich mariologischen Inhalte und die besonderen Erfordernisse, vor die jene die Glaubensreflexion führen, geht sie nicht ein.

Einen *siebten* und *letzten* Weg markiert ein heilsgeschichtliches

Verständnis von Mariologie.[7] In dieser Sicht erscheint die Erlösung als ein geschichtlicher Prozeß, hinter dem letzlich Gott selbst steht und innerhalb dessen die Befreiung des Menschen vermittels einer göttlichen Pädagogik von immer dichteren Antizipationen, Verheißungen und Realisierungen Wirklichkeit wird. Das Zweite Vaticanum beschreibt die Sendung Marias auch innerhalb dieser Heilsökonomie (*Lumen gentium,* Kap. 8, Nr. 55–60). So klinge bereits im Alten Testament das Geheimnis der Jungfrau Maria an, wenn die Genesis vom Sieg der Frau über die Schlange (Gen 3,15) spreche, wenn von der Jungfrau, die einen Sohn mit Namen Immanuel gebären werde (Jes 7,14; Mt 1,22–23), die Rede sei oder wenn verkündet werde, daß die Kleinen und Armen des Herrn die Träger der messianischen Verheißungen seien und diese in ihnen in Erfüllung gingen. In der Fülle der Zeiten habe Gott im menschlichen Fleisch seine größte Nähe erwiesen; aber der Inkarnation sei das freie Ja Marias vorausgegangen. So untersucht man die Gegenwart Marias bei ihrem Sohn als Kind, während seines öffentlichen Wirkens, unter dem Kreuz, bei der Auferstehung, bei der Geburt der Kirche, bei der Herabkunft des Geistes und die Geschichte des Glaubens hindurch. Auf diese Weise tritt die Bedeutung Marias für das Heils- und Befreiungswerk Gottes in der menschlichen Geschichte deutlich hervor.

Aber auch die heilsgeschichtliche Sicht ist nicht frei von Problemen. Die Geschichte des Heils ist ja nicht identisch mit der Geschichte, wie sie in der Heiligen Schrift geschildert wird. In Wirklichkeit umfaßt sie nämlich die gesamte Geschichte der Menschen, und zwar auch derer, die mit der jüdisch-christlichen Überlieferung keine Berührung haben. Wie aber soll man sich Maria in diesem weiten Horizont vorstellen? Da verliert die Landschaft ihre scharfen Konturen und verschwimmt. Wie können die Weltreligionen zum Verständnis Marias gelangen? Inwiefern trägt die vom Geist durchwirkte psychosoziale Entwicklung, inwiefern tragen die Marienerscheinungen dazu bei, daß die heilsgeschichtliche Bedeutung Marias verständlich wird? Schwierige Fragen, die eine systematische Behandlung der Mariologie nicht leichter machen! Diese kann allerdings durchaus fruchtbringend sein, dann nämlich, wenn man sich der

[7] Vgl.: *A. Müller,* Mariologie und II. Vatikanisches Konzil, in: MySal III 2, 404–406; *L. Sartori,* A posição da mariologia na teologia contemporânea, in: Nova Aurora (Vierteljahrszeitschrift für marianische Spiritualität und Pastoral, Belo Horizonte – Brasilien) 3 (1977) 35–38; *D. Bertetto,* Maria Madre universale nella storia della salvezza, Florenz 1969.

heilsgeschichtlichen Kategorie bedient, auf die es uns ankommt: des Weiblichen.

So zeigt sich, daß wir hier an eine grundsätzliche Frage rühren. Die Methode ist für die Festlegung der konkreten Inhalte durchaus nicht unwichtig. Worum geht es letztlich bei der theologischen Reflexion über Maria? Um die Person Marias? Um das Geschichtsprojekt Gottes, innerhalb dessen auch Maria ihren Ort hat? Um das Weibliche als eine Form, in der sich Gott offenbart? Und realisiert sich das Weibliche etwa erschöpfend in Maria? Unsererseits glauben wir, daß sich diese Linie als genügend reich erweist, um eine systematische Reflexion, an die sich die Theologie bisher kaum herangewagt hat, zu stützen. Sie soll unser Leitfaden sein.

4. Das Weibliche als mariologisches Grundprinzip

Jedes der Prinzipien, die wir soeben angeführt haben und mit deren Hilfe die Theologie ihre Kenntnisse vom Geheimnis um Maria systematisiert, hat seine guten Gründe und, wie wir sahen, ebenso seine inneren Grenzen. Kein System ist dermaßen abgerundet und harmonisch, daß es allen Daten gerecht würde. Da die Vernunft des Menschen nun einmal endlich ist, ist niemand imstande, eine perfekte Gesamtschau zu entwerfen. Alle Synthesen sind *Konstruktionen,* die tendenziell das Gesamtfeld des ins Auge genommenen Wirklichen erfassen wollen, tatsächlich aber hinter ihrem Ziel zurückbleiben. In jedem System existiert mindestens ein Element, das sich nicht systematisieren läßt; die Voraussetzungen des Systems gehen nie mit in das System ein. So ist jede Synthese sicherlich eine höchst vernunftmäßige Operation, aber auch eine willentliche Option. Es sei nur daran erinnert, daß die Gründe (razões) mit der Vernunft (razão) beginnen, während die Vernunft keine Gründe hat. Erst wenn man seine Option getroffen hat, setzt sich die Vernunft in Bewegung und fängt an, das System der Wirklichkeit zu *konstruieren.*

Wir haben uns für das Weibliche als diesen Kern entschieden. Von ihm aus beabsichtigen wir, den marianischen Glaubenswahrheiten gerecht zu werden. Erst nachdem man seine Entscheidung getroffen hat, kann man die Günde dafür nennen – nicht um seine Option zwingend zu machen, sondern um sie zu rechtfertigen und ihr die für jedes redliche Denken notwendige Vernunftgrundlage zu geben.

Zunächst ein äußerer und elementarer Grund: In der mariologischen Tradition hat das Weibliche bisher noch nie als Konvergenzpunkt der marianischen Aussagen gedient. Deshalb sollte man den Reichtum einmal ausloten, den es bietet. Im Laufe unserer Untersuchung werden wir sehen, daß seine Möglichkeiten groß sind.

Zweitens nimmt das Weibliche heute in der anthropologischen und kulturellen Reflexion einen gewichtigen Platz ein. In den ideologischen Diskussionen der letzten Jahre ist es theoretisch wie praktisch ein herausragendes Thema. Die Forschung kommt entschieden zu der Feststellung, daß das Weibliche eine der ursprünglichsten ontischen und ontologischen Strukturen des menschlichen Wesens ist. Die Tatsache, daß Maria Frau war und daß Gott Sohn dieser Frau werden wollte, ist nicht unwesentlich. Die Theologie hat der Frage nachzugehen, welcher Sinn darin liege. Mit ihren Studien kann auch sie in Verbindung mit zahlreichen anderen Wissenschaften zur Vertiefung des Themas »Frau« beitragen.

Drittens ist ein eminent theologieinterner Grund zu nennen. Es ist nicht damit getan, Mariologie zu treiben, will sagen: die Wahrheiten über Maria zu systematisieren. *Mario*-logie muß *Theo*-logie sein. Mit anderen Worten: Wenn wir von Maria sprechen, müssen wir auch von Gott sprechen; unsre Reflexion über Maria muß auch etwas von Gott vermitteln. Jemand mag fragen: Was für einen Plan hat Gott mit Maria, mit dem Weiblichen, mit der Geschichte? Die Frage ist echt und theologisch; denn sie zielt auf den Willen Gottes, der sich in diesen Realitäten offenbart. Allerdings ist sie nicht radikal genug. Radikal ist eine Frage dann, wenn sie – im wortgeschichtlichen Sinn von *radix* – bis an die Wurzel geht. Und sie reicht bis an die Wurzel, wenn sie sich als letztes Fragen erweist, hinter das niemand zurück kann. Dann aber ist sie wirklich *theo*-logisch: sie hat Gott zum Zentrum und nicht mehr Maria oder den Menschen oder das Weibliche oder auch Christus. Die Frage ist nicht mehr, was Gott für Maria will, sondern was er im Hinblick auf Maria für sich selbst will. Radikal formuliert, lautet die Frage: Was bedeutet Maria für Gott? Und wenn man den Horizont noch weiter öffnet: Was bedeutet das Weibliche für Gott? Was beabsichtigt Gott mit Hilfe des Weiblichen für sich selbst? Hat Gott das Weibliche nicht vielleicht deshalb geschaffen, um sich ihm ganz mitteilen und sich so unter dieser bestimmten Form »verwirklichen« zu können? Wenn man Maria für den erhabensten Ausdruck des Weiblichen hält, kann man dann nicht sagen, Gott habe sich in höchster Form in Maria »realisiert«? Durch welche göttliche Person »realisiert« sich Gott im Weiblichen?

Fragen dieser Art erhärten unsere Option für das Weibliche als

Grundprinzip der Mariologie und weiten unseren Horizont, so daß wir nicht nur mehr und dieses sinnvoller geordnet über Maria erfahren, sondern auch eine neue Form der Selbstmitteilung und der »Selbst-Verwirklichung« Gottes entdecken.

Im übrigen möchten wir, daß in unsere Darstellungsweise auch die eschatologische Perspektive, die ja für eine Theologie mit Radikalitätsanspruch grundlegend ist, zum Tragen kommt. Die Eschatologie ist für die Theologie nicht bloß ein Thema unter anderen, sondern vielmehr ein Charakteristikum oder eine Einfärbung aller theologischen Themen. Jede theologische Wahrheit hat eine eschatologische Konnotation, das heißt, sie beinhaltet sowohl eine gegenwartsbezogene und geschichtliche Dimension als auch zugleich eine zukünftige und endzeitliche Dimension im Reiche Gottes. Gerade das bedeutet doch »eschatologisch«: ein gegenwärtiges *Schon,* das aber *noch nicht* voll realisiert ist, weil es zur Gänze erst in der definitiven Fülle in Gott eintrifft. Wir betrachten das Weibliche nicht nur als einen analytischen, der Anthropologie mit ihren hauptsächlichen Richtungen entlehnten Begriff, sondern vor allem als eine theologische Kategorie, die es sachgerecht zu konstruieren gilt. Und da sie theologisch ist, nimmt sie einen eschatologischen Charakter an. Was beabsichtigt Gott endgültig (eschatologisch) mit dem Weiblichen? Das ist eine große Frage, an deren Antwort wir arbeiten möchten. In Maria erkennen wir bereits in der Geschichte die Antizipation des Eschatologischen in seiner vollen Ausprägung.

Man sage nicht, das sei Hybris, und was wir wagten, sei zu groß für uns. Stolz und Maßlosigkeit bestehen nicht im Fragen, sondern im Vorführen gewaltiger Antworten. Fragen kennt keine Grenzen. In der Fähigkeit zu fragen haust ein unbändiger »Dämon«. Fragen ist das Göttliche im Menschen. Alle Unterdrückung fängt damit an, daß keine Fragen mehr gestellt werden dürfen. Wer der Frage das Wort verbietet, hindert die Wahrheit daran, sich zu zeigen. Wer sich weigert, bis zum Ende zu fragen, beraubt sich des wohltuendes Lichtes der Begegnung mit der höchsten Wahrheit. Unsere Antwort auf das unermüdliche Fragen will nicht mehr sein als ein Stammeln über das höchste Geheimnis, das sich unter weiblichen Zügen offenbart.

Wir machen uns die Haltung unserer Vorgänger, der mittelalterlichen Franziskanertheologen, zu eigen, die sagten: Gegenüber Christus und seiner wie unserer Mutter möchte ich lieber zuviel des Lobes singen – das sie ja immerzu verdienen –, als daß ich es daran fehlen lasse.[8]

Mit dieser Feststellung setzen wir uns der Gefahr aus – und wir nehmen das in Kauf –, sogleich in die bekannten mariologischen Schemata eingeordnet zu werden, die aus ästhetischer und akademischer Besorgnis resultieren, hier das des Maximalismus. In der Tat: Wir sind Maximalisten; aber nicht aus pietistischer Überschwenglichkeit, die ja den strengen Diskurs des Glaubens (die Theologie) zersetzt und verdirbt, sondern weil es ein Gebot der Radikalität ist. Wie im Laufe unserer Überlegungen zu sehen sein wird, werden wir versuchen, die eschatologische Dimension des Weiblichen und ihre besondere und volle Realisierung in Maria bis zum Ende zu denken. Auf eschatologischer Ebene darf und muß man Maximalist sein. Hier wird das endgültige Bild des Weiblichen in Gott gemalt.

---

[8] Vgl. *Wilhelm von Ware* († 1298): »Si debeam deficere ... magis volo deficere per superabundantiam dando Mariae aliquam praerogativam, quam per defectum, diminuendo vel subtrahendo ab ea aliquam praerogativam quam habuit«, in: III Sent. q. 25, in: Fr. Gulielmi Guaerrae, Fr. Joannis Duns Scoti, Fr. Petri Aureoli Quaestiones disputatae de Immaculata Conceptione B. V. M., Ed. ad Claras Aquas 1904, 4. Vgl. auch den berühmten Satz von *Duns Scotus*, den dieser zwar auf Christus bezieht, der sich aber auch auf Maria anwenden läßt: »In commendando enim Christum malo excedere quam deficere a laude sibi debita si propter ignorantiam oporteat in alterutrum incidere«, in: Ordinatio III, d. 12, q. 4, Ed. Vivès XIV, 463.

Zweiter Teil: Die Analyse
Das Weibliche im Konflikt der Interpretationen

II. Grundhindernisse für das Verständnis des Weiblichen

Wir haben das Weibliche zur Schlüsselkategorie gewählt. Mit ihrer Hilfe wollen wir die transzendente Bedeutung Marias radikal verstehen. Damit wir aber die Kategorie des Weiblichen mit einer gewissen Strenge handhaben können, haben wir sie erst noch genauer zu entwickeln. Dazu müssen wir nun durch die Mäander der verschiedenen Wissenszweige und in den Konflikten der Interpretationen, die das Bemühen der verschiedenen Wissenschaften um das Weibliche in letzter Zeit mit sich gebracht hat, seiner analytischen Bedeutung nachspüren.

Unsere theoretische Strategie wird folgenden Weg nehmen:
Erhellung der hauptsächlichen Grundhindernisse für das Verständnis des Weiblichen,
  das Weibliche: eine analytische Annäherung,
  das Weibliche: eine philosophische Reflexion,
  das Weibliche: eine theologische Meditation.

Wir haben ein theologisches Interesse. Aber das Theologische des Weiblichen liegt nicht einfach wie etwas ursprünglich Gegebenes und Evidentes auf der Hand, sondern muß aus anderen Interpretationen (von Wissenschaft und Philosophie) erschlossen werden und hat somit die Struktur einer Konstruktion. Deshalb müssen wir zunächst die anderen Diskurse sichten, um zu einem sachgerechten Begriff zu kommen, dessen Inhalt kritisch und analytisch abgesichert ist. Anderenfalls liefen wir Gefahr, die Kategorie des Weiblichen naiv und mit den ideologischen Konnotationen unserer Kultur befrachtet zu verwenden.

Zuvor jedoch noch rasch ein Wort zu unserem Verfahren.

1. Wissenschaftstheoretische Vorbemerkung

Da wir eine interdisziplinäre Arbeit vorlegen möchten, haben wir zunächst die Grammatik unserer Reflexion zu erklären. So müssen wir die verschiedenen Bereiche des Wissens miteinander in Verbindung bringen und um die Tragweite wie um die Grenzen einer jeden

Disziplin wissen. Die verschiedenen Regeln der Hermeneutik setzen wir voraus. Zusammengefaßt halten wir also fest:

a. *Erkennen heißt immer sich die Wirklichkeit vorstellen.* Wir nehmen die Wirklichkeit – in unserem Fall das Weibliche – nicht unmittelbar wahr, sondern durch die Brille von Vergangenheit und Kultur. Noch ehe wir etwas Neues erkennen, haben wir bereits vorgängige Urteile und Vor-Urteile. Etwas erkennen heißt immer auch: etwas entgegen oder in Einklang mit früheren Kenntnissen interpretieren. Demnach geht es nicht darum, die Wirklichkeit einfach abzulesen oder zu verdoppeln. Ein solches Ansinnen wäre naiv. So nehmen wir auch das Weibliche je nach den materiellen und theoretischen Bedingungen unseres Ortes und unserer Zeit wahr.

b. *Erkennen heißt immer den Gegenstand des Erkennens schaffen.* Diese These folgt aus dem vorherigen Satz. Was das Weibliche objektiv und an sich ist, wissen wir nicht. Was wir wissen, ist lediglich das, was wir uns von ihm zurechtlegen. Deshalb müssen wir unterscheiden zwischen dem realen Objekt (der Sache an sich: dem Weiblichen) und dem Objekt des Erkennens (den Ideen und Theorien, die wir vom Weiblichen haben). Unser Erkennen vollzieht sich stets anhand von Beispielen, Paradigmen, Formeln sowie gedanklichen Konstruktionen und Ideen, vermittels deren wir das Reale erfassen und für den Einfluß sensibel werden, den es auf unser Erkenntnisvermögen ausübt. Erkennen heißt somit den Gegenstand des Erkennens schaffen.

c. *Erkennen ist immer nur eine Annäherung.* Wenn wir das Weibliche nie mit unverstelltem Blick erfassen, sondern immer nur im Rahmen von Konstruktionen, dann bedeutet das, daß unser Erkennen immer nur eine Annäherung ist. Nie haben wir eine absolute Erkenntnis. An den Gegenstand (hier: an das Weibliche) kommen wir nie heran. Jeder Zugriff formuliert ihn als seinen Gegenstand, nach seinen eigenen Voraussetzungen und Fragen, die er an ihn hat, wie auch nach der Haltung, die er ihm gegenüber einnimmt. Daß unsere Kenntnisse ausschließlich von den Sinnen herrührten, ist ein Mythos von erkenntnistheoretischer Naivität: Von Anfang an sind unsere Wahrnehmungen der Phänomene organisiert, und wir organisieren sie je nach Erfahrung neu. Immer haben sie den Charakter von Konstruktionen.

d. *Alles Erkennen ist historisch.* Erkennen ist ein lebendiges Geschehen. Deshalb hängt es an bestimmten Bedingungen der Zeit, des Ortes und des Klasseninteresses und kommt zustande mit Hilfe bestimmter Erkenntnisinstrumente, die einer bestimmten Phase der Geschichte eigen sind. Auch aus diesem Grund ist unser Wissen um das Weibliche nur eine Annäherung und muß sich offenhalten für neue Beiträge, die neue Fragen, neue Interessen und neue Instrumente der Erkenntnisproduktion bringen.

e. *Das Bestreben des Erkennens geht dahin, die Idee* (die theoretische Konstruktion) *zu übersteigen* und bis zum Wirklichen vorzustoßen, ohne daß dieses freilich je ganz zu erreichen wäre. Das geschieht mit Hilfe von Erfahrung und Versuch. Jede Erfahrung ist durch Theorie orientiert; doch durchbricht sie den Rahmen der Theorie, weil sie neue Elemente zutage bringt, die ihrerseits eine Neuformulierung des theoretischen Rahmens erfordern. Jedes wahre Erkennen geschieht in der doppelten Bewegung vom Rationalen zum Realen und vom Realen zum Rationalen. »Denn der Triumph des einen bedeutet die Anerkennung des anderen: Der Empirismus braucht das Verstehen, der Rationalismus die Anwendung.«[1] Das Bestreben des Erkennens ist es, es nicht bei der Vermittlung (Idee, Theorie) bewenden zu lassen, sondern bis zur Begegnung mit dem Realen vorzustoßen. Aus diesem Grund stürzt es sich immer neu ins Experimentieren und will Erfahrung. Diese aber ist nie destilliert rein zu haben, sondern immer nur umgriffen von den Banden einer Konstruktion. Zugleich aber befreit sie sich auch davon und ermöglicht mit Hilfe neuer Konstruktionen einen besseren Zugang zur Wirklichkeit.

f. *Man muß denken, was man erkennt*. Die Wissenschaften liefern uns Aufschluß über die Weisen des Seins. So zeigen sie zum Beispiel, daß das Weibliche eine Form ist, in der sich das Sein des Menschen konkretisiert. In der Vernunft gibt es ein Moment des Philosophierens: Sie fragt: Was ist das Sein des Menschen? Wie verhält sich dieses Sein zum Sein als solchem? Was offenbart sich im Weiblichen? Derartige Fragen sind Sache der Philosophie. Diese ist der Versuch, das, was wir erkennen, bis zu Ende zu denken.

g. *Man kann alle Erkenntnisse vom absoluten Geheimnis der denken*, das wir Gott nennen. Das ist Aufgabe der Theologie. Diese setzt den Einschnitt des Glaubens voraus. Im Glauben können wir fragen: Was bedeutet das Weibliche im Lichte der göttlichen Offenbarung? Inwiefern offenbart es Gott? Wie offenbart sich Gott selbst im Weib-

---

[1] *G. Bachelard*, Die Philosophie des Nein. Versuch einer Philosophie des neuen wissenschaftlichen Geistes, Frankfurt 1980, 20.

lichen? Findet das Weibliche seine letzte Begründung und Sinnge-
bung nicht in Gott? Alle diese Schritte werden wir im Laufe unserer
Arbeit tun müssen.

2. Hindernisse für das rechte Verständnis des Weiblichen

Nur wenige Themen sind so mit Vorurteilen belastet wie das des Weiblichen. Deshalb tun wir gut daran, allen gängigen Meinungen dazu
zu mißtrauen. Der große moderne Wissenschaftstheoretiker Gaston
Bachelard sagt, die größten Hindernisse auf dem Weg zur (annähern-
den) Erkenntnis der Wahrheit seien gerade die Vorurteile, die er
epistemologische Grundhindernisse[2] nennt. In der Regel muß die
Wissenschaft gegen sie erarbeitet werden. Einige dieser Hindernisse
möchten wir uns jetzt bewußtmachen, damit wir sie möglichst vermeiden.

a. Wissenschaftshöriger Rationalismus

Das erste große Hindernis ist schon allein der Begriff der modernen
Wissenschaft. Die Moderne geht von der aufklärerischen Voraussetzung aus, die analytische Vernunft sei imstande, die menschliche
Wirklichkeit objektiv zu erkennen und in eine begriffliche Architek-
tur zu übersetzen. Was Mann- und was Frausein bedeutet, könne
allein durch rationale Vermittlung erfaßt werden. Das aber führt zu
einer Verkürzung der konkreten Erfahrung, die uns ständig zeigt, daß
sich das geschlechtliche Gegenüber nicht auf einen Begriff bringen
läßt. Damit ist freilich nicht gesagt, unsere Modelle seien falsch, alle
wissenschaftlichen Klassifizierungen seien willkürlich und jede
Überhöhung des Erlebens habe garantiertes Bürgerrecht. Vielmehr
geht es einfach darum, unsere wissenschaftlichen Behauptungen noch
einmal zu erörtern und ehrlich zu fragen, wieweit sie dem Phänomen
der Begegnung der Geschlechter in ihrer ganzen Tiefe gerecht werden
und dem entscheidenden Kriterium der Erfahrung standhalten. Es
gilt, den Stolz der Vernunft mit ihrem Machtwillen in die Schranken
zu weisen, von falschem Wissen Abschied zu nehmen und den An-

---

[2] Vgl. *ders.*, Die Bildung des wissenschaftlichen Geistes. Beitrag zu einer Psychoanalyse
der objektiven Erkenntnis, Frankfurt 1978, 47: »Es ist also unmöglich, mit einem
Schlage reinen Tisch zu machen. Was man deutlich zu wissen glaubt, verdunkelt angesichts des Wirklichen, was man wissen mußte. Wenn der Geist sich der wissenschaftlichen Bildung stellt, ist er niemals jung. Er ist sogar sehr alt, denn er ist so alt wie seine
Vorurteile. In die Wissenschaft eindringen bedeutet geistige Verjüngung, heißt sich auf
eine brüske Veränderung einlassen, die einer Vergangenheit widersprechen muß.«

schein, die Dinge zu wissen, abzulegen. Das Weibliche wie das Männliche sind nicht ein für allemal festgelegte Größen. Sie bilden ein Bündel von Beziehungen, das den Willen des Logos, alles zu domestizieren, übersteigt. Beide sind eher ein Eros, der sich in der Tiefe des Unauslotbaren verliert. Weniger der Begriff als vielmehr das Symbol erweist sich als geeignet, das Weiblichsein zu erfassen. So müssen wir uns für andere Formen des Zugangs zu dieser menschlichen Wirklichkeit offenhalten – andere Formen, die sich von der der instrumentellen, analytischen Rationalität unterscheiden.[3]

b. Verschweigen der Sexualität

In der westlichen Tradition wird der Mensch gewöhnlich als ein vernunftbegabtes Lebewesen *(animal rationale)* beschrieben. Bei dieser Wesensdefinition bleibt der Unterschied der Geschlechter unberücksichtigt, das Geschlecht ist etwas Zufälliges und wird unter der Rubrik der menschlichen Animalität und nicht auch seiner Rationalität verbucht. So wird es nicht als eine Gegebenheit des gesamten Menschseins verstanden und begünstigt mithin eine monistische und undifferenzierte Darstellung des Menschen. Dagegen setzt die Bibel zum Beispiel bewußt bei der geschlechtlichen Verschiedenartigkeit als erster innerer Bestimmung des Menschseins ein (Gen 1,27), was freilich im späteren Denken und Handeln des jüdisch-christlichen Glaubens ohne Folgen blieb. Noch heute wird die Realität des Geschlechts in Philosophie, Hermeneutik und Humanwissenschaften insgesamt weithin verschwiegen. Wissenschaftliches und politisches Handeln wird unabhängig vom geschlechtsspezifischen Charakter seiner Träger verstanden. Selbst die Psychologie, die doch an sich sehr wohl ein Gespür für die Unterschiede der Geschlechter hat, scheint dem Phänomen noch nicht die gebührende Aufmerksamkeit geschenkt zu haben. Auch Freud, der mit seiner Theorie vom »Penisneid« bei der Frau einen Zustand der Impotenz und kindlicher Abhängigkeit herausgefunden zu haben meinte, verfestigte nicht nur alte frauenfeindliche Vorurteile, sondern auch

[3] Vgl.: *L. Irigaray,* Speculum – Spiegel des anderen Geschlechts, Frankfurt 1980. Die Autorin kritisiert nachhaltig den für unsere Kultur typischen Logozentrismus, der sich besonders negativ auf die Behandlung des Themas Frau auswirkt (Freud, Hegel, Plato). Siehe auch: *P. Evdokimov,* Die Frau und das Heil der Welt, München 1960. Der Verfasser sieht im ganzen modernen Atheismus, in der Verzweiflung und Angst dieses Jahrhunderts wie in allen rigorosen Lehren der christlichen Überlieferung (Jansenismus, Lehre von der ewigen Prädestination) einen vermännlichenden und antifeministischen Hintergrund (ebd. 168–172).

den in unserer Kultur herrschenden Männlichkeitswahn.[4] So liegt die Vermutung nahe, auf der Grundlage dieses sexuellen Monismus sei das Menschenbild verarmt und die Struktur des Menschseins in vereinfachender Weise schematisiert worden. Wen wundert es da, daß diese Verkürzung auch auf der Ebene der Sprache zum Ausdruck kommt? Menschsein wird einfach mit *Mann*sein identifiziert, als ob der Mann in sich das ganze Menschentum realisierte und die Frau eine minderwertige Ableitung oder ein Moment an seiner im voraus bestehenden Größe wäre.

c. Sexueller Monismus

Wenn ein Defekt im Verständnis des Menschseins in der Abwesenheit des geschlechtlichen Moments besteht, dann ist seine Anwesenheit noch lange keine Garantie für eine sachgerechte theoretische Ausgewogenheit. Die letzten Jahrtausende stand das weibliche Geschlecht unter der Herrschaft des männlichen. Die Mehrzahl unserer Kulturschöpfungen spricht eine sexistische Sprache. Seit der Jungsteinzeit bietet die Gesellschaft nicht mehr die historischen Bedingungen dafür, daß sich die Frau autonom verwirklichen kann. In allem, insbesondere in der Familie, hängt sie vom Mann ab. In der Familie tut sie eine Arbeit, die ihr nicht die Mittel zum Lebensunterhalt bietet. Sie unterhält nicht nur die arbeitenden Familienmitglieder, sondern produziert auch die Arbeitskraft, über die sie nicht die Eigentümerin ist (Kinder als neue Arbeitskraft). Die Hausarbeit wird weder wirtschaftlich entlohnt noch gesellschaftlich gewürdigt. Sie ist etwas Sekundäres und geschlechtlich geprägt (»Frauensache«). Diese infrastrukturelle Lage wirkte sich nun auch auf der Ebene des Überbaus aus, so daß die Frau als ein Anhängsel oder eine geringere Ausgabe des Mannes verstanden wurde. Obwohl dieser sexuelle Monismus auf theoretischer Ebene heute mehr und mehr abgebaut wird, tragen Geschichte, Gewohnheiten und Einstellungen praktisch immer noch seine tief eingeprägten Spuren. In der Kirche hat sich eine Frauenfeindlichkeit erhalten, die in der Gesellschaft in gewisser Weise bereits überwunden ist. Im Bereich des Unbewußten, aber mit Auswirkungen auf der Ebene des Bewußten gibt es eine regelrechte politische Theologie des Geschlechtes, die in folgendem Syllogismus zum Ausdruck kommt: Gott und Jesus Christus sind männlich. Sie

---

[4] Vgl.: *J. Chasseguet-Smirgel* (Hrsg.), Psychoanalyse der weiblichen Sexualität, Frankfurt ^{5}1981, 11–25, bes. 22–25, wo es um den berühmten Vortrag Freuds über die Weiblichkeit geht (1932).

haben das Recht, zu schalten und zu walten. Nun aber wird die Männlichkeit konkret im Mann, der Gott und Christus repräsentiert. Also hat er auch das ererbte Recht, zu schalten und zu walten.[5] Mit anderen Worten: Allein im Mann ist die menschliche Natur voll verwirklicht, in der Frau in dem Maße, in dem sie sich dem Manne beigesellt.

d. Regionalisierung des Geschlechtlichen auf den Genitalbereich

Eines der unheilvollsten epistemologischen Hindernisse ist die Verkürzung der geschlechtlichen Bestimmung auf eine rein genitale und biologische Gegebenheit. Der Mensch ist ein geschlechtliches Wesen nicht nur im Bereich des Genitalen, der Fortpflanzungsorgane und der erogenen Zonen. Er ist nicht nur Bios. Er ist Person, die in einem ganz eigenen Beziehungsgeflecht steht – sei es als Mann, sei es als Frau. So ist zum Beispiel die Mutterschaft für die Frau ein biologisches Geschehen von größter Tragweite. Aber sie erschöpft sich nicht in der biologischen Realisierung. Wenn eine Frau nicht Mutter wird oder sich dazu entschließt, nicht Mutter zu werden, verliert sie damit nicht ihre Fähigkeit, zu empfangen und Leben hervorzubringen. Sie investiert sie nur in andere Dimensionen des Lebens und läßt allem, was sie unternimmt, Hege und Schutz widerfahren.[6] Die anatomischen und psychischen Strukturen der Frau sind Momente des Gesamtprojektes des Frauseins. Von ihm her beziehen sie ihre Gültigkeit. So werden Verkürzungen vermieden, die das sachgerechte Bild von der weiblichen Realität entstellen, das aber zwingend ist, wenn man deren anthropologischen Reichtum bewahren will. Die Verkürzung des Geschlechtlichen auf das rein Genitale ist eines der bösartigsten Laster unserer eindimensionalen Kultur, das die Frau leicht zum Lustobjekt im Bett und am Tisch des Mannes macht.[7]

e. Ontologisierung geschichtlich gewordener Erscheinungsformen

Ein andermal verfällt man bei der Beschreibung des Weiblichen in einen naiven Naturismus. Geschichtlich gewordene Verwirklichungsformen – wie die Beherrschung der Frau durch den Mann, ihre

---

[5] Vgl.: *Verschiedene,* Crisi dell'antifeminismo, Mailand 1973, bes.: *Moore* und *Buysseret,* La donna in una Chiesa mascolinizzata, ebd. 197–218.

[6] Vgl.: *F. J. J. Buytendijk,* Die Frau. Natur, Erscheinung, Dasein, Köln 1953, 251–259.

[7] *H. Studart,* Mulher, objeto de cama e mesa, Petrópolis 1974 (eine beißende Kritik an den männlichen Vorurteilen gegenüber der Frau).

Abhängigkeit, ihre Unterordnung usf. – werden als Attribute der weiblichen Natur ausgegeben. Der Natur wird zugeschrieben, was Produkt der Geschichte, Resultat menschlicher Praxis und Ergebnis des Interessenspiels ist. Dagegen ist etwa die derzeitige kulturelle Benachteiligung der Frau nicht einem Mangel ihrer Natur anzulasten, sondern dem ungleichen Kampf, den sich die Geschlechter über Jahrhunderte hin geliefert haben. Der Mann hat sich die Frau unterjocht und ihre Kräfte zu seinem Vorteil ausgebeutet. Hier taucht nun ein theologisches Problem auf, insofern ersichtlich wird, daß sich das Menschengeschlecht in einem gefallenen und ungerechten Zustand befindet. Aber wenn man erkennt, daß die gegenwärtige Unterordnung der Frau geschichtlich bedingt (und somit weder zwangsläufig noch unabänderlich) ist, dann wird die Intelligenz frei für weniger unsymmetrische Alternativlösungen, und verdrängte Energien der Frauen werden entbunden, da sie ja selbst die treibende Kraft ihrer Befreiung sein müssen.

f. Polarisierung der Geschlechter

Einem weiteren Mißverständnis wird das Weibliche ausgeliefert, wenn man die Geschlechter einfach parallelisiert. Die geschlechtliche Doppelgestaltigkeit, heißt es, gehöre zum Wesen des Menschen. Dabei wird jedoch übersehen, daß es sich nicht um parallele, sondern um aufeinander bezogene Realitäten handelt. Mann und Frau stehen nicht Seite an Seite, sondern begegnen sich von Angesicht zu Angesicht. Beide lernen sich und einander kennen in dem Maße, in dem sie sich auf ein konkretes Verhältnis wechselseitiger Verwiesenheit einlassen. Von diesem Beziehungscharakter der Geschlechter nicht zu wissen bedeutet ein grundsätzliches Hindernis. Der Irrtum besteht in der Polarisierung der Geschlechter, die beide unverwechselbare Merkmale haben.[8] So kommt es zu den »Katalogen« der Kennzeichen eines jeden Geschlechtes, die nach unterschiedlichen Kriterien – sei es der Biologie, sei es der Psychologie, sei es der Metaphysik –

---

[8] In Abrede wird nicht die Existenz besonderer Charakteristika der beiden Geschlechter gestellt, sondern eine unüberwindliche Polarisierung, so daß das Phänomen der wechselseitigen Verwiesenheit nicht mehr zu verstehen ist. So wußte zum Beispiel Schiller, daß die Art, wie die Frau sich gibt, anders ist als die, wie sich der Mann gibt: »Was du auch gibst, stets gibst du dich ganz,/ du bist ewig nur eines« (*F. Schiller,* Sämtliche Werke in zehn Bänden I, Berlin/Weimar 1980, 400). Und *Rilke* sagt in seinen »Briefen an einen jungen Dichter«: »Die Frauen, in denen unmittelbarer, fruchtbarer und vertrauensvoller das Leben weilt und wohnt, müssen ja im Grunde reifere Menschen geworden sein, menschlichere Menschen . . .« (*R. M. Rilke,* Briefe an einen jungen Dichter, Leipzig 1929, 41).

systematisiert werden. Da gibt es eine ganze romantische und pseudo-wissenschaftliche Literatur, die um sexuelle Symmetrien weiß: Allein dem Mann kämen Rationalität, Objektivität, Aggressivität, Arbeit, Schaffenskraft, Außenbezüge usf. zu, während die Frau geprägt sei von Gefühl, Subjektivität, zuwendender Sorge, Unterordnung, Irrationalität u. ä. Im Rahmen eines solchen Tugend- und Lasterkatalogs, der die Eigenschaften symmetrisch auf die beiden einander entgegengesetzten Pole verteilt, ist es unmöglich, zu einem rechten Verständnis für die Geschlechter zu kommen. Die Beziehungen zwischen den Geschlechtern werden verdinglicht und mechanisiert. Es führt kein Weg an der Erkenntnis vorbei: Die wesensmäßige Wechselseitigkeit zwischen Mann und Frau bedeutet, daß jeder am Gesamt der menschlichen Wirklichkeit wie aller Eigenschaften in unterschiedlichen Dichtegraden Anteil hat. Das Weibliche und das Männliche sind keine Akzidentien der menschlichen Natur, sondern Wesensbestimmungen, die jede von beiden auf spezifische Weise zugleich männlich und weiblich sein lassen. Die Beziehungen zwischen Mann und Frau sind immer personal und lassen sich nicht in eine vorgefaßte Symmetrie einfangen.

g. Überhöhung des Weiblichen: die ewige Frau

Zwei Formen gibt es, der Frau unrecht zu tun: Das eine Mal rückt man sie in die Nähe des Kindes und stellt sie mithin unter die Schirmherrschaft des Mannes, und das andere Mal wird sie dermaßen hochgepriesen, daß damit ihre Stellung und ihre Aufgabe in dieser Welt ent-realisiert und ent-konkretisiert werden. Bei Balzac heißt es: »Die Frau ist eine Sklavin, die man auf einen Thron muß erheben können.« In diesem Zusammenhang ist dann die Rede von der ewigen Frau – im Sinne eines zeit- und geschichtslosen Wesens, das in einige derart verabsolutierte weibliche Charakteristika eingesperrt ist, daß die Frau ihre wirkliche Berufung wie auch ihre geschichtlichen Möglichkeiten gar nicht mehr erkennen kann.[9] Selbstverständlich soll hier nicht bestritten werden, daß die Symbolsprache ihren Wert hat; wir werden sie weiter unten mit Nachdruck verteidigen. Aber es gilt, vor einer männlichen Idealisierung der Frau zu warnen, die einer kaschierten Form von Diskriminierung und Unterdrückung gleichkommt. In diesem Sinn wurde Maria in einer Weise ausgebeutet, die allein den Interessen vom Männlichkeitswahn besessener Macht

---

[9] Vgl.: *J. M. Aubert,* La mujer. Antifeminismo y cristianismo, Barcelona 1976, 125–128.

diente. Maria wurde nur noch als die Frau gezeichnet, die das *Ja (fiat)* sagte, sich darein schickte, den Willen Gottes zu tun, und sich in häuslicher Verpflichtung, Bescheidenheit und Namenlosigkeit versteckte. Vergessen bleibt dabei eine ganz andere Dimension, an die Paul VI. in seiner Enzyklika *Marialis Cultus* erinnert: Maria war »keineswegs eine passive Frau . . ., die achtlos an den Dingen dieser Welt vorbeiging . . ., in einer abwegigen Religiosität befangen, sondern eine Frau, die nicht zögerte zu verkünden, daß Gott der Anwalt der Kleinen und Unterdrückten sei, der die Mächtigen in dieser Welt vom Thron stürzt (vgl. Lk 1,51–53)«. So ist Maria nicht nur Vorbild für die Frauen, sondern für jeden Jünger und jede Jüngerin – auch in ihrem Engagement für Befreiung und Schaffung von Gerechtigkeit.

Zusammenfassend müssen wir sagen: Zwei Grundhindernisse – ein altes und ein modernes – gilt es zu vermeiden. Früher sprach man vom Menschen, ohne vom Geschlecht zu reden; heute spricht man vom Geschlecht, ohne vom Menschen zu reden. Es kommt also darauf an, vom geschlechtlich (als Frau und Mann) geprägten Menschen sowie vom menschlich gestalteten Geschlecht zu sprechen – vom Geschlecht als von etwas, das der Mensch ist und das er nicht bloß hat, vom Geschlecht als einer wesensmäßigen Realität, die die Menschen einander von Angesicht zu Angesicht begegnen läßt.

Im Bewußtsein dieser Hindernisse versuchen wir nunmehr, einige Grundperspektiven zu entwickeln, die dann das Feld für eine theologische Reflexion öffnen sollen, welche ihrerseits das Verständnis für den letzten Sinn des Weiblichen in Gott und – geschichtlich antizipiert – in Maria ermöglichen soll.

III. Das Weibliche –
eine analytische Annäherung

Unser Ansinnen geht in diesem Kapitel nicht dahin, die großen Schritte der interdisziplinären Forschung zum Weiblichen zusammenzufassen.[1] Angesichts der unübersehbaren Fülle an Informationen, die es zu systematisieren gälte, müßte jeder Abriß oberflächlich bleiben. Aber trotz dieser objektiven Schwierigkeit kommen wir nicht daran vorbei, einige Grundaussagen zu formulieren, die ein nicht gar so schillerndes und ideologieanfälliges Verständnis vom Weiblichen, das die herrschenden Vorstellungen nur stützen würde, untermauern. Mehr als auf anderen Gebieten hat unser Wissen um das Spezifische des weiblichen Geschlechts den Charakter von Annäherung und Hypothese.

Im großen und ganzen lassen sich in der Forschung zur Frage der Weiblichkeit drei Linien ausmachen:

Eine erste Richtung behauptet, die Unterschiede in Sachen Geschlecht, Persönlichkeit, Status, Funktion und Macht seien kulturelle Bestimmungen. Der Mensch werde in eine psychosexuelle Neutralität hineingeboren. Deshalb vermöchten Physiologie und Psychologie alleine nicht, die politische und wirtschaftliche Trennung zwischen den Geschlechtern zu erklären (Mead, Brown, Williams, Sanday, Beauvoir). Die Sexualität lasse sich dermaßen manipulieren, daß sie durch die Sozialisierung in diese oder jene Richtung bewegt werden könne. Daß es definierte männliche und weibliche Züge gebe, wird bestritten; Männer und Frauen ließen sich gleichermaßen zu aggressiven, abhängigen oder passiven Wesen beeinflussen.

---

[1] Die Literatur zu dem Thema ist immens. Wir verzichten darauf, auch nur die wichtigsten Texte wiederzugeben, und nennen nur die bibliographischen Übersichten: *M. T. Bellenzier,* Panorama bibliografico sulla »questione feminile«, in: Rassegna di Teologia 16 (1975) 552–565; 17 (1976) 81–91; die ganze Nummer 106 (1972) von Lumière et Vie: Masculin et Féminin; *M. A. O'Neill,* Toward a renewed Anthropology, in: Theological Studies 36 (1975) 725–736. Eine der trefflichsten Arbeiten, die je veröffentlicht wurden, ist: *E. Metzke,* Anthropologie des sexes, in: Lumière et Vie Nr. 43 (1959) 27–52. Siehe auch: *E. Sullerot* (Hrsg.), Die Wirklichkeit der Frau, München 1979; dies ist das umfassendste Buch zum Thema, das es gibt, und wird von uns weithin konsultiert.

Zweitens heißt es, Mann und Frau besäßen auf der Grundlage biologischer Fakten ihre je eigene sexuelle Zurüstung und legten deshalb auch unterschiedliche Verhaltensweisen mit spezifischen psychologischen Kennzeichen an den Tag. Gewiß hätten Lernen und Sozialisierung ihre Bedeutung, aber im Rahmen bereits vorher festgelegter Muster. Die hauptsächlichen Unterschiede – und zwar sowohl bei den Menschen als auch bei den höheren Säugetieren – gründeten auf biologischen Tatsachen des unterschiedlichen Geschlechts und Alters.

Eine dritte Position bemüht sich, den wahren Kern der beiden zuvor skizzierten Meinungen aufzunehmen und sie dialektisch miteinander zu verbinden. Der Mensch sei nicht nur die höchste Spezies der Gattung »Säugetier«, sondern ein seiner ganzen Anlage nach kulturelles Wesen, das die Geschichte gestalte. Deshalb müsse man sich der tiefgreifenden und komplexen Wechselwirkung zwischen biologischen und soziokulturellen Faktoren bewußt sein. Es gelte herauszufinden, wie sich die biologischen Daten sozial gestalten, anstatt sie als parallel wirkende Ursachen darzustellen. Zwar sind die ursächlichen Beziehungen zwischen Sozialisierung und Biologie weder eindeutig noch klar, aber eine willkürliche Aufspaltung der beiden muß auf jeden Fall vermieden werden. So läßt sich der doppelte Determinismus – sei es durch die Biologie, sei es durch die Kultur – überwinden. Die geschlechtlichen Unterschiede sind zugleich einerseits angeboren und andererseits erworben. Aber eine solche Behauptung muß in ihrer dialektischen Spannung gesehen werden, damit man nicht einer billigen Irenik verfällt. Das sexuelle Verhalten bildet und entwickelt sich in dem Maße, in dem ein durch diese oder jene Geschlechtsmerkmale gekennzeichneter Organismus in Interaktion tritt mit einem Umfeld, das ebenfalls durch diese oder jene spezifischen Reize bestimmt ist. Einige Verhaltensmuster stellen sich ein, weil zwischen der sexuellen Ausstattung und den Anregungen von außen Symmetrie herrscht; andere bilden sich wegen geringer Übereinstimmung nur unter Schwierigkeiten aus, wieder andere schließlich können überhaupt nicht entstehen.

Wir schließen uns dieser dritten Position an. Unsere Hypothese, die wir durch all unsere Überlegungen hindurch vertreten werden, betont, daß die Unterschiede zwischen den Geschlechtern eher quantitativ als qualitativ sind. So betonen wir den Unterschied zwischen den Geschlechtern, zugleich aber auch ihre fundamentale wechselseitige Verwiesenheit.

1. Der Unterschied zwischen Mann und Frau

Die Gattung »Mensch« kennt eine grundlegende Doppelgestaltig-keit: den Mann und die Frau. Dies ist ein in gewisser Weise unüber-schreitbares Datum, und es gestaltet das Lebensprojekt ohne Zweifel reicher. Worauf beruht der Unterschied zwischen Mann und Frau? Auf biologischer Ebene[2] bleiben die Grenzen unscharf, wenn man nur das Individuum betrachtet; aber sie werden deutlicher, wenn man von der Gattung ausgeht.[3]

Biologisch gesehen ist es das *genetische Geschlecht,* das für die weibliche bzw. männliche Struktur eines jeden Zellkerns des mensch-lichen Organismus verantwortlich ist. Jede Zelle hat 22 somatische Chromosomenpaare und zwei geschlechtsbezogene Chromosomen. In jedem Paar ist ein Chromosom mütterlichen und eines väterlichen Ursprungs. Die Chromosomenausstattung der Frau besteht aus 22 somatischen Chromosomenpaaren plus zwei X-Chromosomen (XX), während der Mann ebenfalls 22 Paare, aber plus einem X- und einem Y-Chromosom (XY) hat. So wird ersichtlich, daß das Grundge-schlecht weiblich ist (XX), während das männliche vom weiblichen abgeleitet ist. Damit ist aber der Mythos des Anfangs mit Adam hinfällig. Der genetische Primat des weiblichen Geschlechts ist jedoch neutral und berechtigt nicht zur Herleitung irgendeiner Überlegen-heit.[4]

Neben dem genetisch-zellularen Geschlecht gibt es das *genitale (gonadische) Geschlecht,* das für die spezifisch männlichen und weiblichen Geschlechtsorgane verantwortlich ist und direkt die Art der Genitaldrüse (Eierstock bei der Frau und Hoden beim Mann) bestimmt. Die Prägonade bildet sich beim Embryo um den 37. Tag herum, differenziert sich aber ab der neunten Woche aus. Was die

---

[2] Vgl.: *N. Bishof,* Der biologische Sinn der Zweigeschlechtlichkeit, in: E. Sullerot (Hrsg.), Die Wirklichkeit der Frau, 38–60.

[3] Vgl.: *S. Ohno,* Die biologische Grundlage der Unterschiede zwischen den Geschlech-tern, ebd. 65–77.

[4] Die Tatsache, daß sich der Mann von der Frau herleitet, könnte eine männliche Ideologie rechtfertigen, die besagte: Der Mann hat alles, was die Frau auch hat, und noch ein Plus (Mann = Frau + etwas). Andererseits ließe sich das Argument auch umkehren und sagen, der Mann sei nach dem sogenannten »Gesetz der kastrierten Henne« ein Auswuchs aus der Frau. Wenn man nämlich aus einer Henne den funktio-nierenden linken Eierstock entfernt, entwickelt sich der rechte Eierstock zu einem funktionierenden Hoden, und die Henne wird zum Hahn. Demnach wäre der Hahn nichts anderes als eine kastrierte Henne, und alle Männlichkeit ergäbe sich aus einem kollektiven Auswuchs aus einer weiblichen Vorgegebenheit. Damit sind wird aber schon in der Hölle ideologiebeladener Bezeichnungen.

Geschlechtsteile angeht, besitzt jedes Geschlecht (das männliche wie das weibliche) den embryonalen Entwurf des anderen: den männlichen Entwurf (oder den Wolffschen Gang) und den weiblichen Entwurf (oder den Müllerschen Gang). Von dieser Bipotentialität aus entwickelt sich der Embryo vermittels zweier Grundinduktoren, eines genetischen und eines hormonalen, vorrangig in die Richtung eines Geschlechtes – dabei wird das andere nicht zunichte gemacht, es schrumpft nur. In der Regel entspricht das genitale Geschlecht dem genetischen. Aber es kommen auch Umkehrungen vor, wenngleich zugegeben werden muß, daß die bimodale Verteilung des Geschlechts bei der erdrückenden Mehrzahl der Menschen vorherrscht.

Schließlich gibt es noch das *hormonale Geschlecht*. Alle Genitalzellen, die von der geschlechtlich neutralen Hypophyse (der Hirnanhangdrüse) und vom geschlechtlich bestimmten Hypothalamus (einer mit der Hypophyse verbundenen Nervenstruktur im Zwischenhirn) gesteuert werden, sondern gleichzeitig, wenn auch in unterschiedlicher Menge, männliche (Androgen) und weibliche Hormone (Östrogen) aus, wodurch es zu den sekundären Geschlechtsmerkmalen kommt. Je nachdem ob die männlichen oder die weiblichen Hormone in der Nervenstruktur (des Hypothalamus) vorherrschen, veranlaßt diese die Hypophyse, auf männliche (beständige) oder weibliche (zyklische) Weise zu funktionieren, wodurch ein männliches bzw. weibliches Verhalten bedingt wird. Ja, sogar das Gehirn unterscheidet sich beim Mann und bei der Frau.[5] So kommt es auf der Ebene der physiologischen Funktionen wie auch des Verhaltens zu einer Verschiedenartigkeit, die genauen Strukturmodalitäten im zentralen Nervensystem, das bei jedem Gechlecht anders ist, entspricht.

Wenn von biologischen Geschlechtsmerkmalen des Mannes oder der Frau die Rede ist, geht es um Kennzeichen eher der Gattung als der Individuen.

Hinsichtlich des Biologischen dürfen wir im übrigen nicht vergessen, daß die menschliche Geschlechtlichkeit im weiten Feld der Sexualität der höheren Lebewesen verwurzelt ist. Diese ist älter als der Mensch und greift bis in sein Leben hinein. Sie zeigt sich als Instinkt, Verlangen und Hang zum Orgiastischen wie Dionysischen. Dies unter die Kontrolle gesellschaftlicher Regelung zu bekommen

---

[5] Vgl.: *G. Raismann*, Der strukturelle Unterschied zwischen männlichem und weiblichem Gehirn bei der Ratte, in: E. Sullerot (Hrsg.), Die Wirklichkeit der Frau, 109–114. Siehe auch den Kommentar dazu: *O. Thibault*, ebd. 114f.

ist immer schwierig und führt dazu, daß das »Gesetz des Tages« fortwährend durch das »Gesetz der Nacht« (Hegel) gebrochen wird. Aber zwischen der vitalen Sexualität und der Geschlechtlichkeit des Menschen herrscht nicht nur Kontinuität, sondern tut sich auch ein Bruch auf. Der Mensch trägt eine Instanz in sich, die ihn fähig macht, sich den Determinismen des Lebens zu widersetzen. Es gehört zum Menschen als Menschen, (mit Hilfe der Natur) Position gegen die Natur zu beziehen. Er ist imstande, den Rhythmus des Lebensimpulses zu regulieren und im Rahmen eines Freiheitsprojektes zu gestalten. Das Ich muß sich dessen bemächtigen, was sein ist, weil es nur so autonom und frei wird. Wo das Ich diesen Kampf auf sich nimmt, kann Liebe sprießen – im Sinne von Hingabe und freiem Geschenk einer Person an die andere. Nur im Überschreiten der Natur in Richtung auf das Reich der Freiheit kann sich die Liebe im Horizont der Geschlechtlichkeit entfalten und aus dieser einen Ausdruck von Zärtlichkeit und Gemeinschaft machen.

Trotz des Bruchs im biologischen *continuum,* durch den der Weg zum spezifisch Anthropologischen erst eröffnet wird, müssen wir anerkennen, daß das Biologische bei der Festlegung der verhaltensmäßigen Unterschiede der beiden Geschlechter eine unleugbare Rolle spielt.[6] Bekanntlich bewirken die Hormone, insbesondere pränatale Androgene, eine männliche und weibliche Ausprägung einiger Teile des zentralen Nervensystems. So widersetzen sich zum Beispiel Frauen, die eine fötale Androgenisierung mitgemacht haben, offensichtlich einer (vermeintlich) weiblichen Sozialisation und interessieren sich für Tätigkeitsbereiche, die sonst als Männersache gelten. Männer, die vorgeburtlich an einer Insensibilität gegenüber Androgenen gelitten haben, legen eindeutig weibliche Verhaltensformen an den Tag und widersetzen sich einer männlichen Sozialisation. Das Androgen fördert die Aggressivität, während das Östrogen sie

[6] Zu dem Thema gibt es eine umfängliche wissenschaftliche Literatur: *R. L. Connor,* Hormonal Influences on Aggressive Behavior, in: Aggressive Behavior, Amsterdam 1969; *R. G. D'Andrade,* Sex differences and Cultural Institutions, in: Development of sex differences, Stanford 1966; *M. Diamond,* A Critical Evaluation of the Ontogeny of Human Sexual Behavior, in: Quarterly Review of Biology 40 (1965) 147–175; *A. Erhardt/S. Baker,* Fetal Androgens, Human Central Nervous System Differentiation and Behavior Sex Difference, in: Sex Differences in Behavior, New York 1974; *E. E. Maccoby,* The development of sex Differences, in: Human Behavior, Stanford 1966; *P. R. Sanday,* Toward a Theory of the Status of Woman, in: American Anthropologist 75 (1973) 1683–1700; *R. Larse,* Die evolutionären Grundlagen der Unterschiede zwischen den Geschlechtern, in: E. Sullerot (Hrsg.), Die Wirklichkeit der Frau, 408–433 (reichhaltige Literaturangaben!).

hemmt. Deshalb neigen Männer, die ja einen größeren Androgen-ausstoß haben, eher zu einem offensiven Verhalten und haben eine größere Muskelmasse, ein größeres Herz und eine größere Lunge. In der sozialen Ausgestaltung dieses Unterschieds bedeutete das, daß man dem Mann zum Beispiel Aufgaben zuschrieb, die eher mit physischer Gefahr, territorialer Eroberung, Herrschaft und Macht-spiel zu tun hatten. Transkulturelle Untersuchungen messen dieser Auffassung einen gewissen Wahrscheinlichkeitsgrad bei. Entspre-chend läßt die biologisch-hormonale Struktur der Frau diese mehr Aufgaben im Bereich von Produktion, Erhaltung und Entwicklung des Lebens zugetan sein. Ihre elterlichen Anstrengungen sind erheb-lich größer als die des Mannes. Dieser Unterschied führte auf sozio-kultureller Ebene zu neuen Formen des Unterschieds, in denen Mann und Frau in Wettbewerb stehen. Dabei handelt es sich niemals – das sei eigens noch einmal betont – um radikal verschiedene Verhaltens-weisen, sondern um unterschiedliche Häufigkeits- und Dichtegrade im Verhalten, das bei beiden Geschlechtern vorkommen kann. Unter diesem Gesichtspunkt muß unbedingt die Variable des kulturellen Milieus berücksichtigt werden. So kann man nicht eigentlich von einem fixen genetischen Programm sprechen, das jedes Geschlecht auszeichnete, sondern lediglich von unterschiedlichen Rastern beim Mann und bei der Frau, die zusammen mit dem geschichtlich-gesell-schaftlichen Umfeld zu einer Synthese verschmelzen. Milieu wie Raster bilden gemeinsam die Ursachen. Jeder der Pole, besonders aber das Milieu, läßt sich beeinflussen. Wenn ein Kulturraum zum Beispiel offen die Konkurrenz fördert, kann man vermuten, daß dort der Mann in mehr oder weniger allen Bereichen den Ton angibt und die Frau dabei zu kurz kommt. Unsere Gesellschaft mit ihren kapita-listischen Verhaltensmustern und ausgesprochenen Konkurrenzan-forderungen drängt die Frau strukturell an den Rand. In anderen Gesellschaften, in denen das Konkurrenzdenken weniger ausgeprägt und die Kooperation wichtiger ist, herrschen Bedingungen, in denen die Frau besser zum Zuge kommt. In einem Milieu, in dem man auf Gleichheit bedacht ist, gestalten sich auch die Rollen der Geschlech-ter erheblich egalitärer und brüderlich-schwesterlicher. Eine soziale Arbeitsteilung, die weniger doppelgleisig verläuft, läßt auch die Unterschiede zwischen den Geschlechtern geringer erscheinen: Die Männer verhalten sich weiblicher und die Frauen männlicher. Trans-kulturelle Forschungsergebnisse bestätigen unsere Hypothese von der wechselseitigen Beeinflussung zwischen Biologie und Kultur.

Die männlich-weiblichen Unterschiede treten auf allen Gebieten, die jeweils untersucht worden sind, zutage. Studien zu Sexualphänomenologie,[7] Kulturanthropologie, Differentialpsychologie[8] und zu anderen Wissensgebieten haben eine Unzahl von Daten beigebracht. Im Rahmen dieser Arbeit können sie unmöglich genannt werden. Wir wollen es dabei bewenden lassen, auf sie und die mit ihnen verbundenen Probleme aufmerksam gemacht zu haben. Immer tritt uns der Mensch als männlich und weiblich sexuell geprägtes Wesen entgegen, und zwar sowohl mit seinem Körper, der aber nie nur eine Sache ist, sondern eine Befindlichkeit in der Welt mit den anderen, als auch phänomenologisch in der Weise, daß das Mann- und das Frausein zwei – wenn auch nicht ausschließliche – Weisen sind, in der Realität zu existieren: wie Arbeit, Aggression und Veränderung der Umwelt (Mann) und Sorge, Koexistenz und Sympathie für die Realität (Frau). Durch alle Unterschiede ziehen sich stets eine anthropologische Konstante und eine kulturbedingte Variable. Nirgends gibt es ein geschlechtlich geprägtes menschliches Wesen, das mit seiner soziohistorischen Umwelt nichts zu tun hätte. Seine Natur ist geschichtlich bedingt, und die Geschichte gehört zu seiner Natur. Daraus folgt, daß jedes Ansinnen, die komplexe Realität des Menschen in ihre Einzelteile zu zerlegen, nur als Imperativ der Analyse zu rechtfertigen ist, niemals aber als Projektion der Wahrheit über den Menschen. Diese muß stets verdeutlichen, daß die menschliche Existenz in zwei Formen zum Ausdruck kommt, in der weiblichen und der männlichen. Sowohl der Mann als auch die Frau entwerfen auf ihre Weise die Existenz und haben ihre Möglichkeiten, Beziehungen herzustellen und existentielle wie gesellschaftliche Brüche zu überwinden.

2. Wechselseitige Verwiesenheit (Reziprozität) zwischen Mann und Frau

Doch es ist nicht damit getan, die Unterschiede der Geschlechter anzuerkennen. Vielmehr will auch die andere Dimension des menschlichen Phänomens, die vielleicht noch tiefer und wahrer ist als die soeben besprochene, berücksichtigt werden: die radikale wechselsei-

---

[7] Vgl. das klassische Werk: *F. J. J. Buytendijk*, Die Frau. Natur, Erscheinung, Dasein, Köln 1953.
[8] Vgl.: *M. Leibl*, Psicología de la mujer, Buenos Aires 1955; *H. Deutsch*, Psychologie der Frau, 2 Bde., Bern/Stuttgart 1954/1959.

tige Verwiesenheit (Reziprozität) zwischen Mann und Frau. Geschlechtlichkeit ist nicht eigentlich ein Gegenstand, den jeder auf seine Weise besäße, sondern sie reflektiert genauerhin das »von Angesicht zu Angesicht« zwischen Mann und Frau, in der unmittelbaren Vermittlung des Körpers, durch den wir in der Welt situiert sind. Von Simone de Beauvoir stammt das Wort, das – wenn man es als dialektische Hin-und-her-Bewegung versteht – die ganze Wahrheit der geschlechtlichen Reziprozität zum Ausdruck bringt: Die Frau wird zur Frau unter den Augen des Mannes; aber nicht nur das: auch der Mann wird zum Mann unter den Augen der Frau. In dieser Wechselseitigkeit erkennt sich jeder durch den anderen und erfährt sich selbst auf allen Ebenen, auf denen sich die menschliche Existenz entfaltet und realisiert, als geschlechtliches Wesen. Der Mensch hat kein Geschlecht, sondern ist ein geschlechtlich geprägtes Wesen. Als solches fühlt er, daß er über sich hinaus langt, auf ein Gegenüber dimensioniert ist und sich in seiner körperlichen Bestimmtheit nach dem anderen ausstreckt. Dieses Einander-von-Angesicht-zu-Angesicht-Begegnen ist ein originäres, unaufgebbares Datum, das eine anthropologische Grundstruktur ausmacht und sich unentwegt vollzieht – in der Form der Annahme oder der Ablehnung, der Liebe oder des Hasses.

Mann und Frau existieren *wirklich* nur im gegenseitigen Bezug. Sie (aufgrund der zuvor angedeuteten Unterschiede) voneinander trennen zu wollen hieße: sie in ihrem Verständnis wie in ihrer Realität preiszugeben. »Das Erste ist die Begegnung; und was hier einander begegnet, sind weder zwei geschlechts- und fleischlose Bewußtseinskerne noch zwei Temperamente noch zwei Körper noch zwei Geister, sondern ein Mann und eine Frau. Ihre Begegnung ist ein menschliches Geschehen im Rahmen einer Geschichte und einer Kultur, das seinerseits wiederum die für sein Erscheinen notwendige Geschichte und Kultur grundlegt.«[9]

Diese gegenseitige Zuordnung der Geschlechter entzieht jeglicher sexuellen Über- oder Unterordnung, wie sie angeblich aus der Natur herzuleiten ist, die Basis. Das Verhältnis zwischen beiden ist nicht von Autorität, sondern von Verantwortung bestimmt. Man beachte, daß wir nicht das Wort »Komplementarität«, sondern »Reziprozität« benutzt haben. »Komplementarität« heißt, daß jeder in sich und für sich existiert, wenn er auch unvollständig ist; nur in der Beziehung

[9] *A. Jeannière,* Antropologia sexual, São Paulo 1965, 154.

würden sie sich gegenseitig vervollständigen. In einer solchen Sehweise kommt die dialogale Struktur der menschlichen Existenz, die es nicht ohne Beziehung und Begegnung gibt, noch nicht zum Tragen. Die interpersonale Wirklichkeit ist keine Konsequenz, kein zweites Datum, sondern etwas Originäres, das uns erst befähigt, das Weibliche und das Männliche zu entdecken. Sonst wären ja Mann und Frau als Füllsel zu verstehen, die eine Lücke auszufüllen hätten; der andere wäre eine Ergänzung für mein Ich. Damit aber würde die echte Bezogenheit als Bezogenheit entwertet. Dagegen hat der Ausdruck »Reziprozität« den Vorteil, von Anfang an die gegenseitige Offenheit des einen für den anderen zu erkennen zu geben. Gleichwohl meinen wir, daß der – wenn auch unvollkommene – Terminus »Komplementarität« auf ein echtes Problem verweisen will: Wie sieht eigentlich die Begegnung zwischen Mann und Frau aus? Wir meinen, sie wie folgt beschreiben zu können: Jeder ist offen für den anderen; beide erfahren sich als fremd und ähnlich; mit ihren Unterschieden nehmen sie sich als Person an; so entwickelt sich eine Geschichte, die die beiden aneinander bindet und ihnen Verantwortung füreinander überträgt; in dieser Geschichte gibt es Konflikte, Vorbehalte und Vertrauensbeweise, Ja und Nein, Ablehnung und Hingabe; gemeinsam entwerfen Mann und Frau den unvorhersehbaren Weg des Lebens. Trotz Begegnung und Mißverständnis, trotz Dialog und Abkapselung machen sie die Erfahrung, daß ihnen immer etwas voraus ist, das sie nicht frei wählen können, das nicht die Subjektivität eines Ich oder eines Du, sondern etwas Überpersonales ist, das heißt die ursprüngliche Seinsweise des Menschen, den es immer nur als Mann und Frau gibt, als Miteinander, Gegeneinander und Füreinander.[10] Im philosophischen Teil unserer Überlegungen möchten wir eingehender dartun, daß wir hier auf eine ontologische Gegebenheit stoßen, auf etwas Geschaffenes, das nicht geschaffen werden kann und das Mann und Frau betrifft.

3. Geschichtlich gewordene Formen der wechselseitigen Verwiesenheit von Mann und Frau

Wir hatten gesagt, der menschlichen Sexualität eigne stets eine soziokulturelle Komponente; die Reziprozität als Begegnung zweier Wechselseitigkeiten (Alteritäten) habe eine wesentlich geschichtliche

[10] Vgl.: *E. Metzke,* Anthropologie des sexes, in: Lumière et Vie Nr. 43 (1959) 27–52, hier 50.

Dimension. Darüber hinaus ist zu berücksichtigen, daß der Mensch auf biologischer Ebene, anders als das Tier, einen Überschuß an sexueller Energie hat. Hier herrscht kein periodisches Auftreten, sondern der beständige Impuls. Dieser Umstand führt entweder zum Pansexualismus oder erheischt eine Ausrichtung des Energieüberschusses auf gewandelte, nicht unmittelbar sexuelle Formen. So entstehen geschichtlich bedingte Verhaltensweisen, Institutionen und Normen, die die Beziehung zwischen Mann und Frau regeln. Das wiederum führt zu der großen Vielgestaltigkeit und Variationsbreite in den unterschiedlichen Rollen, die die beiden spielen. Außerdem besteht im menschlichen Bereich die Möglichkeit, die sexuelle Lust von anderen Aspekten des geschlechtlichen Verhaltens abzukoppeln. So kann das Geschlecht zu einem Instrument der Unterdrückung werden. Mehr als auf irgendeinem anderen Gebiet der Anthropologie schlagen sich hier gesellschaftliche und milieubedingte Faktoren nieder. Das Verhältnis zwischen den Geschlechtern ist nie natürlich, sondern immer menschlich, das heißt: kulturell und konfliktträchtig, abhängig von einer bestimmten Rollen- und Machtverteilung. Hier nun tun sich die Möglichkeit sowie das geschichtliche Faktum des Kampfes der Geschlechter[11] und der gegenseitigen Unterdrückung (Patriarchat oder Matriarchat) auf, aber auch höhere Formen der Zusammenarbeit und des brüderlich-schwesterlichen Umgangs.

Es ist das Verdienst von Claude Lévi-Strauss, gezeigt zu haben, daß die Frau zum Beispiel mit dem ersten Moment des Übergangs von der Natur zur Kultur in engster Verbindung steht.[12] Das Inzestverbot besteht positiv darin, daß unter den Menschen ein Band hergestellt wurde, ohne das sie sich nicht über die biologische Organisation hätten erheben können, um zu einer gesellschaftlichen Organisation zu finden. Die Frauen, die wertvollsten Güter der gesellschaftlichen Gruppe, wurden in einen totalen und fortwährenden Umlauf gegeben.[13] Sie waren das Geschenk *par excellence,* durch das der Austausch ermöglicht wurde, der den Fortbestand der Gruppe als Gruppe garantierte. Nach dieser sozialen Regel hatte die Frau die Funktion eines Zeichens – ähnlich der Sprache –, eines Zeichens, durch das Vergesellschaftung möglich wurde. Obwohl sie damit für über die Individuen hinausgehende Ziele instrumentalisiert und

[11] Siehe das klassische Werk von *S. de Beauvoir,* Das andere Geschlecht. Sitte und Sexus der Frau (rororo 6621–6622, 6623–6624), Reinbek bei Hamburg 1968.
[12] Vgl.: *C. Lévi-Strauss,* Die elementaren Strukturen der Verwandtschaft, Frankfurt 1981.
[13] Vgl. ebd. 608.

objektiviert wurde, behielt sie trotzdem als Person ihren Wert. Sie ist Zeichen, aber auch Erzeugerin von Zeichen; man spürt, daß die Frau in gewisser Weise nicht nur Objekt, sondern auch Subjekt ist und daß, wenn man sie zum Objekt macht, sie herabgewürdigt wird. So erklären sich die vielen Mythen, nach denen die Frauen im Himmel nicht mehr ausgetauscht und instrumentalisiert werden, weil man dort schon in Freuden lebt, in den »dem gesellschaftlichen Menschen auf ewig versagten Freuden einer Welt, in der man *unter sich* leben könnte«[14].

Historisch betrachtet, ist es unbestritten, daß die Welt in den letzten Jahrtausenden dem Mann gehört hat. Gründe, weshalb sich der Mann die Natur und mit ihr die Frau unterwerfen konnte, lassen sich nur schwer nennen. Das schlimmste ist, daß es den Männern gelungen ist, ihre Vorherrschaft bei den Frauen zu verinnerlichen, so daß diese die Lage akzeptieren und bestrebt sind, den Männern zu gefallen. Simone de Beauvoir kritisiert diese geschichtlich-kulturelle Entwicklung aufs heftigste. Die Frau sei ein Spezialfall der Dialektik zwischen Herren und Sklaven, was sie daran hindere, sich in eigenständiger Weise auszudrücken.[15] Der Mann habe aus der Frau die Verkörperung des anderen gemacht, in dem er nun sein eigenes Ich entdecken, bestätigt finden und projiziert sehen könne. Alle antiken und modernen Spielarten von Antifeminismus beruhten auf dieser Vorherrschaft des Mannes über die Frau, die sich auf allen Ebenen des gesellschaftlichen, ja auch des religiösen und christlichen Lebens finde.

Forscher, die von der vormaligen Existenz eines Matriarchats ausgehen, weisen darauf hin, daß es auch eine Zeit gegeben habe, in der die Frau über den Mann geherrscht habe. Geschichtlich betrachtet, stellt sich die Frage, ob das Verhältnis Mann – Frau in gesellschaftliche Formen gekleidet werden kann, die nicht das Kennzeichen einer negativen Dialektik tragen. Was bestimmt die Geschichte? Die Infrastruktur? Werte? Machtinteressen? Natürlich müssen wir uns vor aufdringlichen Simplifizierungen hüten. Trotzdem gilt es herauszufinden, wo die treibenden Kräfte liegen. Um diese Frage aber geht eine Diskussion, welche die Grenzen der Wissenschaft übersteigt, bis in die Philosophie reicht und am Ende zu einem theologischen Problem wird: Weshalb erweist sich die Geschichte als unfä-

---

[14] Ebd. 626.
[15] Vgl. die Kritik an S. de Beauvoir von *A. Jeannière*, Antropologia sexual, 94–99.

hig, ohne Schatten und ohne jenes Maß an sozialer Ungerechtigkeit auszukommen, das offensichtlich immer dazu gehört? In diesem Rahmen hat auch die Feststellung ihren Ort, daß es bestimmte geschichtlich gewordene Formen gibt, in denen ein Geschlecht über das andere herrscht und die für beide eine beklagenswerte Verarmung mit sich bringen.

Erst unsere Zeit ist sich dieser Verzerrungen klar bewußt geworden. Sie wagt sich an neue Praxismodelle heran, in denen die Unterschiede zwischen Mann und Frau zu Werten werden. Diese gilt es anzunehmen und als Geschenk des einen für den anderen einzuschätzen. In Beziehungen zwischen den Geschlechtern, die nicht mehr so konfliktgeladen sind und zur gegenseitigen Bereicherung werden, eröffnen sie vielleicht eine neue Ära.

IV. Das Weibliche –
eine philosophische Reflexion

Die Philosophie verlängert nicht einfach die Fragen der empirischen Wissenschaft, sondern sie hat einen anderen Fragehorizont. Zwischen Wissenschaft und Philosophie herrscht somit ein epistemologischer Bruch. Die Philosophie beginnt, wie die Poesie, mit dem hingerissenen Staunen darüber, daß etwas existiert.[1] Als Haltung wie als Fach bekundet die Philosophie, daß der menschliche Geist fähig ist, sich über die konkreten Bestimmtheiten der Wirklichkeit, das heißt über die Seienden, zu erheben und nach dem Sein schlechthin zu fragen. Vom Sein her betrachtet die Philosophie die Dinge als Offenbarungen wie als Verbergungen des Seins. So fragt sie in unserem Fall, in dem es um das Männliche und das Weibliche geht, inwieweit die geschlechtliche Doppelgestaltigkeit Konkretion des Seins und Manifestation der höchsten Realität sei. In der Bearbeitung der Frage wird sich die Philosophie ihrer Andersartigkeit gegenüber der wissenschaftlichen Annäherung bewußt. Sie anerkennt den unschätzbaren Wert der wissenschaftlichen Erkenntnisse. Denn diese entziffern die Strukturen der Seienden (Männlich/Weiblich) und systematisieren alles, was man analytisch erkennen kann. Wer auf die Wissenschaft verzichtet, bleibt im Vagen, segelt im Wind der Illusionen und läuft Gefahr, Wissen (Diskurs der Realität) mit Ideologie (Diskurs des Interesses) zu verwechseln.

1. Das Proprium philosophischen Denkens

Aber der Geist erschöpft sich nicht in den Mühen der Wissenschaft. Er ist imstande, aus dem Bereich wissenschaftlicher Fragen (*wie* die Dinge gebaut seien, *wie* sie funktionierten, *wie* man sie verändern könne) auszubrechen und Fragen anderer Art (nach der ungeschuldeten Existenz der Dinge, nach ihrem *Warum*) zu stellen. So kommt es zur Haltung des Philosophierens. Die Philosophie ruft die Tatsache

---

[1] Vgl. die berühmte Sentenz des *Thomas von Aquin* in seinem Kommentar zur Metaphysik des Aristoteles 1,3: »Der Philosoph gleicht dem Dichter, weil sich beide mit dem Wunderbaren [mirandum] befassen.«

ins Bewußtsein, daß im Erkennen der Wissenschaft immer noch etwas Nichterkanntes, im Gesagten etwas Nichtgesagtes und im Gewußten etwas Nichtgewußtes bleibt. Wie wir in unserer methodologischen Vorbemerkung bereits sagten, ist unser Erkennen, besonders unser wissenschaftliches Erkennen, immer vorstellend, modellhaft und annähernd. Ohne Zweifel enthüllt es tiefe Dimensionen der Wirklichkeit (Weiblichkeit, Männlichkeit), lüftet über andere Seiten, die nicht in den Rahmen wissenschaftlichen Erkennens passen, aber nicht die Hüllen. Wir kommen an das Weibliche nur soweit heran, wie es den Fragen entspricht, die wir hinsichtlich seiner stellen. Aber wir sind uns dessen bewußt, daß es größer ist als unsere Fragen. Diese sind selektiv und verdecken Dimensionen, die entweder nicht in unsere Fragen passen oder nach denen noch niemand gefragt hat.

Die Humanwissenschaften sprechen von Mann und Frau als zwei verschiedenen, aufeinander bezogenen Weisen des Menschseins. Was ist der Mensch? So fragt der Geist, und mit dieser Frage beschäftigt sich die Philosophie. Der Geist gibt sich nicht mit dem zufrieden, was er vom Mann und von der Frau weiß; vielmehr will er wissen, was der Mensch ist. Es leuchtet ein, daß eine solche Frage den Bereich der analytischen Wissenschaften übersteigt. Der Mensch ist kein Gegenstand für experimentelle Wissenschaften. Wissenschaftliche Kenntnis gibt uns keine Antwort auf die Frage nach dem Menschen, sondern immer nur auf die Frage nach seinen beiden Konkretionen, nach Mann und Frau. Der Mensch existiert nicht, wie Mann und Frau existieren. Niemand hat bisher einen Menschen daherkommen sehen; wer daherkommt, ist kein Mensch, sondern ein konkreter Mann oder eine konkrete Frau. Trotzdem sagen wir mit vollem Recht, Mann und Frau seien zwei verschiedene, aufeinander bezogene Weisen des Menschseins. Der Mensch existiert *als* Mann und Frau. Aber wie sieht dieses *als* aus? Das ist es, was – anders als die Wissenschaft – die Philosophie interessiert. Wer sich um das Wie dieses *als* bemüht, stammelt die Antwort auf die Frage: Was ist der Mensch?

Was für ein Wesen ist der Mensch, und wie müssen wir ihn uns denken, wenn – wie gesagt – bei der Kenntnis, die wir von ihm haben, doch noch ein Stück Nichterkanntes und bei dem Licht, das sie uns vermittelt, immer noch ein Dunkel bleibt? Aufgrund unserer bisherigen Überlegungen können wir nur sagen: Wir wissen es nicht. Aber dieses Nichtwissen ist keine gedankliche Faulheit, haben wir doch den ganzen Weg der Wissenschaft bereits hinter uns gebracht. Wohl aber zeigt es, daß unsere Annäherung an die Wirklichkeit mittels des wissenschaftlichen Instrumentars nicht die ganze Wirklichkeit entziffert. Sie schneidet ein Stück aus der Wirklichkeit heraus und setzt es in Wissen um; was unser Wissen aber an Wirklichkeit nicht abdeckt, läßt sie offen – im Sinne eines Geheimnisses, das immer noch einmal jenseits weiterer kognitiver Annäherungen liegt. Was wir wissen, endet stets mit einer Unbekannten, die wiederum befragt werden kann und immer offenbleibt. Mann und Frau sind mit dem Wissen, das wir von ihnen haben, nicht ausgeschöpft. Sie bleiben Frage und Anfrage für das Denken. Über alle Daten der Wissenschaft hinaus zeigen sie eine lebendige Transzendenz. Immer sind sie mehr, als man von ihnen sagen und systematisch erfassen kann. In ihnen waltet ein Geheimnis, das sich menschlichem Erkennen ständig entzieht, und herrscht eine Dunkelheit, die sich nicht mit den Lichtern wissenschaftlichen Wissens erhellen läßt, wohl aber immerzu das wissenschaftliche Forschen anregt. Dabei bedeutet »Geheimnis« nicht, daß dem Wissen ein Rest vorenthalten bliebe, sondern daß es sich mit keiner Grenze zufriedengibt und sich ständig herausgefordert fühlt. Mit anderen Worten: »Nicht Wissen erhellt ein Mysterium, sondern das Mysterium erhellt das Wissen. Wir erkennen nur dank Dingen, die wir niemals erkennen werden.«[2]

Wenn wir »Mensch« sagen, sprechen wir von dem Nichtgesagten, das heißt von dem Geheimnis, das sich in Mann und Frau verbirgt. Mensch ist mehr als Mann und Frau, einzeln genommen. Der Mensch verwirklicht sich im Mann *und* in der Frau. So geht es also um eine Identität, die im Unterschied konkret wird.[3]

Philosophie als Ontologie ist die Reflexion, die sich mit jener Frage befaßt, welche die Wissenschaften zwar stellen, aber nicht angemessen beantworten können. Die Ontologie beschäftigt sich nicht so sehr mit dem Mann und der Frau, sondern speziell mit dem Menschen, das heißt direkt mit dem Geheimnis des Mannes und der Frau, mit dem, was der Macht des Wissens fortwährend entgleitet und was das Nichtgesagte der Humanwissenschaften ausmacht. Ontologie ist somit eine Reflexion *(logos)* über den Menschen als Seiendes *(on),* insofern er, in der Konkretion als Mann und Frau, immer Frage und Geheimnis bleibt.

Die ontologische Reflexion verfügt weder über mehr Daten als die Wissenschaften, noch hat sie Zugang zu einem Wissen, das sich ihnen

---

[2] *P. Evdokimov,* Die Frau und das Heil der Welt, München 1960, 13.
[3] Mit leichten Veränderungen folgen wir hier unseren Überlegungen: Masculino e feminino: o que é? Fragmentos de uma ontologia, in: Vozes 68 (1974) 677–690.

entzöge. Sie ist lediglich das Bemühen des Denkens, das Bewußtsein um das Geheimnis des Mannes und der Frau stets wachzuhalten. Ihr liegt daran, es nicht zu wissenschaftlichen Versteinerungen bezüglich Mann und Frau kommen zu lassen. Sie will den Forschenden daran erinnern, daß er sich in seinem Forschen um Mann und Frau nie am Ende wähnen darf, als ob er beide im Netz eines wissenschaftlichen Systems einfangen könnte. Ihr kommt die undankbare Aufgabe zu, immerzu daran zu erinnern, daß das Wichtigste an Mann und Frau das Unsichtbare ist, nicht das Gesagte, sondern das Ungesagte, nicht das bereits Erforschte, sondern das, was zu erforschen noch und immer aussteht. Die ontologische Reflexion hat den Vorsatz, unser Wissen zu Ende zu denken; denn das, worauf es ankommt, ist nicht allein das Wissen; wichtiger scheint uns zu sein, daß wir das, was wir wissen, gedanklich durchdringen.

Kommen wir auf die Eingangsfrage zurück: Wie ist wissenschaftliche Erkenntnis über Mann und Frau zu verstehen? Die Antwort könnte jetzt lauten: Die Wissenschaft informiert uns über die konkreten *Formen,* wie sich der Mensch in der Welt verwirklicht, das heißt als Mann und Frau. Sie zeigt uns den Menschen, sagt aber nicht, wer der Mensch letztlich und vollends ist. Diese Frage bleibt immer offen. Darüber nachzudenken ist Aufgabe der Philosophie als Ontologie.

2. Geschlechtlichkeit als ontologische Struktur des Menschseins

Im Rahmen dieser ontologischen Sicht, die ja von der Wissenschaft bestätigt wird, beobachten wir, daß die Geschlechtlichkeit keine bloß regionale und genitale Eigenschaft des Menschen ist. Sie hat nicht nur eine biologische Dimension, sondern durchdringt alle Schichten der menschlichen Existenz. Alles, was der Mensch tut, trägt das Kennzeichen der Sexualität, weil er es immer als geschlechtlich geprägtes Wesen tut. Geschlechtlichkeit *hat* der Mensch nicht, sondern *ist* sie. Mit anderen Worten: Der Mensch ist stets entweder Mann oder Frau. Mann- und Frausein sind zwei verschiedene Weisen, in der Welt zu sein.[4]

---

[4] Vgl.: *B. Del Valle,* Versão masculina e versão feminina do humano, in: Filosofia do homem, São Paulo 1975, 172: »Der Mensch lebt in sexuiertem Zustand. Allerdings darf sexuiert nicht mit sexuell verwechselt werden. Während das Sexuelle nur während einer bestimmten Phase des Lebens ausgeübt wird, begleitet uns das Sexuierte von der Wiege bis zum Grab. Der Mensch wird entweder als Mann oder als Frau geboren.«

Alles was der Mann unternimmt, denkt, plant und zum Ausdruck bringt, drückt sein Mannsein und seine Männlichkeit aus. Entsprechendes gilt für die Frau. Beide können dieselbe mechanische Arbeit tun und dieselben Bewegungen ausführen, trotzdem tun sie es auf verschiedene Weise, weil der eine vom anderen verschieden ist. Aber obwohl sie verschieden sind, stehen sie in einem Verhältnis tiefgreifender Wechselseitigkeit und gegenseitiger Vervollkommnung: Der Mann ist für die Frau, und die Frau ist für den Mann da.[5]

Was bedeutet das? Bedeutet es, daß jeder einzelne, für sich genommen, unvollständig ist und daß er, um zu etwas Vollständigem zu werden, sich vom anderen vervollständigen lassen muß? Wäre er damit aber nicht so etwas wie ein Schloß, das, damit es funktionsfähig wird, eines Schlüssels bedarf? Und auch der Schlüssel braucht, um etwas Vollständiges zu werden, ein Schloß; denn ein Schlüssel ohne Schloß, das dieser ja verschließen soll, hat keinen Sinn. Die gängige Art und Weise, über Mann und Frau zu sprechen, scheint solch ein Denken nahezulegen. Aber läßt sich die Seinsweise des Menschen mit der von Sachen vergleichen? Als geistbegabtes Wesen besitzt der Mensch eine spezifische Daseinsform, die sich nicht auf andere Seinsweisen, wie etwa die von Schloß und Schlüssel, reduzieren läßt.

Diesen Unterschied hat ontologisches Denken im Auge. Vielleicht bewahrt die Ontologie uns davor, Trugbildern zu verfallen, die uns im Grunde den Blick für das rechte Verständnis der Wirklichkeit von Mann und Frau und für die wechselseitigen Beziehungen zwischen beiden verstellen. Wie haben wir uns die Wechselseitigkeit, die Reziprozität zwischen Mann und Frau vorzustellen? Den einen im Angesicht des anderen, jeden einzelnen für sich als unvollständig, zusammen aber als vollständig? Einander gegenüber, als wären beide voneinander getrennte Größen, die sich aber in ihrer ganzen Tiefe füreinander öffnen? Oder vielleicht gar so, daß sich der eine im anderen befindet – in der Weise, daß der Mann die Frau und die Frau den Mann in sich trägt? Falls das aber zutrifft, verändert sich das Verhältnis Mann – Frau erheblich. Dann bauen sich die Beziehungen nicht primär von außen nach innen auf, sondern von innen nach außen. Dann befindet sich die Frau im Gespräch, in Offenheit und in einem Beziehungsverhältnis mit dem Mann in sich selbst und von dort aus

[5] Vgl. das klassische Werk von *F. J. J. Buytendijk,* Die Frau. Natur, Erscheinung, Dasein, Köln 1953. Der Verfasser sieht den Mann vor allem durch die Arbeit und die Frau insbesondere durch die zuwendende Sorge charakterisiert. Arbeit und sorgende Zuwendung sind Bezüge des Menschen zur Welt und vervollkommnen die Existenz.

mit dem konkreten geschichtlich situierten Mann, dem sie begegnet. Ebenso verhielte es sich dann auch beim Mann.

Als Konsequenz aus diesem Verständnis müssen wir also nun sagen: Jeder ist zugleich Mann und Frau. Bedeutet das dann aber nicht, daß wir alle Zwitter sind? Nein, und zwar deshalb nicht, weil jeder nicht in derselben Weise zugleich Mann und Frau ist. Zwar trägt der Mann die Frau in sich, aber er ist ein Mann und keine Frau; zwar trägt die Frau den Mann in sich, aber sie ist eine Frau und kein Mann. Das bedeutet, daß Mann- und Frausein nicht einfach objektivierbare physisch-physiologisch-psychisch feststehende Größen sind. Der Mann schöpft in seiner Konkretion die Männlichkeit nicht aus. Diese steckt auch in der Frau. Die Frau schöpft in ihrer greifbaren Realität die Weiblichkeit nicht aus. Diese steckt auch im Mann. Aber beide bringen sie in unterschiedlicher Weise zum Ausdruck: Im Mann herrscht die Männlichkeit vor, und deshalb ist er Mann; und in der Frau hat die Weiblichkeit den Vorrang, und deshalb ist sie Frau. Aus diesem Grund möchten wir eigentlich nicht so gern sagen, Mann und Frau seien unvollständig; vielmehr ziehen wir vor zu formulieren, beide seien relativ vollständig. Der eine wie der andere hat alles, aber nicht in derselben Form und im selben Maß. Deshalb genügt keiner sich selbst, und keiner kann sich in seiner Konkretion abkapseln. Da jeder relativ vollständig ist, ist er auf Beziehung, Wechselseitigkeit und Vervollkommnung durch den anderen hin dimensioniert.

Aber was ist denn das: Mannsein, Frausein? Vielleicht kann uns zur Beantwortung dieser Frage eine andere Kategorie helfen, die wir bereits haben anklingen lassen: Männlichkeit und Weiblichkeit. Männlich ist nicht dasselbe wie Mann, weil es Männlichkeit auch außerhalb des Mannes, das heißt in der Frau, geben kann. Und Weiblich ist nicht dasselbe wie Frau, weil es Weiblichkeit auch im Mann geben kann. Diese Feststellung scheint überaus wichtig zu sein, weil sich aus ihr gewichtige Konsequenzen für das Verhältnis Mann – Frau ergeben. Die Identifizierung zwischen Männlich und Mann bzw. Weiblich und Frau hat zu zahllosen Diskriminierungen und zu einem rein äußerlichen, objektivierenden und nahezu dinghaften Verständnis des Verhältnisses zwischen Mann und Frau geführt.

Um zu erklären, was Mann- und was Frausein ist, müssen wir zunächst erarbeiten, was Männlichkeit und was Weiblichkeit ist. Da beide aber keine Größen in sich, sondern Dimensionen des Menschseins oder Persönlichkeitszüge sind, gilt es als erstes, die Grundstruktur des Menschseins oder der Personalität zu betrachten.

3. Grundstruktur des Menschlichen

Das Menschliche, das in Mann und Frau zum Ausdruck kommt, offenbart sich uns in einer zutiefst dialektischen Struktur. Der Mensch, wie er sich uns zu erkennen gibt, ist einerseits das, was uns die Humanwissenschaften von ihm vermitteln, andererseits aber auch das, was sie noch nicht beschrieben und erforscht haben und was als Möglichkeit noch aussteht. Der Mensch ist Sein und Sein-Können, Erkanntes und Unerkanntes, Entziffertes und Geheimnisvolles. Er ist das Klare und das Erforschte, er ist Gedanke, Wort, Ordnung und System. Aber nicht nur das. Zugleich ist er auch das Schweigen, in dem das Wort enthalten ist, das Dunkel, aus dem das Licht erglüht, das Chaos, aus dem alles zu entstehen vermag, und das Geheimnis, das man zwar immer durchforschen, dem man aber nie seinen Geheimnischarakter nehmen kann. Die dialektische und diffizile Einheit all dieser Dimensionen bildet den Menschen, im Modus des Mannes und der Frau.

Der Mensch ist eine Identität, die sich in vielgestaltigen Unterschieden verwirklicht. Seinem ganzen Wesen nach ist er polar und vielförmig. Der Mensch ist er selbst *und* seine psychologischen, soziologischen, geschichtlichen, religiösen, kulturellen, inneren und äußeren Bedingungen. Das Menschliche – auf welcher Ebene auch immer – erfahren heißt: jene Pluralität erfahren, die von einer grundlegenden Identität getragen ist, insofern alle seine Daseinsbedingungen zum Menschen in Beziehung stehen und er sich doch nicht in ihnen verliert, sondern seine Identität bewahrt.

Der Mensch begegnet sich selbst nie unmittelbar in vollkommener Identität, sondern immer nur in einer Differenz. Er begegnet dem Bild und der Idee, die er sich von sich macht, der Arbeit und der Tat, die er tut. Die Identität entzieht sich stets, eröffnet sich aber in allem, was von ihr kommt. So ko-existiert der Mensch fortwährend mit seinen Daseinsbedingungen, ko-reflektiert mit seinen Erscheinungsbildern und ko-agiert mit seinen Taten. Er lebt ständig in einer Gemeinschaft, in der Gemeinschaft der Identität mit den Differenzen.

Dabei ist die Gemeinschaft primär nicht etwas, was man schafft, sondern etwas, was man entdeckt. Erst in einem zweiten Moment kann sie der Mensch schaffen, insofern er in seiner Identität bereit ist, mit den Differenzen zu ko-existieren und sie nicht zu verdrängen. So erscheint der Mensch wesentlich als Gemeinschaft. Gemeinschaft ist das Zusammenleben der Identität mit den Differenzen. Je mehr jemand imstande ist, das ihm gegenüber andere und den ihm gegenüber anderen zu akzeptieren und mit ihm zu ko-existieren, desto gemeinschaftsverbundener und solidarischer ist er.

Die Grundstruktur des Menschen besteht in dem *und:* Der Mensch ist er *und* das, was sich von ihm unterscheidet, mit dem er aber Gemeinschaft pflegt. Der Mensch als Mann *und* Frau, Mensch *und* Welt, Mensch als Ich *und* als Nicht-Ich in mir, Mensch als Ich *und* als Du, Mensch *und* Gesellschaft, Mensch *und* Gott usf.

Im Dialog mit dem, was der Mensch nicht ist, wächst er und wird reicher. Die Fähigkeit, die Differenz anzunehmen, auszuhalten und mit ihr in Beziehung zu bleiben, macht die Stärke der menschlichen Personalität oder der personalen Identität aus. Diese Aufgabe zwingt den Menschen, sich unentwegt für das andere offenzuhalten, aus vertrauten Schemata auszubrechen und Neues zu wagen. Deshalb ist seine Grundstruktur dialektisch, steckt voller Spannungen und steht fortwährend in der Gefahr, sich zu verletzen, insofern er sich in seine domestizierte Welt zurückziehen und die Differenz ablehnen kann. Seine Synthese ist nie eine vollkommene Synthese. Menschsein heißt: eine immer noch zu schaffende Welt sein, denn soviel der Mensch auch schafft, weiß und plant, niemals gelingt es ihm, die geheimnisvolle Tiefe seiner selbst auszuschöpfen. Der Mensch ist immer »dieser unbekannte Bekannte«.

4. Männlich und Weiblich als verschiedene Dimensionen des Menschlichen

Im Licht der bisherigen Überlegungen können wir nunmehr besser zu verstehen versuchen, was das Männliche und was das Weibliche im Menschen ist. Beide sind Manifestationen dieser existentiellen Dialektik. Das Weibliche, das als Dimension *in jedem Mann-Menschen wie in jedem Frau-Menschen* steckt, bekundet einen Pol des Menschlichen: Dunkel, Geheimnis, Tiefe, Nacht, Tod, Nach-innen-gewandt-Sein, Erde, Gefühl, Aufnahmebereitschaft, die Kraft, Leben hervorzubringen, und Vitalität.

Das Männliche hingegen bringt im Mann-Menschen wie im Frau-Menschen den anderen Pol des Menschlichen zum Ausdruck: Licht, Sonne, Zeit, Impuls, die Fähigkeit, Dinge in Gang zu bringen, Ordnung, Nach-außen-gewandt-Sein, Objektivität und Vernunft. Zur männlichen Dimension des Mann- und des Frau-Menschen gehört die Bewegung zur Veränderung, zur Offensive, zur Transzendenz, zur

Klarheit, die unterscheidet und trennt, wie auch das Vermögen, Ordnung zu schaffen und die Zukunft zu planen. Dagegen bilden einen weiblichen Zug im Mann-Menschen wie im Frau-Menschen: die Ruhe, das Beharren, das Dunkel, welches zur Neugier und Nachforschung anregt, die Immanenz und die Sehnsucht nach der Vergangenheit.

Das Weibliche bedeutet die Quelle des Lebens, das Männliche das bereits erwachte und entwickelte Leben; im Weiblichen wohnt die Macht der vitalen Fülle, im Männlichen die Fähigkeit, zu organisieren und zu herrschen; das Weibliche steht für Ruhe und Erhalt, das Männliche für Eroberung und Erwerb; das Weibliche kämpft defensiv, das Männliche offensiv.

Man beachte: Es heißt nicht, der Mann realisiere alles, was Männlich bedeute, und die Frau verwirkliche alles, was Weiblich meint. Eine solche Identifizierung des Männlichen mit dem Mann und des Weiblichen mit der Frau, die sich selbst in der Fachliteratur im Bereich der Psychologie, der Anthropologie und insgesamt der Humanwissenschaften findet, verhinderte die Möglichkeit, das Problem theoretisch klar zu formulieren, und führte zu schwerwiegenden gesellschaftlichen Konsequenzen. Weil der Mann die männliche Dimension alleine für sich beanspruchte, hielt er sich auch für den Alleininhaber der Vernunft, der Befehlsgewalt in der Gesellschaft und der Präsenz in ihr und verdrängte damit die Frau in den Privatbereich, schob ihr nur noch abhängige Aufgaben zu und ließ sie nicht selten als Anhängsel, Verzierung und Lustobjekt erscheinen. Die Überwindung dieses kulturellen Hindernisses, das bisweilen – wie man der gegenwärtigen Diskussion in der Kirche über die neuen Dienstämter für die Frau entnehmen kann – sogar theologisch untermauert wird, ist die erste Bedingung dafür, daß sich das Verhältnis zwischen Männern und Frauen menschlicher und angemessener gestalten kann.

Aufgabe jeder menschlichen Person ist es, im Horizont ihrer spezifischen biologischen und geschlechtlichen Möglichkeit die Männlichkeit und Weiblichkeit in ihr Seinsprojekt zu integrieren. Der Prozeß der Individualisierung vollzieht sich im Dialog zwischen dem Undurchsichtigen, Dunklen, Leidenschaftlichen, Schattenhaften, dem in der Tiefe Lebendigen und Geheimnisvollen einerseits und dem Klaren, Vernunftmäßigen, Objektiven, Organisatorischen und dem Ordnungsprinzip im menschlichen Leben andererseits. Jeder Mensch ist das alles, das ja die dramatische Innenwelt des Menschen ausmacht. Jeder ist aufgerufen, so gut er kann, sein männliches und weibliches Menschsein zu realisieren.

Beide Pole kann man übermäßig betonen. So kann man das Männliche seiner Persönlichkeit über die Maßen herausstellen. Dann wird man ein kalter, nur objektiv denkender Rationalist – Licht, dem die Wärme fehlt. Aber man kann auch seine Weiblichkeit ungebührlich entwickeln, so daß das Irrationale, Leidenschaftliche und Chaotische die Überhand gewinnt; und das Ergebnis ist Wärme ohne Licht. Nur in der Verbindung beider Seiten kann das Leben in Harmonie gedeihen. Nicht, weil sich die Spannungen gelöst hätten, sondern weil einem eine spannungsvolle Synthese gelungen ist, die sich hält, sich erneuert und immer tiefer greift. Jedesmal wenn ein Mensch auf dem Weg der Personwerdung ist, befinden sich die beiden Dimensionen im Dialog. Anderenfalls entwickelt er sich zu einem verweiblichten Mann oder zu einer vermännlichten Frau, es kommt zum Machismus oder zu einem Zerrbild von Feminismus, zur Gewalt oder zu gar zu großer Schwäche.

Männlich und Weiblich sind nicht bloß biologische Eigenschaften und physiologische Merkmale der Geschlechter (kulturell werden sie ja so identifiziert), sondern auch tiefgreifende Züge und ontologische Dimensionen jedes Menschen.

Wie wir schon im analytischen Teil herausgearbeitet haben, gab es im Laufe der Geschichte die unterschiedlichsten kulturellen Darstellungsformen des Männlichen und Weiblichen. Margaret Mead hat das meisterhaft nachgewiesen.[6]

Mit seinen anthropologischen Untersuchungen auf der Grundlage der Tiefenpsychologie hat besonders Erich Neumann[7] in eingehenden Analysen der großen Mythen den ambivalenten Charakter der Dimension des Männlich-Weiblichen beschrieben. Das Weibliche, das in der Frau Gestalt gewinnt, kann für den Mann Mutter und Geliebte, Schwester und Tochter, Sklavin und Königin, Heilige und Teufelin, Engel und Hexe, Hoffräulein und Seherin, Gefährtin und Feindin sein. Symbol des Tages und der Nacht, der Wirklichkeit und des Traumes, des Himmels und der Erde kann es sein. Treffend sagt

---

[6] *M. Mead,* Mann und Weib, Reinbek 1954; *dies.,* Jugend und Sexualität in primitiven Gesellschaften, München 1970 (New York 1935); siehe auch den Klassiker: *J. J. Bachofen,* Das Mutterrecht, 3 Bde., Basel 1948.

[7] *E. Neumann,* Die Große Mutter. Eine Phänomenologie der weiblichen Gestaltungen des Unbewußten, Zürich 1965 (Olten/Freiburg [6]1983); *ders.,* Ursprungsgeschichte des Bewußtseins, München 1968; *ders.,* Amor und Psyche. Eine tiefenpsychologische Deutung mit dem Text des Märchens von Apuleius, Olten/Freiburg [4]1983.

Simone de Beauvoir, der Mann suche in der Frau die Natur mit ihren fruchtbaren Kräften ebenso wie mit ihren dunklen und zerstörerischen Elementen. Das Weibliche kann für den Mann zu einer Bewegung positiver und wohltuender Kräfte werden, die ihm den Weg zu ungeahnten Horizonten eröffnen, aber auch zu einem Strom negativer und verhängnisvoller Gewalten, die aus ihm einen Sklaven machen.

Alle Mythologien, in denen sich die Weisheit des Menschseins mit seinen Tiefen erhalten hat, sprechen von der Dualität sowohl des Männlichen als auch des Weiblichen. Das positive Antlitz der *Magna Mater* spiegelt sich in Isis, Demeter und Maria wider, das negative in Gorgo, Hekate und Kali. Das Weibliche, das gibt, erhebt, verwandelt und in die Sicht des Ungeahnten wie des Geheimnisses einführt, wird von Venus Urania, Sophia und Maria dargestellt; das Weibliche, das verführt, fesselt, blendet und wahnsinnig macht, verkörpern die chthonische Venus, Kirke, Astarte, Lilith.

Die Tatsache, daß sich die Frauen in den letzten Jahrzehnten ihrer Situation der Abhängigkeit in einer eindeutig patriarchalischen Gesellschaft bewußt geworden sind, wie auch die gesellschaftlichen Veränderungen im Verhältnis der Geschlechter zueinander lassen erahnen, daß die kulturelle Achse der Menschheit angefangen hat, sich allmählich zu verschieben. Man spürt, daß eine neue Form, wie sich das Männliche und Weibliche darstellen, im Entstehen ist – so daß sich Mann und Frau im Horizont tiefreichender persönlicher Gleichheit begreifen, gleich in Herkunft und Ziel, Aufgabe und Engagement zum Aufbau einer Gesellschaft, die brüderlich-schwesterlicher und weniger repressiv, demokratischer und weniger diskriminierend ist.

5. Mythos als Sprache des Männlichen und Weiblichen

Möglicherweise überrascht es, daß wir in einer wenn auch bruchstückhaften Studie zur Ontologie des Männlichen und Weiblichen von der abstrakten und trockenen Sprache der Ontologie absehen und uns mit dem Mythos befassen. Aber unsere letzten Überlegungen haben einen Horizont angedeutet, in dem das Männliche und das Weibliche jenseits der biologischen Bestimmungsmerkmale angesiedelt sind und den in angemessener Form nur die bildhafte und darstellende Sprache des Mythos beschreiben kann. Paul Ricœur sagt dazu: »Die Sexualität bleibt in ihrer Tiefe vielleicht undurchlässig für die Reflexion und unerreichbar für die Herrschaft des Menschen. Vielleicht bewirkt diese Undurchsichtigkeit, daß ... sie weder von der Ethik noch von der Technik absorbiert, sondern dank dem mythischen Rest in uns nur symbolisch dargestellt werden kann.«[8]

Das Mythische in uns ist keine Kategorie der geschichtlichen Vergangenheit des Menschen, sondern eine Dimension seiner psychischen Gegenwart. Die Urmenschheit, die matriarchalische oder patriarchalische Phase sind nicht nur archäologische Größen der Geschichte, sondern psychische Wirklichkeiten unserer inneren Archäologie, die heutzutage durchaus noch am Leben und am Werk sind, wie uns die Psychoanalytiker bestätigen. Die persönliche Selbstverwirklichung und die menschliche Gesundheit hängen in erheblichem Maße davon ab, wie wir mit diesen Realitäten umgehen und wie das Bewußtsein auf die Inhalte seines Unbewußten reagiert, sei es, daß es ja zu ihnen sagt und sie integriert, sei es, daß es sie befehdet und verdrängt.

An die männliche und weibliche Welt mit ihren Wurzeln in den Tiefen der menschlichen Persönlichkeit kommt die diskursive Vernunft in ihrer Einlinigkeit nicht heran, wohl aber die weise Exegese der alten Mythen. Mit ihrer bildhaften und darstellenden Sprache bringen diese den Reichtum des menschlichen Geheimnisses, das in Mann und Frau konkret wird, besser zum Ausdruck als der begriffliche Diskurs, der immer mit De-finitionen, Abgrenzungen und epistemologischen Ausschnitten aus der Wirklichkeit operiert.

Die polare Einheit des Männlich-Weiblichen in jedem Mann-Menschen oder Frau-Menschen wird in fast allen alten Mythologien und religiösen Weltschöpfungserzählungen angesprochen. In China dachte man sich das Weibliche und das Männliche als einen Kreis, der sich aus zwei gleichen Teilen von Licht und Schatten (Yang-Yin) zusammensetzte. Die babylonische und ägyptische Zivilisation wußte um den Zwittercharakter aller Dinge, die aus ein und demselben männlichen und zugleich weiblichen Prinzip – Ischtar – hervorgingen. Chaos, Erde und Nacht haben es mit dem weiblichen Prinzip zu tun, Ordnung, Tag und Luft dagegen mit dem männlichen. Platon erzählt im »Symposion« den Mythos vom Entstehen des Mannes und der Frau. Im Anfang hatte Zeus androgyne Wesen geschaffen, mit zwei Gesichtern, vier Ohren, vier Händen und zwei Geschlechtern.

[8] *P. Ricœur,* A maravilha, o descaminho e o enigma, in: Paz e Terra Nr. 5, 36; vgl. auch: *P. Guilluy,* Filosofía de la sexualidad, in: Estudios de sexología, Barcelona 1968, 107–134; *Ph. Lersch,* Vom Wesen der Geschlechter, München 1947, [4]1968.

Da sich diese Wesen mit den Göttern messen wollten, zerschnitt Zeus sie in zwei Stücke, wie man eine Frucht oder ein Ei mit einem Haarmesser teilt. Nachdem sie jetzt getrennt sind, sind das Männliche und das Weibliche unablässig bestrebt, durch den Eros ihre ursprüngliche Einheit wiederzufinden und somit das gegenseitige Ergänzungsbedürfnis zu stillen. In einem hebräischen Midrasch heißt es, Mann und Frau hätten ursprünglich einen einzigen Körper, aber zwei Gesichter gehabt. Gott habe sie getrennt und jedem den Rücken gegeben. Aufgrund einer angeborenen Kraft seien sie aber darauf aus, wieder ein einziges Fleisch zu werden. Genesis 1,27 beschreibt die eine und noch geeinte Menschheit als Mann und Frau. Die Idee der pluralen und polaren Einheit eines jeden Menschen als männliches und weibliches Wesen ist so alt wie die Menschheit selbst. Die Untersuchungen C. G. Jungs und seiner Schule zur Komplexen Psychologie bestätigen den Wahrheitsgehalt der alten Mythen.

Während die Wahrheit in diesen Mythen bildhaft dargestellt wird, kommt die Ontologie ihrerseits zu derselben überraschenden Erkenntnis: Der Mensch ist immer männlich *und* weiblich; er ist nicht einfach, wie die Götter einfach sind; in ihm stecken eine plurale Einheit und eine Identität, die sich unentwegt in Differenzen verwirklicht – in einem ständigen Prozeß, der sich zwischen Identität und Differenz, zwischen Differenz und Identität bewegt. Das Männliche und das Weibliche in jedem Mann und in jeder Frau bestätigen diese duale Einheit des Menschen.

Was sind in ihrer letzten Radikalität das Weibliche und das Männliche? Wir wissen es nicht. Das Ganze ist ein herausforderndes Geheimnis. Was wir wissen, ist, was in der Geschichte der Hominisation kulturell zum Ausdruck gekommen ist und was im gewaltigen Gefäß der gelungenen oder mißlungenen Erfahrungen der Menschheit, das heißt im persönlichen und kollektiven Unbewußten, überlebt und weiter wirkt sowie das, was heute in unserer Gesellschaft zu erkennen ist. Aber wir gehen davon aus, daß diese vorfindlichen Formen nicht die Möglichkeiten und Chancen des Männlichen und Weiblichen ausschöpfen. Die Geschichte bietet niemals bloß Wiederholungen oder Auffrischungen, sie ist schöpferisch und bringt, was noch niemand erfahren hat. So öffnen sich das Männliche und Weibliche für die dunkle Dimension der Zukunft, deren Verkörperungen – wer weiß – wir vielleicht erahnen können, die unserem Manipulationsvermögen jedoch entzogen ist. Trotzdem müssen wir ihren Advent vorbereiten und sie so immer wieder vorwegnehmen.

Dennoch dürfen wir bei aller Erwartung keine Utopisten sein, die sich der Vision von einer vollen und totalen Versöhnung der Geschlechter hingeben.[9] Geschichtlich betrachtet, stehen Männer und Frauen in Spannung zueinander. Die Kriege zwischen den Geschlechtern haben in der Geschichte der einen wie der anderen Narben hinterlassen. Bereits auf dieser Ebene stellt sich die beängstigende Frage: Warum begegnen wir dem Weiblichen und Männlichen immer in dekadenter Form? Es ist wahr, daß der Mensch zutiefst *fehlbar* ist, wie Paul Ricœur in eingehenden Analysen nachgewiesen hat.[10] In ihm steckt eine angeborene Zerbrechlichkeit, die, wenn sie seinen Fall nicht verursacht, ihn doch wenigstens verständlich macht. Den letzten Grund der Perversion vermag die Philosophie nicht zu erkennen. Möglicherweise ist dies eine Frage für die Theologie, deren Aufgabe es ja ist, nach dem Sinn aller Sinne zu fragen und nach einer diesem metaphysischen Problem möglichst angemessenen Antwort zu suchen.

Auf jeden Fall ist sich die Philosophie dessen bewußt, daß das Männliche und das Weibliche aufgrund der inneren Wechselseitigkeit, die sie bestimmt, in eine geheimnisvolle Wirklichkeit eingebunden sind, die sie übersteigt[11] und die die Möglichkeit eines Gegenüber und einer gegenseitigen Gemeinschaft eröffnet. Was für eine Wirklichkeit ist das? Diese Frage hat alles philosophische Denken gestern angeregt, regt es heute an und wird es morgen anregen. Das Männliche und das Weibliche bilden eine anthropologische Version der Grundfrage jeder Ontologie: Warum gibt es Einheit und Pluralität? Warum ist das Sein innerlich differenziert? Warum gibt es das eine Sein und die vielen Seienden? Warum verwirklicht sich das Menschliche als Mann und als Frau?

Hier verstummt der *Logos* mit seinem schlußfolgernden Denken, und es gilt allein, die Wirklichkeit zu betrachten, wie sie ist, ohne

[9] Vgl. den utopisch-prophetischen Satz der Saint-Simonisten (1760–1825): »Ich glaube an die bevorstehende Regeneration des Menschengeschlechtes durch die Gleichheit von Mann und Frau. Ich glaube, daß eine Frau kommen und die Regeneration in die Wege leiten wird«; zitiert nach: *M. Thibert*, Le féminisme dans le socialisme français de 1830–1850, Paris 1926, 53. Vgl. auch: *A. Lion*, Hommes et femmes en utopie, in: Lumière et Vie Nr. 106 (1972) 33–45.

[10] *P. Ricœur*, Phänomenologie der Schuld I: Die Fehlbarkeit des Menschen, Freiburg/München 1971 (Paris 1960), 110–172.

[11] Das Tao-Te-King bringt dieses Geheimnis wie folgt zum Ausdruck: »Der Geist der Tales stirbt nie./Er heißt das ›Geheimnisvolle Weibliche‹./Die Pforte des Geheimnisvoll-weiblichen/Ist die Wurzel von Himmel und Erde« (Kap. VI) nach: *Lin Yutang*, Laotse, Frankfurt/Hamburg 1955, 52.

antworten zu müssen, weshalb sie so ist, denn Fragen werden nicht mehr gestellt.

6. Schluß: Sechs Grundaussagen über das Weibliche

Nach diesem analytischen und philosophischen Gang durch den weiten Raum, den das Weibliche ausmacht, möchten wir einige Grundbegriffe festhalten, mittels deren sich die Rede über den Menschen in der Gestalt des Weiblichen korrekt artikulieren läßt. Festzuhalten sind:

Der Unterschied (die Differenz) der Geschlechter: Der eine ist nicht der andere; der Mensch ist nicht einfach; nur in der Differenz zwischen Mann und Frau wird er konkret und greifbar.

Die Einschließlichkeit (die Inklusivität): Obwohl verschieden, durchdringen sich Männlich und Weiblich. Jeder Mensch ist – in spezifischer Dichte und Proportion – zugleich männlich und weiblich.

Die *wechselseitige Verwiesenheit* (die Reziprozität): Daß sich Mann und Frau gegenseitig einschließen, bedeutet nicht, daß sie Seite an Seite ständen, vielmehr begegnen sie einander von Angesicht zu Angesicht, in einem existentiellen Vis-à-vis, das sich auf alle Manifestationen des Lebens erstreckt. Der eine entdeckt sich im anderen; im Lichte der Frau erkennt sich der Mann als Mann, und im Lichte des Mannes empfindet sich die Frau als Frau. Die Wechselseitigkeit ist die Grunderfahrung des Menschen als Mann wie als Frau.

Die Geschichtlichkeit: Das Von-Angesicht-zu-Angesicht spielt sich, geschichtlich betrachtet, in den unterschiedlichsten Formen ab. Es gibt keine im voraus festgelegte Mechanik in den Beziehungen. Diese entwickeln sich vielmehr in unterschiedlichen, geschichtlich bedingten Konstellationen, lösen sich auf, kommen anders wieder und werden neu entdeckt. Zwischen Mann und Frau herrscht eine diffizile Dialektik, die sich nicht selten als negative Dialektik im Kampf der Geschlechter mit der Unterjochung des einen durch den anderen zeigt. Anatomische, psychologische, wirtschaftliche, gesellschaftliche und kulturelle Faktoren spielen dabei eine Rolle. Aber die Dialektik kann sich auch in ausgeglicheneren und symmetrischeren Beziehungen darstellen und ein Zusammenleben ermöglichen, in dem jedes der beiden Geschlechter in fruchtbarerer Weise Mensch werden kann.

Die geschichtliche Originalität: Weil die Geschlechter verschieden, einschließlich und wechselseitig sind, läßt sich jedes einzelne der beiden im Rückgriff auf geschichtlich gewordene Verwirklichungsformen in großen Linien beschreiben – unter der Bedingung freilich, daß man den Darstellungsweisen keine Exklusivität zuspricht; denn sie gehören alle zur menschlichen Natur, die ja männlich *und* weiblich ist. So heißt es zum Beispiel, alles, was zur Dimension des Lebens, der Tiefe, des Inneren, des Geheimnisvollen, der Religiosität, der Zärtlichkeit usf. gehöre, sei dem Weiblichen zuzuzählen, das sowohl im Mann als auch in der Frau steckt, aber in der Frau zu einer konturenschärferen Gestalt findet.

Die Einheit in der Differenz: Was wir wahrnehmen und analytisch untersuchen können, ist immer die Differenz zwischen Mann und Frau. Aber dieser Unterschied verweist auf eine grundlegende Einheit, die der Mensch ist. Doch ist dieser Mensch nie direkt faßbar. Es gibt keinen einfachen und unmittelbaren Begriff von ihm. Immer ist er uns nur indirekt in den Differenzen zugänglich. So tritt uns der Mensch als geheimnisvolle und herausfordernde Tiefe entgegen – im Sinne einer pluralen Einheit und einer einen Pluralität. Wer diese komplexe Realität wahrnimmt, spürt auch die Grenzen des Diskurses der Vernunft und gibt dem Diskurs des *Pathos* Raum, der sich in Symbolen und Mythen ausdrückt. Symbol und Mythos sind andere, aber nicht minder berechtigte Zugänge zur Realität des männlichen und weiblichen Menschen.

V. Das Weibliche –
eine theologische Meditation

Nach der analytischen Annäherung und der philosophischen Reflexion sind wir jetzt imstande, das Thema theologisch zu betrachten. In der Tat ist eine theologische Meditation vernünftigerweise erst an dieser Stelle unserer Arbeit möglich.

1. Das Proprium der theologischen Meditation

Aufgabe der Theologie ist es, die Fragen bis zum Letzten zu radikalisieren. Ihr Ziel ist es, den Sinn der Sinne, das heißt die letzte und unbedingte Wirklichkeit, zu denken. Wie das Wort »Theologie« schon sagt, reflektiert sie von Gott her. Nach dem Weiblichen fragt sie in zweifacher Weise: Inwieweit ist das Weibliche für den Menschen ein Weg zu Gott? Und: Inwieweit erweist sich das Weibliche für Gott als ein Weg zum Menschen? Mit anderen Worten: Inwieweit offenbart das Weibliche Gott, und inwieweit offenbart sich Gott im Weiblichen?

Zunächst einmal kann man die Frage rein philosophisch angehen, weil Gott auch Inhalt philosophischer Reflexion ist. In ihrer höchsten Ausdrucksform stellte ja die Philosophie auch die Frage nach Gott – im Sinne des höchsten Seienden, von dem alle anderen Seienden abhängig sind (Aristoteles' *theologiké epistemé*). Wenn, wie wir bereits sahen, das Weibliche etwas Vollkommenes ist, dann kann man sagen, es habe seine letzte Wurzel in Gott, der sich in ihm widerspiegle. Gott hätte also eine weibliche Dimension, und dem Weiblichen eignete eine göttliche Tiefe. Diese Behauptung hätte auch dann ihre Gültigkeit, wenn wir nichts über ihre konkreten Inhalte sagten. Aber wir möchten auf diese philosophische Frage nicht weiter eingehen, weil sie in gewisser Weise in der christlich-theologischen Erörterung des Problems noch einmal wiederkehrt.

Zweitens kann man die theologische Frage nach dem Weiblichen so formulieren, wie sie sich aufgrund des existentiellen Bruches durch den Glauben an einen in Jesus Christus (dem Sohn) inkarnierten und im Leben des Gerechten (als Heiliger Geist) »spiritualisierten« Gott darstellt. Auf dieser Ebene bedeutet die theologische Meditation einen epistemologischen Einschnitt, jenseits dessen ein neuer Diskurs beginnt (dies ist die theologische Differenz), der sich sowohl von der empirisch-wissenschaftlichen als auch von der philosophischen Rede unterscheidet. Die Grundfrage, so wie sie sich der Theologie stellt, lautet: Wie offenbart uns das Weibliche, wie wir es in der empirisch-wissenschaftlichen Analyse entziffert und in der philosophischen Erarbeitung reflektiert haben, die Heiligste Dreifaltigkeit, den Vater, den Sohn und den Heiligen Geist? Wie offenbart sich die Heiligste Dreifaltigkeit selbst im Weiblichen?

Auf dieser Ebene des (christlichen) Glaubens ist unser theologischer Diskurs, der eine vernunftmäßige Grammatik der Glaubenserfahrung sein will, angesiedelt. Es geht also darum, das Weibliche von theologischen Prinzipien her zu verstehen. Diese müssen erarbeitet werden, weil nur so der Theologiecharakter der theologischen Interpretation garantiert ist; und zwar müssen sie auf der Grundlage der Quellen des Glaubens erarbeitet werden, das heißt der Schrift und der Tradition. Diesen Quellen müssen wir uns zuwenden, weil sie uns die offizielle Offenbarung Gottes bieten. Gottes Offenbarung berührt auch das Weibliche und manifestiert den Plan, den der Höchste mit ihm hat. Allerdings ist sie weder einfach noch eindeutig. Sie ist geschichtlich bedingt, bedient sich des Fahrzeuges von Gesellschaft und Geschichte, um sich mitzuteilen, und steht unter den Einflüssen zeitbedingter Vorstellungen. Deshalb kommt es beim Offenbarungsgeschehen immer darauf an herauszufinden, was vorübergehendes geschichtliches Datum und was bleibende Mitteilung Gottes ist. Obgleich wir Geschichte und Offenbarung immer nur als Amalgam erfahren, ist es wichtig, die Unterscheidung stets im Auge zu haben, damit wir Gott nicht zuschreiben, was nur des Menschen ist, und dem Menschen nicht zuerkennen, was allein Gottes ist. Von diesem Bemühen um Geistesklarheit ist niemand ausgenommen: weder das Lehramt noch der Theologe noch der Gläubige, der von seinem Glauben und seiner Hoffnung Rechenschaft geben will.

Drei Aufgaben warten damit auf uns: schauen – wenn auch in der gebotenen Kürze –, was die Schrift über das Weibliche und die Frau sagt; sodann untersuchen, wie die biblische Botschaft in der Überlieferung rezipiert wurde; und schließlich mit wirklich theologischem Blick den analytischen und philosophischen Text über das Weibliche lesen.

2. Aussagen von Schrift und Tradition über das Weibliche

Als erstes müssen wir grundsätzlich sagen, daß sich die jüdisch-christliche Tradition als eine ausgesprochen männlich ausgerichtete Religionsform darstellt: Gott ist Vater, der einen ewigen Sohn hat; dieser wird in der Zeit von einer Frau geboren, die aber Jungfrau ist. Auch in ihrer institutionellen Ausprägung erscheint die jüdisch-christliche Überlieferung als eine Männerreligion, denn Männer haben alle Mittel symbolischer Produktion inne, organisieren die Gemeinde und führen den Vorsitz in ihr. Die Frau steht am Rande. In Jesus Christus wurde das Männliche vergöttlicht, während das Weibliche nach allgemeiner Lehre im geschöpflichen Zustand verbleibt.

Diese Feststellung sollte uns nicht befremden. Das Offenbarungsgeschehen hat als Hintergrund die Zeit des Patriarchats, in der das Weibliche eine untergeordnete Rolle spielt. Da die Offenbarung immer geschichtlich ist und dem Gesetz der Inkarnation folgt, übernahm die Offenbarung die soziokulturellen Bedingungen der Vorherrschaft des Mannes. Das Alte wie das Neue Testament sind Bücher von Männern in einer Gesellschaft von Männern, in der die Frauen nur als Gehilfinnen des Mannes oder im Zusammenhang männlicher Aktivitäten vorkommen.[1]

Das Bewußtsein von diesem historischen und ideologischen Amalgam zwingt uns hermeneutisch dazu, die Schrift zu entpatriarchalisieren[2] und ständig auf Einflüsse der Männerideologie zu achten, die sich möglicherweise in die religiösen Ausdrucksformen von Bibel und Tradition eingeschlichen haben. Freilich sollten wir das Ganze auch nicht übertreiben. Wenn es wahr ist, daß das Weibliche eine strukturelle Dimension des *humanum* ist, dann muß es auch der Ideologie zum Trotz geoffenbart worden sein und in den christlichen Schriften wie in den geschichtlichen Glaubenszeugnissen seinen Niederschlag gefunden haben. So stellt sich uns heute die Aufgabe, unsere Glaubensquellen von der Inflation des Männlichen zu säubern und die weiblichen Dimensionen, die in ihnen stecken, herauszuarbeiten.

---

[1] Vgl.: *Ph. Bird,* Images of Women in the Old Testament, in: R. Radford Ruether (Hrsg), Religion and Sexism, New York 1974, 41.

[2] Vgl.: *Ph. Trible,* Gegen das patriarchalische Prinzip in Bibelinterpretationen, in: E. Moltmann-Wendel, (Hrsg.), Frauenbefreiung. Biblische und theologische Argumente, München/Mainz 1978, 93–117.

a. Judentum und Frauenfeindlichkeit

Was die Aussagen der Schrift[3] zum Weiblichen angeht, spricht aus ihr die ganze geschichtliche Dialektik des Geschlechterkampfes und des Randdaseins, in das die Frau gedrängt wurde. Trotzdem ermöglichte das frühe Judentum bei aller Konzentration auf den Mann der Frau eine bemerkenswerte Beteiligung am Leben des Volkes. Die Texte beschreiben die politische Bedeutsamkeit von Mirjam, Ester, Judit und Debora, heben die Rolle der alten Prophetinnen und der Antiheldinnen Delila und Jezabel hervor, bieten Schilderungen von bewegendem Charme wie die Begegnung und das Gespräch zwischen dem Sklaven Abrahams und Rebekka (Gen 24,15–67), zeichnen mit markanten Zügen Gestalten wie Anna, Sara oder Rut und schrecken nicht vor der Idylle zurück, in die das Hohelied die Liebe zwischen Mann und Frau taucht.

Mit dem Seßhaftwerden des Volkes und der Gründung der Städte zieht der Mann nach und nach alle Werkzeuge der gesellschaftlichen Macht an sich. Frauenfeindlichkeit breitet sich aus, insbesondere in der Zeit nach dem Exil. Jesus Sirach, der einerseits die rührige Frau über die Maßen lobt (26,1–24), ergeht sich andererseits in unverhüllter Frauenfeindlichkeit: »Kaum eine Bosheit ist wie Frauenbosheit« (25,19). Wenn der Mann boshaft ist, hängt das mit der Frau zusammen; ein unfreundlicher Mann ist besser als eine freundliche Frau (42,14). »Besser läßt's sich mit einem Löwen oder Drachen leben als mit einer bösen Frau« (25,16). Einschätzungen dieser Art rechtfertigt der Verfasser dadurch, daß »von einer Frau die Sünde ihren Anfang nahm; ihretwegen müssen wir alle sterben« (25,24).

Frauenfeindliche Anspielungen finden sich auch im jahwistischen Bericht von der Erschaffung Evas (Gen 2,18–25) und von der Ursünde (Gen 3,1–19; der Text stammt seinem Wortlaut nach aus dem 10. oder 9. vorchristlichen Jahrhundert). Dieser Antifeminismus hatte zur Folge, daß sich über Jahrhunderte hin die *männlich orientierte* Exegese bekräftigt fühlte. Die Frau wird aus der Rippe Adams geschaffen. Als Adam sie zu Gesicht bekommt, sagt er: »Das endlich ist Bein von meinem Bein und Fleisch von meinem Fleisch. ›Männin‹

---

[3] Die Literatur ist immens. Wir verweisen nur auf einige wichtige Titel, wie den in Anm. 1 genannten und einige weitere: *J. Leipoldt,* Die Frau in der antiken Welt und im Urchristentum, Leipzig 1954, 49–80; *H. Rusche,* Töchter des Glaubens, Mainz 1959; *J. M. Aubert,* La mujer. Antifeminismo y cristianismo, Barcelona 1976, 15–20; *F. Crüsemann/H. Thyen* (Hrsg.), Als Mann und Frau geschaffen, Gelnhausen/Berlin/Stein 1978, 7–106; *E. S. Gerstenberger/W. Schrage,* Frau und Mann, Stuttgart/Berlin/Köln/Mainz 1980, 9–91.

(ischah) soll sie heißen; denn vom Mann (isch) ist sie genommen. Darum verläßt der Mann Vater und Mutter und bindet sich an seine ›Männin‹; und sie werden ein Fleisch« (Gen 2,23–24). Der Sinn, auf den der Autor abhebt, ist der Erweis der Einheit von Mann und Frau sowie die Begründung der Einehe.[4] Freilich führte diese Lehre, die eigentlich die Diskriminierung der Frau hätte überwinden müssen, dazu, sie zu verfestigen. Daß Adam eher da war und die Frau aus seiner Rippe gebildet wurde, deutete die spätere rabbinische Theologie im Sinne der Überlegenheit des Mannes. Noch deutlicher kommt die Frauenfeindlichkeit in der Sündenfallgeschichte zum Ausdruck: »Da sah die Frau, daß es köstlich wäre, von dem Baum zu essen . . . Sie nahm von seinen Früchten und aß; sie gab auch ihrem Mann, der bei ihr war, und auch er aß. Da gingen beiden die Augen auf, und sie erkannten, daß sie nackt waren« (Gen 3,6–7). Die mythische Erzählung will ätiologisch zeigen, daß das Böse auf die Seite der Menschheit und nicht Gottes gehört. Aber die Art und Weise, wie sie reflektiert, übernimmt den in der zeitgenössischen Kultur herrschenden Antifeminismus: Die Frau ist das schwache Geschlecht, deshalb ist sie gefallen und hat den Mann verführt.[5] Diese ursprüngliche Schwäche der Frau wird dann zur Rechtfertigung ihrer geschichtlichen Unterordnung: »Der Mann wird über dich herrschen« (Gen 3,16). Weiter unten werden wir sehen, wie dieser Text dazu benutzt wurde, die Frau gründlich zu diskriminieren und ihr den Makel der großen Verführerin anzuhängen.

b. Jesus und die Befreiung der Frau

In diesem Kontext der Frauenfeindlichkeit tritt nun Jesus mit seiner Befreiungsbotschaft auf. Die Frau war gesellschaftlich und religiös diskriminiert, weil sie erstens nicht beschnitten war und damit eigentlich nicht zum Gottesbund gehörte, weil sie zweitens aufgrund ihrer biologischen Verfaßtheit als Frau rigorosen Reinigungsvorschriften unterlag und weil sie schließlich Eva verkörperte – samt der ganzen

---

[4] Vgl.: *R. Patai,* Sitte und Sippe in Bibel und Orient, Frankfurt 1962; *G. B. Langemeyer,* Als Mann und Frau leben. Biblische Perspektiven der Ehe, Zürich/Einsiedeln/Köln 1984, 31–105.

[5] In einem *Irenäus* zugeschriebenen Fragment (Frag. XIV), das im Buch »Anagogicarum Contemplationum« des *Anastasios Sinaites* (PG 89, 1013–1014) zitiert wird, heißt es im Gegensatz zur Tradition, beim Sündenfall habe sich die Frau als stärker, aktiver, intelligenter und entschiedener erwiesen denn der Mann. Die Schlange habe sich an den stärkeren Teil herangemacht (Vgl. *Irenäus,* Adversus haereses: [PG 7, 1235–1238]). Untersucht wird das Fragment von: *J. M. Higgins,* Anastasius Sinaita and the Superiority of the Woman, in: Journal of Biblical Literature 97 (1978) 253–256.

Last der Geringschätzung, die man ihr aufgebürdet hatte. Bei einem Rabbi heißt es gar, man solle Gott alle Tage für drei Dinge danken: daß man nicht als Ungläubiger, nicht als Weib und nicht als Unfreier zur Welt gekommen sei.[6]

Vor diesem ideologischen Hintergrund kann man Jesus aufgrund seiner Worte und Taten für einen Feministen halten.[7] Nicht als ob er ausdrücklich die Befreiung der Frau gepredigt hätte. Doch verkündete er ein allgemeines Prinzip der Befreiung, das auch die Situation der unterdrückten Frauen berührte. Das Reich Gottes wendet sich ja als zentrale Botschaft des historischen Jesus primär an die Armen, Randexistenzen und Unterdrückten. Mehr als irgend jemand sonst gehören die Frauen in diese Klasse von Menschen. Die Frauen verstanden ihn sofort: Allen Regeln seiner Zeit zuwider befindet sich in seinem Gefolge eine Gruppe von Frauen (Lk 8,1–3; 23,49; 24,6–10). Die ethische Revolution Jesu besteht grundsätzlich darin, daß er an die Stelle der Ethik der Norm eine Ethik der Veranwortung und der Liebe setzt, die in der Anerkennung der Person und im Bemühen um brüderlich-schwesterliche Beziehungen unter allen Menschen zum Ausdruck kommt. Um seines Befreiungsprojektes willen bricht Jesus verschiedene zeitgenössische Tabus gegenüber den Frauen: Mit Maria und Marta pflegt er eine tiefe Freundschaft (Lk 10,38); gegen die Gepflogenheiten seiner Zeit unterhält er sich am Jakobsbrunnen öffentlich und alleine mit der Samariterin, worüber sich selbst die Jünger verwundert zeigen (Joh 4,27); gegen die ausdrückliche herrschende Gesetzgebung, die für die Frau diskriminierend war, verteidigt er die Ehebrecherin (Joh 7,53–8,11); von einer stadtbekannten Sünderin läßt er sich anfassen und die Füße salben (Lk 7,36–50); verschiedene Frauen befreit er von dem, was sie bedrückt – wie die Schwiegermutter des Petrus (Lk 4,38–39), die Mutter des jungen Mannes von Nain (Lk 7,11–17), das tote Töchterchen des Jairus (Mt 9,18–29), die verkrümmte Frau (Lk 13,10–17), die syrophönizische Heidin (Mt 15,21–28) sowie die Frau, die seit zwölf Jahren an Blutungen litt (Mt 9,20–22).

---

[6] Vgl.: *A. Oepke*, Art. gyné, in: ThWNT I, 1933, 776–777.
[7] Vgl.: *E. F. Stagg*, Woman in the World of Jesus, Philadelphia 1978; *T. Maertens*, La promotion de la femme dans la Bible, Paris 1966, 123f; *P. Ketter*, Christus und die Frauen, 2 Bde., Stuttgart 1950. Eine Unzahl von Aufsätzen findet sich in nahezu allen Zeitschriften, die sich mit dem Thema »Frau« befaßt haben. Genannt sei zum Beispiel: *M. Merode*, Une théologie primitive de la femme, in: Revue Théologique de Louvain 9 (1978) 176–189 (Literatur!).

In seinen Gleichnissen begegnen uns immer wieder Frauen, vor allem arme Frauen – wie zum Beispiel die, die das Geldstück verloren hat (Lk 15,8–10), und die Witwe, die sich mit dem Richter herumschlagen muß (Lk 18,1–8). Nirgends wird eine von ihnen diskriminiert;[8] im Gegenteil: immer werden sie in einem symmetrischen Verhältnis zu den Männern beschrieben. Mit seiner Kritik an der gesellschaftlichen Praxis der Ehescheidung und mit seinem Eintreten für das unlösliche Eheband interveniert Jesus eindeutig, um die Würde der Frau zu verteidigen.

Zusammengefaßt: Kraft seiner Haltung und seiner Botschaft bricht Jesus mit der herrschenden Situation und bringt etwas völlig Neues in die damaligen Verhältnisse. Fortan ist die Frau Person und Tochter Gottes; die Frohe Botschaft wendet sich auch an sie; und auch sie ist wie der Mann eingeladen, Mitglied der neuen Gemeinde des Reiches Gottes zu werden. Gleichwohl müssen wir zugeben, daß Jesus nur ein befreiendes Prinzip eingeführt und mit entsprechendem Verhalten persönlich bezeugt hat. Zu Auswirkungen in der Geschichte kam es nicht unmittelbar. Die wirtschaftlichen, politischen und kulturellen Strukturen waren noch nicht so weit gediehen, daß in ihnen die von Jesus eröffnete anthropologische (ideologische) Revolution hätte greifen können. Bekanntlich gibt es nie einen direkten Übergang von einem Prinzip zu seiner geschichtlichen Verwirklichung. Alle Veränderungen sind gesellschaftlich verflochten und hängen davon ab, daß sich auch die infrastrukturellen Gegebenheiten ändern.[9] Bis es dazu kommt, ist das befreiende Prinzip wie ein Samenkorn: ein Element voll potentiellen Lebens, Impuls zur Kritik und Bezugspunkt für Ideale der Veränderung. Erst in den beiden letzten Jahrhunderten wurde es historisch möglich, daß aus der Gleichheit der Frau etwas Konkretes wird.

c. Gleichheit und Unterordnung: die Ambivalenz des Neuen Testaments

Das spätere Christentum vermochte nicht, den von Jesus Christus eröffneten Einschnitt durchzuhalten.[10] Zwar entwickelten die Frauen

---

[8] *Klemens von Alexandrien* zitiert ein Agraphon Jesu: »Ich bin gekommen, die weiblichen Werke zu zerstören« (Stromata III 9). Der Sinn des Wortes, das nicht diskriminieren will, ist folgender: Ich bin gekommen, die Sünde zu überwinden. Vor dem Hintergrund von Gen 3 hatte man die Vorstellung, die Frau habe die Sünde in die Welt gebracht.

[9] Vgl. dazu die guten Überlegungen bei: *J. M. Aubert*, La mujer, 26–32, 91–94.

[10] Vgl.: *L. Hick*, Die Stellung des hl. Paulus zur Frau im Rahmen seiner Zeit, Köln 1967;

anfangs in der Gemeinde herausragende Tätigkeiten in Verkündigung und Glaubenspraxis.[11] In der Sprache des Paulus ausgedrückt haben viele »große Mühen für den Herrn auf sich genommen« (Röm 16,12). Bekannt sind uns Priszilla (Apg 18,2), Phöbe, die Diakonin der Gemeinde von Kenchreä (Röm 16,1), Maria, Julia (Röm 16,15), Persis, Tryphäna und Tryphosa, die Schwester des Nereus und Rufus (Röm 16,12). Die Apostelgeschichte berichtet von Lydia, einer Purpurhändlerin, die nicht nur reich, sondern in der Gemeinde auch aktiv war (16,14–15), von Damaris, die in Athen zum Christentum fand (17,34), von Prophetinnen wie den vier jungfräulichen Töchtern des Philippus (21,9) und von anderen, die für die Armen Kleidung nähten (9,36–43). Paulus erwähnt noch Evodia und Syntyche, die ihm im Kampf für das Evangelium halfen (Phil 4,2–3).

Trotz dieser Innovation (die auch dadurch erleichtert wurde, daß im römischen Reich die Diskriminierung der Frau beträchtlich geringer war als im Judentum) bekräftigen die neutestamentlichen Texte das Frauenbild des kulturellen Umfeldes. So akzeptiert zum Beispiel der Verfasser des Ersten Petrusbriefes, obwohl er um Verständnis und Zärtlichkeit gegenüber den Frauen wirbt, die herrschende Ideologie, die Frauen seien das schwächere Geschlecht (3,7). Auch an der Unterordnung der Frau unter den Mann wird festgehalten (1 Petr 3,1; Tit 2,5; 1 Kor 14,34; Eph 5,22–24; Kol 3.18). In 1 Tim 2,12–14 heißt es ohne Wenn und Aber: »Daß eine Frau lehrt, erlaube ich nicht, auch nicht, daß sie über ihren Mann herrscht; sie soll sich still verhalten. Denn zuerst wurde Adam erschaffen, danach Eva. Und nicht Adam wurde verführt, sondern die Frau . . .« Diese Art von Argumentation wird seither in kirchlichen Kreisen zur Genüge bis in die jüngste Vergangenheit wiederholt. Mythologische Texte, die keineswegs die Diskriminierung der Frau rechtfertigen sollten, werden geschwungen, um eine Situation zu legitimieren, in der der Mann über die Frau herrscht.

Dank dem Einfluß, den Paulus auf die spätere Geschichte hat, nimmt er einen besonderen Platz ein.[12] Bei Paulus liegen zwei Gegebenheiten in Spannung: das jesuanische Prinzip der Befreiung und die

E. Schüssler-Fiorenza, Die Rolle der Frau in der urchristlichen Bewegung, in: Concilium 12 (1976) 3–9.
[11] Vgl.: E. Gibson, Femmes et ministères dans l'Eglise, Paris 1971, 40–46; C. F. Parvey, The Theology and Leadership of Women in the New Testament, in: R. Radford Ruether (Hrsg.), Religion and Sexism, 117–149.
[12] Vgl. Anm. 10. Siehe auch: E. Kähler, Die Frau in den paulinischen Briefen, Zürich/Frankfurt 1960.

diskriminierende Anpassung an die Kultur. Einerseits steht er zu der von Jesus eingeführten neuen Haltung gegenüber der Frau; andererseits gelingt es ihm nicht, sie in seiner Kultur zur Geltung zu bringen, und so übernimmt er die Unterordnung der Frau. Gal 3,28 enthält klar die christliche Botschaft: »Es gibt nicht mehr ... Mann und Frau; denn ihr seid alle ›einer‹ in Christus.« Aufgrund dieser Gleichheit ist Paulus imstande, Frau und Mann im Gottesdienst gleich zu behandeln, was sonst zu der Zeit kaum möglich war. So konnte er sagen: Alle Männer und Frauen können beten und prophetisch reden (1 Kor 11,4–5). Zugleich beachtet er aber auch die Traditionen (1 Kor 11,2) und schränkt dieses Recht der Frau ein und interpretiert es bis in die Nähe der überlieferten Diskriminierung. Er verlangt, die Frau möge in der Versammlung das Haupt bedecken (1 Kor 11,4–5), was ein Symbol für ihre Unterordnung ist (1 Kor 11,10). Um sich zu rechtfertigen, argumentiert er auf eine (für uns) ideologische Weise: Er bedient sich der rabbinischen Theologie, wie sie besonders von (dem jüdischen Philosophen) Philon in Alexandrien verbreitet worden war und der zufolge es unterschiedliche Grade der Gottebenbildlichkeit gibt. Paulus benennt folgende Stufen: Gott→Christus→ Mann → Frau. Christus sei das Haupt des Mannes, der Mann das Haupt der Frau (1 Kor 11,3). Der Mann sei das Bild und der Abglanz Gottes, die Frau der Abglanz des Mannes (1 Kor 11,7). Hier wird der ideologische Hintergrund der kulturellen Umwelt sichtbar: »Denn der Mann stammt nicht von der Frau, sondern die Frau vom Mann. Der Mann wurde nicht für die Frau geschaffen, sondern die Frau für den Mann.« Deshalb soll die Frau ... ein Zeichen ihrer Unterordnung tragen (1 Kor 11,8–10). Sogleich aber schließt Paulus, als ob er sich der evangelischen Gleichheit der Geschlechter erinnerte, eine Feststellung an, die die argumentative Kraft seines ideo-theologischen Hinweises relativiert: »Doch im Herrn gibt es weder die Frau ohne den Mann noch den Mann ohne die Frau. Denn wie die Frau vom Mann stammt, so kommt der Mann durch die Frau zur Welt; alles aber stammt von Gott« (1 Kor 11,11–12). Das Gleichgewicht ist wieder hergestellt, aber die Ambivalenz zwischen Kultur und jesuanischer Botschaft bleibt.

Ein weiterer wichtiger Text ist 1 Kor 14,34–35. Hier befiehlt Paulus den Frauen, bei den Zusammenkünften zu schweigen, weil es ihnen nicht zustehe zu sprechen, vielmehr sollten sie sich untertänig verhalten. Die gegenwärtige Exegese neigt zu der Annahme, die Verse seien eine spätere Interpolation von Judenchristen. An anderer Stelle haben wir die Argumente bereits erwogen.[13] Auf der Grundlage einer soliden Exegese läßt sich die Diskriminierung der Frau im Namen der paulinischen Theologie nicht rechtfertigen.

Dieselbe Spannung zwischen christlicher Gleichheitsbotschaft und kultur- sowie umweltbedingter Unterordnung findet sich in dem berühmten Text Eph 5,22–33, in dem der Verfasser das Verhältnis zwischen Mann und Frau in der Ehe beschreibt.[14] Zu Beginn ist die Rede von asymmetrischen Beziehungen: »Ihr Frauen, ordnet euch euren Männern unter wie dem Herrn; denn der Mann ist das Haupt der Frau, wie auch Christus das Haupt der Kirche ist; er hat sie gerettet, denn sie ist sein Leib. Wie aber die Kirche sich Christus unterordnet, sollen sich die Frauen in allem den Männern unterordnen« (5,22–24). Aussageabsicht der Stelle ist es, die religiös-sakramentale (symbolische) Bedeutung der Ehe unter Christen zu betonen. Der Verfasser des Epheserbriefs spricht von einem »tiefen Geheimnis« (5,32), das heißt von einem Faktum, das den Heilsplan Gottes offenbart. Dieser aber findet zu seinem Höhepunkt in Jesus Christus, in dem Gott der Menschheit zeigt, wie sehr er sie liebt. Gottes Liebe zu den Menschen hatte die jüdische und insbesondere die prophetische Überlieferung in der Ehe versinnbildet gesehen. Auf diese Tradition greift nun der Autor zurück und betrachtet die christliche Ehe als ein geringeres Faktum, das ein größeres Faktum offenbart: die Liebe Gottes zur Menschheit bzw. zu dem gläubigen Teil von ihr, der die Kirche ist. Um diese Wahrheit auszudrücken, bedient er sich des kulturbedingten Verständnisses der jüdischen Ehe, wie sie damals aufgefaßt und gelebt wurde: Die Beziehungen zwischen Mann und Frau sind wie die zwischen Haupt und Leib. Wie das Haupt über den Leib gebietet, so ist der Ehemann das Haupt (der Führer), und die Frau (der Leib) ist ihm untergeben.

Der Verfasser des Epheserbriefs nimmt nun *diese* Ehe und sieht in ihr ein Bild für das Verhältnis zwischen Christus und der Kirche. Christus ist das Haupt (der Führer) der Kirche (die der Leib ist), so wie der Mann das Haupt der Frau ist. Was soll die Typologie sagen? Nicht das Verhältnis zwischen Mann und Frau soll definiert werden.

[13] Vgl.: *L. Boff,* Das Priestertum der Frau und seine Möglichkeiten, in: ders., Die Neuentdeckung der Kirche. Basisgemeinden in Lateinamerika, Mainz ³1983 (Petrópolis 1977), 110–140.

[14] Vgl.: *K. E. Børresen,* Die anthropologischen Grundlagen der Beziehung zwischen Mann und Frau in der klassischen Theologie, in: Concilium 12 (1976) 10–17. Siehe auch: *J. M. Aubert,* La mujer, 99–116: Die eheliche Typologie oder die Frau als Körper des Mannes.

Der Autor nimmt schlicht eine vorfindliche kulturelle Festlegung – daß nämlich die Frau dem Mann untergeordnet ist –, ohne sie zu hinterfragen oder gar zu bereinigen. Sein Anliegen ist es vielmehr, zu zeigen, wie sich das Verhältnis zwischen Christus und der Kirche darstellt, das symbolisch durch die Beziehung zwischen Mann und Frau erhellt wird. So wie das Verhältnis zwischen Christus und der Kirche seinem Wesen nach ungleich ist, so waren die Beziehungen zwischen Ehemann und Ehefrau faktisch *damals,* aber nicht an sich und für immer ungleich. Der Verfasser des Epheserbriefs will also nicht sagen, auf diese Art von Beziehung, die uns diskriminierend erscheint, komme es an; er hat ein bestehendes Faktum im Auge und sieht darin ein Bild für das Verhältnis zwischen Christus und der Kirche. Hier, zwischen Christus und der Kirche, sind die Beziehungen wesensgemäß asymmetrisch, weil Christus Gottes Sohn und die Kirche menschlich ist, weil Christus der Erlöser und die Kirche Werkzeug und Zeichen des Heils ist usf. Das aber rechtfertigt keine asymmetrischen Beziehungen zwischen Mann und Frau.

Nach seinen Überlegungen zur Unterordnung der Frau unter den Mann kommt der Briefschreiber dann wieder auf das Neue des Christentums zurück und ermahnt den Ehemann, daß er seine Frau liebe, wie er sich selbst liebt (5,33), weil beide ja ein Fleisch sind (5,25–33). Trotz mancher Zwiespältigkeit will er das Gleichgewicht wiederherstellen. Allerdings war dieser schwierige Kompromiß doch wohl zu schwach, um zu verhindern, daß die paulinischen Texte mit ihrem Spiegelbild der herrschenden diskriminierenden Kultur in der Folge der Geschichte als Offenbarungswort und als Rechtfertigung der Herrschaft des Mannes über die Frau betrachtet wurden.

d. Frauenfeindlichkeit in der christlichen Tradition

Wie ging die Glaubenstradition im Laufe der Geschichte mit der Botschaft Jesu und den Doppeldeutigkeiten des Neuen Testaments um? Im großen und ganzen kann man sagen, daß der bereits bei Paulus anklingende Konflikt – im Prinzip sollte Gleichheit herrschen zwischen den Geschlechtern, in Wirklichkeit jedoch herrscht nach wie vor die Unterordnung der Frau unter den Mann – auch die Tradition bestimmt.[15] Was bei der Sklaverei geschah, findet sich auch hier:

[15] Vgl.: *R. Radford Ruether,* Misogynism and Virginal Feminism in the Fathers of the Church, in: dies. (Hrsg.), Religion and Sexism, 150–184; *K. E. Børresen,* Subordination et équivalence. Nature et rôle de la femme d'après Augustin et Thomas d'Aquin, Oslo/Paris 1968; *G. H. Tavard,* Woman in Christian Tradition. Notre Dame 1973.

die geschichtliche Unfähigkeit, von der Theorie zur Praxis zu kommen. Wie wir bereits weiter oben sagten, geschieht Geschichte nicht in willentlichen Akten; damit aus ideologischen Revolutionen Geschichte wird, bedarf es zuvor der Veränderungen auf infrastruktureller und wirtschaftlicher Ebene sowie bei den gesellschaftlich-geschichtlichen Kräften. »Das evangelische Prinzip der Gleichheit zwischen Mann und Frau versagte angesichts faktischer Hindernisse, die unüberwindlich und vor allem unvermeidlich erschienen. Ja, man war der Meinung, sie brächten die natürliche Ordnung der Dinge, so wie Gott sie gewollt habe, zum Ausdruck. Im Laufe der Jahrhunderte versteiften sich Theologen und Kirchenrechtler in der Verabsolutierung solcher Hindernisse. Was sie dabei bewegte, war ohne Zweifel der Wunsch, die vorfindliche Ambivalenz (zwischen dem Neuen des Evangeliums und der historisch gegebenen Unterordnung) zu erklären und den offensichtlichen Widerspruch zwischen Lehre und Praxis zu verringern.«[16] Genau hier kommt die Ideologie als Rechtfertigungsmechanismus für die bestehenden Gegebenheiten ins Spiel – eine Ideologie, die auf einer männlich ausgerichteten und einseitigen Deutung der biblischen Texte sowie der gesellschaftlichen und geschichtlichen Traditionen gründet, die als Naturgesetz interpretiert werden (während man heute weiß, daß sie reines Produkt der Geschichte sind). Es wäre Idealismus, von der Kirche das zu verlangen, was keine andere Instanz zuwege bringen konnte. Was man indessen von der Kirche erwarten könnte und stets von ihr fordern sollte, ist, daß sie nach ihrer eigenen Wahrheit prophetisch lebt und sich kraft dieser Wahrheit eher kritisch äußert, als sich der sie umgebenden Kultur anzupassen. So sagt ein ausgewiesener Fachmann auf diesem Gebiet über den Feminismus in der Kirche: »Wenn die Christen den Geist vergessen, aus dem sie eigentlich leben sollten, neigt die Kirche dazu, nicht mehr zu sein als der bloße Reflex der herrschenden Kultur, und der alte Gegensatz zwischen den Geschlechtern bricht wieder auf. Die Frau gilt als minderwertiges Geschöpf, das die Integrität des Mannes bedroht. Sie aus den kirchlichen Strukturen zu entfernen erweist sich als bequemer als das mühsame Ringen um Verständnis und um gegenseitige Zusammenarbeit im Dienste Gottes.«[17]

Natürlich können wir hier nicht die verschiedenen Phasen der Frauenfeindlichkeit in der Kirche nachzeichnen. Das ist bereits

[16] *J. M. Aubert,* La mujer, 54.
[17] *E. Gibson,* Femmes et ministères dans l'Eglise, 47.

anderswo eingehend geschehen. Wir möchten nur ein Beispiel dafür geben, wie biblische Texte dazu benutzt werden, eine bestehende Situation, die der Unterdrückung der Frau, zu rechtfertigen. Nach Gen 2,21–25 wurde die Frau aus der Rippe des Adam geschaffen, und deshalb ist sie von ihm abhängig. Im Lichte dieser Stelle sagt Paulus, nicht der Mann stamme von der Frau ab, sondern die Frau vom Mann, und deshalb sei sie ihm untergeordnet (1 Kor 11,7–9). Von dieser Passage leitete man nun weiter ab, die Frau sei eigentlich kein Bild und Gleichnis Gottes, sondern lediglich der Mann (was Paulus in 1 Kor 11,7 anklingen läßt). Im 12. Jahrhundert zitiert Gratian in seinem berühmten Dekret,[18] das bis heute die juristische Hauptquelle des Kirchenrechts ist, Sätze, die Augustinus und Ambrosius (Ambrosiaster) zugeschrieben werden. Er sagt: »Dieses Bild Gottes findet sich im Mann, damit er der einzige (Mensch) sei, aus dem die übrigen (Menschen) hervorgehen sollten. Er erhielt von Gott die Gewalt, als sein Stellvertreter zu regieren, weil er das Bild des einzigen Gottes ist. Also wurde die Frau nicht als Bild Gottes geschaffen.«[19] Dann begründet er die geschichtliche Unterordnung der Frau unter den Mann damit, daß sie aus der Rippe des Adam geschaffen wurde und ihm dienen sollte. Weiter zitiert er einen berühmten Text von Augustinus: »Es entspricht der natürlichen Ordnung unter den Menschen, daß die Frauen den Männern und die Kinder den Eltern untertan sind. Denn es ist eine Sache der Gerechtigkeit, daß sich die schwächere Vernunft der stärkeren unterwirft.«[20] Diese Kanonisierung der Frauenfeindlichkeit hat das Leben der Kirche erheblich beeinflußt und bewirkt, daß die Fragen des Glaubens, der Gemeinde und der Ämterordination ausschließlich in die Kompetenz der Männer fielen. Die »Erklärung der Kongregation für die Glaubenslehre zur Frage der Zulassung der Frauen zum Priesteramt« vom 15. Oktober 1976[21] erinnert sehr an die von Männlichkeitswahn eingefärbte Argumentation vergangener Jahrhunderte, als ob sich seit den kanonischen Festlegungen im 12. Jahrhundert nichts in der Geschichte getan hätte. In dem von 1917 bis 1983 geltenden Kodex des Kirchen-

---

[18] Decretum Gratiani c. 33 q. 5, in: Corpus Iuris Canonici I, Ed. E. Friedberg, Leipzig 1879, 1250–1256.
[19] Ebd. 1254. Vgl.: *I. Raming,* Die inferiore Stellung der Frau nach geltendem Kirchenrecht, in: Concilium 12 (1976) 30–34.
[20] Pseudo-Augustini quaestiones Veteri et Novi Testamenti (CSEL 50, 83).
[21] In der Reihe »Verlautbarungen des Apostolischen Stuhls« Nr. 3; herausgegeben vom Sekretariat der Deutschen Bischofskonferenz, Bonn 1976.

rechtes wurde die Frau kirchlich Kindern und Geistesschwachen gleichgestellt.

Zu dieser biblisch-theologisch grundierten Ideologisierung kommt eine biologische Ideologisierung hinzu. Die Hochscholastik ging systematisch davon aus, daß das aktive Element bei der Zeugung eines neuen Lebens ausschließlich das männliche Prinzip sei. Diesem Virozentrismus drängte sich folgende Frage auf: Wenn alles vom Mann abhängt, warum werden dann überhaupt Frauen geboren, und warum sind nicht alle Männer? Die vermeintlich wissenschaftliche Antwort lautete: Die Frau sei eine Fehlentwicklung, eine Abirrung und eine Frustration des einzigen, männlichen Geschlechtes. Thomas von Aquin hält – unter Bezug auf Aristoteles – die Frau für *aliquid occasionatum,* für etwas »Mangelhaftes und eine Zufallserscheinung«,[22] die lediglich das Gefäß für die alleinige Zeugungskraft des Mannes sei. Dieses biologische Defizit erklärt dann auch die *imbecillitas naturae* der Frau, ihre völlige Abhängigkeit vom Mann. So heißt es bei Thomas: »Die Frau bedarf des Mannes nämlich nicht allein der Erzeugung wegen, wie bei den anderen Seelenwesen, sondern auch der Lenkung wegen, weil der Mann sowohl an Vernunft der Vollkommenere ist als an Wirkkraft der Stärkere.«[23] Derartige Vorurteile von der Mangelhaftigkeit der Frau machten sie in der Tat unfähig für öffentliche – staatsbürgerliche wie kirchliche – Aufgaben.

Aufmerksamkeit verdient hier die Mechanik der Ideologie. Nicht die theoretische Argumentation bringt in ihrem Gefolge die Marginalisierung der Frau mit sich, sondern die konkrete und geschichtliche Verdrängung der Frau an den Rand des Geschehens führt zu dieser Art von Argumentation, die ihrerseits die bestehende Unterdrückung plausibel und natürlich erscheinen lassen soll. So verfestigt sich das Ganze zu einem historischen Block. Die Frauen internalisieren ihn und nehmen ihr Randdasein und ihre inferiore Stellung schließlich als natürlich und gottgewollt hin. Im übrigen verstand man auch die großen biblischen Frauengestalten, insbesondere Maria, in diesem ideologischen Deuterahmen. Nicht mehr die Frau der Befreiung, die den Zorn Gottes zugunsten der Armen über die Reichen herabruft und die es wagt, ihre Stimme mutig zu erheben, um die Konflikte dieser Welt anzuprangern, tritt uns entgegen, sondern die Frau, die gänzlich im Schatten des Mannes Jesus lebt und zum Vorbild jener Frauen geworden ist, die weben, kochen, Wasser am Brunnen holen,

[22] Sth I q. 92 a. 1 ad 1.   [23] Scg III 123.

das Feuer schüren und ihr Leben in der Namenlosigkeit der Familie fristen.[24]

Doch die Macht der Natur ist größer als die Macht des ideologischen Überbaus. Immer gab es hier und da vereinzelte starke Frauen, in denen das Weibliche in seiner Unabhängigkeit und Ursprünglichkeit aufbrach; Blandina, Agatha, Lucia und Agnes, Märtyrerinnen, die die Brüder im Glauben bestärkten, die englische Äbtissin Hilda († 680), die auf der Synode von Whitby, auf der die Annahme der römischen Datierung des Osterfestes mit allen damit verbundenen Konsequenzen beschlossen wurde, den Vorsitz führte, die heilige Katharina von Siena, die Beraterin von Papst Gregor XI. und Papst Urban VI. im 14. Jahrhundert, Teresa von Ávila, die große Mystikerin, Theologin und Reformatorin des spanischen Katholizismus im 16. Jahrhundert, die heilige Jeanne d'Arc, Kriegerin und Märtyrerin, die nach Wahrheitsliebe und Mut für die Normen der Zeit gar zu »männlich« war, Joana Angélica in Brasilien, die der Soldateska entgegentrat, sowie andere, die Marksteine auf dem Weg zur Wiedergewinnung einer befreiten Gestalt des Frauseins sind.

Auch auf theologischer (ideologischer) Ebene fehlt es nicht an Elementen, die zeigen, daß die Frau dabei ist, ihre Würde wiederzuerlangen. Die positiven Daten, die unser personalistisches und befreiendes Verständnis bekräftigen könnten, gilt es noch zusammenzutragen.[25] Wir planen jedoch keine naive Interpretation in der Weise, daß wir die Fehler der Vergangenheit wiederholten, nur in umgekehrter Richtung (als ginge es darum, während früher die Untertänigkeit betont wurde, heute die Gleichheit zu stützen). Wir sind uns der tiefen Zwiespältigkeit der Glaubensquellen in Schrift und Überlieferung bewußt. So lassen sich innerhalb der Texte Argumente sowohl für die Unterdrückung als auch für die Befreiung finden. Unsere Grundeinstellung ist die: Wir möchten die positive Linie unterstreichen, auf der die Frau zur gleichen Würde wie der Mann gelangt. Damit stehen wir in der besten Tradition des historischen Jesus. Die diskriminierenden,

[24] Vgl.: *R. Laurentin,* Marie et l'anthropologie chrétienne de la femme, in: Nouvelle Revue Théologique 89 (1967) 486.

[25] Die Bibliographie ist unübersehbar. Genannt seien über den in der vorigen Anmerkung bereits zitierten Aufsatz hinaus, der zu den besten gehört, nur noch einige Titel: *H. Rondet,* Eléments pour une théologie de la femme, in: Nouvelle Revue Théologique 79 (1957) 915–940; *P. Evdokimov,* Die Frau und das Heil der Welt, München 1960; *Y. Pellé-Douël,* Être femme, Paris 1967; *J. Vinatier,* La femme, parole de Dieu et avenir de l'homme, Paris 1972; die ganze Nummer vom Dezember 1975 der Theological Studies, 577–765; die ganze Nummer 106 von Lumière et Vie (1972): Masculin et Féminin.

frauenfeindlichen Texte sind dann ihrerseits der Preis dafür, daß die Offenbarung in einer patriarchalischen Ära stattgefunden hat. Sie gehören zu den *geschichtlichen* Quellen der Offenbarung. Doch theologisch verbindlich sind sie nicht, weil wir nicht annehmen können, daß Gott die Herrschaft des einen über den anderen gewollt habe.

3. Prinzipien einer theologischen Anthropologie des Weiblichen

a. Geschöpfliche Gleichheit von Mann und Frau

Dies ist das erste Prinzip jüdisch-christlicher Anthropologie. Gleich auf der ersten Seite der Bibel, in der (im 6. oder 5. Jahrhundert vor Christus entstandenen) sogenannten Priesterschrift der Genesis, finden wir es belegt. Gegen den frauenfeindlichen Geist der Zeit stellt der Verfasser kurzum fest: »Gott schuf den Menschen als sein Abbild . . . Als Mann und Frau schuf er sie« (Gen 1,27). Hier zeigt sich die grundsätzliche Gleichheit beider; der eine wie der andere ist in ein und derselben Weise Abbild Gottes. Das Bild Gottes ist nur dann vollständig, wenn es sich in beiden Geschlechtern widerspiegelt. Nachdrücklich wird dieser Aspekt noch einmal in Gen 5,1–2 unterstrichen: »Am Tag, da Gott den Menschen erschuf, machte er ihn Gott ähnlich. Als Mann und Frau erschuf er sie, er segnete sie und nannte sie Mensch« *(adam)*. Keine Spur von Unterlegenheit auf seiten der Frau. Die Frau ist dem Mann vor Gott und den Menschen gleich in Würde und in Rechten. Der historische Jesus zitiert nirgends die jahwistische Schöpfungserzählung, nach der die Frau aus der Rippe des Adam geschaffen wurde. In der Auseinandersetzung um die Unauflöslichkeit der Ehe (Mt 19,3–6) bezieht er sich auf die Priesterschrift (Gen 1,27) und hebt aus dem jahwistischen Bericht lediglich die Vorstellung der Einheit hervor: Die beiden werden *ein* Fleisch sein (Gen 2,24). Mit seinem Eingreifen zugunsten der Ehebrecherin (Joh 8,1–11; Lk 7,36–50) will er dartun, daß Mann und Frau, was Sünde und Strafe anbelangt, gleich sind. Paulus bringt die Gleichheit aller in der Würde auf die klassische Formel: »Es gibt nicht mehr Mann und Frau; denn ihr alle seid ›einer‹ in Christus« (Gal 3,28). Der Verfasser des Ersten Petrusbriefs ermahnt die Männer, die Frauen zu ehren; denn sie seien »Miterbinnen der Gnade des Lebens« (3,7), wobei er sich eines juristischen Ausdrucks bedient, der die Gleichheit in Anbetracht ein und desselben Erbes benennen soll.

Andererseits ist den Schrifttexten zu entnehmen, daß die schöpfungsmäßige Gleichheit auf der Ebene der Geschichte durch die Sünde korrumpiert ist. Die Sünde hat von Anfang an beide getroffen, wie Gen 3,16–20 zu entnehmen ist: Es herrschen Verhältnisse der Abhängigkeit. Ein Prinzip der Erlösung ist erheischt.

b. Wechselseitigkeit (Reziprozität) zwischen Mann und Frau

Selbst der ältere Schöpfungsbericht der Genesis (2,18–23) gibt trotz seiner männlich orientierten Züge deutlich den Unterschied wie auch die Wechselseitigkeit zwischen Mann und Frau zu erkennen. Als die soeben geschaffene Frau dem Mann zugeführt wird, sagt dieser: »Das endlich ist Bein von meinem Bein und Fleisch von meinem Fleisch . . . Darum verläßt der Mann Vater und Mutter und bindet sich an seine Frau, und sie werden ein Fleisch sein« (Gen 2,23–24). Die Ausdrücke sind, obwohl unterschiedlich, transparent: Der eine existiert für den anderen, und zusammen bilden sie eine Einheit. Als Gott beschließt, die Frau zu schaffen, sagt er in einer typisch hebräischen Sprachfigur: Ich will dem Mann jemanden geben, der ihm ein ebenbürtiges Gegenüber ist (Gen 2,18). Die Frau ist also ursprünglich geschaffen worden, nicht um Sklavin oder Herrin des Mannes zu sein, sondern wesens- und würdegleiche Gefährtin. Das Hohelied kleidet diese Wechselseitigkeit in eine klassische Formel: »Der Geliebte ist mein, und ich bin sein« (2,16). Paulus kann, ungeachtet der Zwiespältigkeit in seinem ganzen Denken, sagen: »Im Herrn gibt es weder die Frau ohne den Mann noch den Mann ohne die Frau« (1 Kor 11,11). Im Epheserbrief heißt es: »Einer ordne sich dem anderen unter in der gemeinsamen Ehrfurcht vor Christus« (5,21). Und noch einmal Paulus: »Nicht die Frau verfügt über ihren Leib, sondern der Mann. Ebenso verfügt nicht der Mann über seinen Leib, sondern die Frau« (1 Kor 7,4).

c. Das Weibliche: Offenbarung Gottes

In der Bibel bringt sich Gott nicht nur in der Sprache des Mannes zum Ausdruck. Auch das Weibliche ist Medium, durch das er sich offenbart. Gott und Christus werden in der weiblichen Thematik der Weisheit personifiziert (Spr 8,22–26; Sir 24,9; 1 Kor 1,24). Die Weisheit ist eine Hypostasierung Gottes. Frau und Weisheit stehen in enger Verbindung zueinander (Spr 31,10.26.30) und lassen sich symbolisch ineinander verwandeln (Spr 19,14; Weish 3,12; 7,28). Oder Gott wird als Mutter versinnbildlicht, die Trost spendet (Jes 66,13) und das Kind ihres Schoßes nicht vergessen kann

(Jes 49,15; Ps 25,6; 116,5). Jesus vergleicht sich mit der Mutter, die die Kinder unter ihrem Schutz versammelt (Lk 13,34). Und am Ende der Geschichte wird Gott mit der Geste der großen und gütigen Mutter die Tränen aus unseren von all dem Weinen müde gewordenen Augen wischen (Offb 21,4). Alles, was an Gottes Erlösung Zärtlichkeit, Wärme und letzte Zufluchtsmöglichkeit ist, stellt die Überlieferung in weiblicher Sprache dar. Der große moderne russische Mystiker Evdokimov schreibt: »Das bedeutet, daß nichts der religiösen Kategorie der Väterlichkeit Entsprechendes in der Natur des Mannes liegt. Es bedeutet gleichfalls, daß das religiöse Prinzip innerhalb des Menschlichen in der Frau ausgedrückt ist. Die besondere Sensibilität für das rein Geistige gründet in der *anima* und nicht im *animus*. Die weibliche Seele also ist den Quellen der Schöpfung am nächsten.

Paulus trägt dieser Wahrheit unwillkürlich Rechenschaft, wenn er ein Bild der Mutterschaft für geistige Vaterschaft gebraucht: ›Ich leide Schmerzen der Geburt, bis daß Christus sich in euch bilde.‹«[26]

d. Die Frau im Neuen Bund: die Initiative des Glaubens

In den Evangelien stehen die Frauen an versteckter, aber höchst wichtiger Stelle. Wir begegnen ihnen zu Beginn, im Verlauf und am Ende des Lebens Jesu. Aufgrund des *fiat,* das Maria sagt, kommt der Erlöser in die Welt. Selbst als alle Jünger die Flucht ergriffen haben, sehen wir die Frauen unter dem Kreuz des Herrn (Mt 27,56). Sie sind die ersten Zeugen der Auferstehung (Mk 16,1–8). Bei Johannes[27] spielen Frauen eine konstitutive Rolle im Heilswerk: Die Mutter Jesu veranlaßt ihren Sohn zu seinem ersten Wunder in Kana (2,11). Auf das Zeugnis der Samariterin hin kommen viele in ihrem Ort zum Glauben (4,39–40). Marta und Maria erwirken von Jesus sein größtes Wunder, die Auferweckung des Lazarus (11,21–30). Maria von Magdala bewegt die Jünger, an die Auferstehung zu glauben (20,1–18).[28] Im Glauben liegt die Initiative bei den Frauen. Damit

---

[26] *P. Evdokimov,* Die Frau und das Heil der Welt, 168.
[27] Vgl.: *R. E. Brown,* Die Rolle der Frau im vierten Evangelium, in: E. Moltmann-Wendel (Hrsg.), Frauenbefreiung, München/Mainz 1978, 133–147.
[28] *Bernhard von Clairvaux* sagt, Maria von Magdala habe den Aposteln die Auferstehung verkündet; so sei sie Apostolin der Apostel gewesen (Sermones in Cantica, Sermo 75, 8 [PL 183, 1148]). Im Logion 114 des Thomasevangeliums sagt Jesus – in männlich orientierter Wendung – über Maria von Magdala: »Ich werde sie zum Mann machen, weil sie den Geist eines Mannes hat. Jede Frau, die sich selbst zum Mann macht, kommt in das Himmelreich.«

bestätigen sie, was Athanasius der Sinait und vielleicht sogar Irenäus sagen: Im Bereich des Religiösen ist die Frau das starke Geschlecht.

e. Das weibliche Prinzip der Erlösung

Maria bedeutet für den christlichen Glauben nicht nur die volle Verwirklichung des Weiblichen in seinen verschiedenen mit dem Geheimnis des Lebens in Verbindung stehenden Erscheinungsformen wie Jungfrau und Mutter. Sie ist ja die jungfräuliche Mutter des menschgewordenen Gottes und hat aufs engste mit dem Heiligen Geist zu tun. Aufgrund des Geheimnisses der Inkarnation herrscht – wie wir weiter unten noch darlegen werden – eine ontologische Beziehung zwischen Maria und Jesus. Das Fleisch, das sie Jesus schenkt, ist Gottes Fleisch. Gott macht sich also etwas von dem Weiblichen an Maria hypostatisch zu eigen. Maria entfaltet etwas von der Erlösung Christi, was in seiner Heilstat weder sichtbar wurde noch sichtbar werden konnte: die mütterliche Zärtlichkeit der Gottheit. Jesus ist Mann. Als solcher kann er nicht die Großherzigkeit, die Liebenswürdigkeit, die Zärtlichkeit und das weibliche Etwas einer Mutter äußern. Das kann nur ein weibliches, mütterliches Wesen. Deshalb hat Gott Maria erwählt, damit sie diesen mütterlichen Aspekt in ihrer Person manifestieren sollte.[29] So existiert also ein weibliches Prinzip in unserer Erlösung wie auch in unserer neuen, durch die Inkarnation des ewigen Sohnes begründeten Existenzweise. Und noch etwas Tieferes gibt es: Maria steht in einem ontologischen Bezug zum Heiligen Geist, wie wir gleich im einzelnen sehen werden. Um einen Ausdruck von Paul Evdokimov zu benutzen: »Die Jungfrau ist der Ort der Anwesenheit des Heiligen Geistes, und das Kind der Ort der Anwesenheit des Logos. Die beiden zusammen übertragen das geheimnisvolle Antlitz des Vaters ins Menschliche.«[30]

f. Die Vollendung der Frau liegt nicht im Mann, sondern in Gott

Unsere letzten Überlegungen lassen erkennen, was die ganze Schrift und die ganze christliche Tradition durchzieht: Sowohl die Frau als

[29] Vgl. *E. Schillebeeckx*, Maria – Moeder van de verlossing, Antwerpen 1955, 128. Vgl. auch das wichtige Buch von *G. von LeFort*, Die ewige Frau, München [20]1962. Das Buch, das alles andere will als den schlimmen Mythos eines (in den Köpfen der Männer) ewigen Weiblichen untermauern, ist ein Versuch, die Wirklichkeit der Frau auf symbolischer und nicht nur auf vernunftmäßig-begrifflicher Ebene zu denken und aus dieser Perspektive besonders die Integration der religiösen Strebungen der Menschheit in Gott herauszustellen.

[30] *P. Evdokimov*, Die Frau und das Heil der Welt, 22.

auch der Mann sind berufen, sich über sich selbst hinaus zu verwirklichen, sind geschaffen, um ganz Gott zu gehören. Die Wechselseitigkeit und die Einheit im Unterschied werden umgriffen von einem größeren Geheimnis, vom Geheimnis Gottes, dem man im Leben danken, dienen und Verehrung erweisen kann. Im apokryphen Ägypterevangelium findet sich ein Agraphon, das auch im sogenannten Zweiten Klemensbrief zitiert wird und das nach Ansicht einiger Fachleute auf den Herrn selbst zurückgeht: Auf die Frage der Salome, wann das Reich Gottes komme, antwortet Jesus: »Wenn ihr das Gewand der Scham vernichtet habt und die beiden Geschlechter eines geworden sind und das männliche und das weibliche nicht mehr wie das männliche und das weibliche sind, dann wird das Reich Gottes kommen.«[31] Mit anderen Worten: Wenn wir die Perversion, an die ja die Scham ständig erinnern soll, überwunden haben, wenn es zur vollen Harmonie der Einheit ohne Mißklang seitens des Menschen gegenüber Gott und des Mannes gegenüber der Frau gekommen ist, wenn alle Diskriminierung des Männlichen und des Weiblichen ein Ende gefunden hat und keiner den anderen mehr unterdrückt, dann wird das Reich Gottes nahen, das heißt die absolute Verwirklichung aller Dinge und die Harmonie der Ordnung. Das aber ist nur möglich in dem Maße, in dem der Mensch sich nicht mehr als Mittelpunkt des Ganzen betrachtet und die Liebe zwischen Mann und Frau sich in Richtung auf ein Absolutes steigert, das beide versöhnt, und ganz von Gott und für Gott ist. Dann wird das Ende sein und der Neuanfang aller Dinge (Offb 21,5). Das letzte Ziel von Mann und Frau ist Gott selbst. In der Vermählung mit ihm findet der Mensch in seiner Differenzierung als Mann und Frau zu seiner vollen Verwirklichung.

4. Gott im Weiblichen – das Weibliche in Gott

a. Das Weibliche: Weg des Menschen zu Gott

Nach diesem raschen Blick auf die Quellen des Glaubens, mit dem wir uns vergegenwärtigen wollen, was Gott uns mit seinem Offenbarungswort über das Weibliche zu sagen hat, stehen wir nunmehr vor der Aufgabe, das Weibliche, so wie es sich uns heute in der sozioanalytischen Annäherung und in der philosophischen Reflexion darbietet, theologisch zu bedenken. Es geht also darum, über das Weibli-

---

[31] 2 Clem 12, 1f.

che zu reflektieren, nicht wie die biblischen Verfasser es kulturbedingt darstellen, sondern wie es uns gegenwärtig entgegentritt.

Zunächst einmal stellen wir fest, daß die positiven theologischen Prinzipien in einem überraschend harmonischen Einklang stehen mit dem Weiblichen, wie wir es im wissenschaftlichen und philosophischen Teil beschrieben haben. Aber auch schon in der Vergangenheit kam die theologische Interpretation des Weiblichen ohne wissenschaftliche und philosophierende Vermittlung und trotz aller unbestreitbaren Zweideutigkeiten durchaus an die Wirklichkeit heran und blieb nicht bloß im Ideologischen stecken. Der Glaube sah, daß das Weibliche einen Weg zu Gott bildet. Wie hätte er es sonst Bild Gottes nennen können? Jedesmal wenn der Glaube betrachtet, was das Weibliche (in Mann und Frau) ist – wie die Dimensionen von Leben, Tiefe, Geheimnis, Zärtlichkeit, Innerlichkeit und Wärme –, erfährt er eine Gottesbegegnung. Treffend sagt Paulus, die unsichtbare Wirklichkeit Gottes werde in der frommen Betrachtung der Werke der Schöpfung sichtbar (Röm 1,19–20). Nun ist das Weibliche ein Höchstwerk Gottes, insofern es nur von ihm und vom Männlichen heißt, sie seien Bild und Gleichnis Gottes. Mit anderen Worten: In der Horizontalen (in dem, was in der Geschichte zum Ausdruck kommt) allein läßt sich die Totalität des Weiblichen weder umgreifen noch darstellen. Es entfaltet sich auch in die Vertikale – als Offenheit für ein Absolutes, das wir Gott nennen. Niemand genügt sich selbst und lebt für sich selbst. Der Mann ist offen auf die Frau hin und diese auf jenen hin. Gemeinsam bilden sie eine duale Einheit, die auch ihrerseits nicht mit sich allein zufrieden ist. Lust, Eros, Liebe und gegenseitiges Durchdringen sind gleichfalls Bilder: Sie sind Vermittlung und Anteil an einer Fülle, nach der sich beide sehnen, die sie aber nie ganz erreichen. Frau und Mann finden nur dann zu ihrer radikalen Personwerdung, wenn sie in das Geheimnis eintauchen, das größer ist als ihre gegenseitige Liebe, sich auf die Vertikale eines Absoluten hin öffnen und den Mut haben, es Gott-Vater zu nennen und ihm in ihrer Existenz eine Wohnstatt zu bieten.[32]

Bei unserer analytischen Betrachtung haben wir gesehen, daß der Mensch immer Mann und Frau ist. Philosophisch gesprochen bilden das Weibliche und das Männliche die ontologischen Komponenten jeder menschlichen Existenz; eine protoprimäre Wirklichkeit umfaßt

---

[32] Vgl.: *J. Guitton*, Feminine Fulfillment, New York 1965, 110–116; *H. Dohen*, The Fascinating Female, Glen Rock 1960, 18–31, 239–254.

Mann und Frau und läßt beide stets aufeinander bezogen sein. Im Grunde besagt das aber, daß sich die Anthropologie weder in sich selbst verschließen noch auf sich selbst gründen kann. Sie fühlt sich auf eine tiefergehende Bewegung verwiesen, die eine letzte Frage stellt: Was ist letztlich der Mensch in seiner männlichen und weiblichen Ausprägung? Jedes Bemühen um eine objektive Beschreibung der Unterschiede stößt auf eine unüberwindliche Grenze: Das Männliche ist auf das Weibliche und dieses auf jenes verwiesen. Diese Grenze stellt die entscheidende und letzte Frage nach dem Geheimnis der menschlichen Existenz. Und dieses Geheimnis entziffert die Theologie als die Parusie Gottes in der Anthropologie.

Für den christlichen Glauben ist Gott Dreifaltigkeit, Vater-Sohn-Heiliger Geist. Ist dann der Mensch als Mann und Frau nicht ein radikales Bild der Dreieinigkeit (Gen 1,26: Laßt *uns* den Menschen machen als *unser* Abbild)? In der Dreifaltigkeit haben wir es mit absoluten Relationen zu tun, die die Personen konstituieren. Freilich darf man dabei nicht an drei Pole denken, die untereinander in Verbindung träten. Das wäre ein falscher Tritheismus, der die Präexistenz der drei Pole bedeutete, die sich dann in das Spiel ihrer Beziehung begäben. Recht verstanden geht es, wie die Konzilien von Nizäa, Chalkedon und Konstantinopel festgelegt haben, vielmehr darum, daß die Relationen absoluten Vorrang haben und die Existenz der drei Pole, das heißt Vater, Sohn und Heiliger Geist, erst begründen.

Etwas Ähnliches geschieht mit dem Menschen, wie wir ihn analytisch und philosophisch reflektiert haben: Mann- und Frausein ist eine Wechselseitigkeit, ein Für-den-anderen-Sein, »eine grundlegende Relation, die variable personale Situationen schafft«[33]. Das Grundproblem in der Dreifaltigkeit ist das Zueinander der göttlichen Personen. Im Menschen herrscht dieselbe Spannung: das Zueinander von Frau und Mann. Nur im Gegenüber zur Frau ist – analog zur Dreifaltigkeit – der Mann Mann, und nur im Gegenüber zum Mann ist die Frau Frau. Diese Wechselseitigkeit ist sowohl im Menschen als auch in Gott das letzte wie das erste Datum. Ähnlich wie Sohn und Heiliger Geist auf ein absolutes, ursprungloses Prinzip, auf ein absolutes Geheimnis, auf den Vater, verweisen, so signalisieren Mann und Frau eine Dynamik, welche das Geheimnis des Menschen zugleich übersteigt und begründet. Stellt der Sohn nicht das männli-

---

[33] *A. Jeannière,* Antropologia sexual, São Paulo 1965, 44.

che und der Heilige Geist nicht das weibliche Prinzip dar? In der Tat tritt uns in der theologischen Überlieferung wie in der Frömmigkeit der Sohn im Gewand der Männlichkeit entgegen – in einem Mann, als der er ja Fleisch wurde. Der Heilige Geist ist im Hebräischen weiblich *(ruach)*[34] und hat es immer mit dem Geheimnis des Lebens, der Gnade und der Lebensbegründung zu tun, wie im Falle Marias, die kraft des Geistes Jesus Christus empfing. – Diese Überlegungen führen uns den Weg zu einer anderen theologischen Frage.

b. Das Weibliche: Weg Gottes zum Menschen

Wenn wir anerkennen, daß der Mensch als männliches und weibliches Wesen wirklich Gott ähnlich ist, dann liegt es kraft der Logik unserer Feststellung nahe, zu sagen, Gott selbst sei prototypisch männlich und weiblich. In dem Fall, der uns hier interessiert, wäre dann das Weibliche am Menschen ein Spiegel, der uns das Weibliche an Gott offenbart. Aber dürfen wir wirklich von einer weiblichen Seite Gottes sprechen? Dürfen wir Gott wirklich so als »unsere Mutter« anrufen, wie uns der Herr gelehrt hat, ihn »unseren Vater« zu nennen?

Die Frage bedarf einer eingehenden Erörterung, wenn in unserem Glauben nichts durcheinandergeraten soll. Andererseits müssen wir uns ernsthaft fragen, ob sich hier für Theologie und Frömmigkeit nicht neue Wege auftun, die erst jetzt gangbar und angesichts der Befreiungspraxis der Frauen und des kulturellen Bewußtseins von Gleichheit und Würde des weiblichen Prinzips bedeutsam werden. Auf keinen Fall dürfen wir uns vor der Frage drücken, so umstritten sie auch scheinen mag.

Wie wir bereits sahen, stellen uns Schrift und Glaubenstradition Gott normalhin nicht als *Sie,* sondern als *Er* dar. Das Christentum bekennt nicht, Gott sei Frau, sondern, er sei Mann geworden; denn das ewige Wort hat ja den männlichen Juden Jesus von Nazaret angenommen, durch den uns das Heil und die letztgültige Offenba-

---

[34] Vgl.: *A. Manaranche,* L'Esprit et la femme, Paris 1974 (reichhaltige Literatur!); *G. Philips,* Féminité de »la« Ruach, in: Le Saint Esprit et Marie dans l'Eglise. Vatican II et prospective du problème, in: Bulletin 25 (1968) 29–33. Die Didaskalie (*F. X. Funk,* Didascalia, Paderborn 1950, Bd. I, 105) vergleicht die Diakoninnen mit dem Heiligen Geist: »Ihr sollt die Diakoninnen als Typen des Heiligen Geistes ehren...« Die Apostolischen Konstitutionen (Ende des 4. Jahrhunderts) VIII 9,2 (*Funk,* ebd. 525) bringen folgendes Gebet für die Diakoninnen: »Gott..., der du mit deinem Geist Maria, Debora, Hanna und Hulda erfülltest, ... richte deinen Blick auf deine Dienerin. Gib ihr deinen Heiligen Geist...«

rung Gottes, so wie *er* ist, zuteil wurde. Gott wird uns als Vater und nicht als Mutter beschrieben. Er hat einen ewigen Sohn und keine ewige Tochter. Annähernd alle Schlüsselbegriffe der jüdisch-christlichen Tradition haben, wie gesagt, einen männlichen Hintergrund.

Andererseits hat die Theologie als rationaler Diskurs des Glaubens die Aufgabe, auf die Grenzen derartiger Aussagen aufmerksam zu machen. So betont sie zum Beispiel, daß Gott in einem unzugänglichen Licht wohnt und damit über den Geschlechtern steht. In der Folge des Dionysios Areopagites wird die theologische Überlieferung nicht müde, zu behaupten, Gott sei ein überwesentliches Dasein und eine übergöttliche Gottheit.[35] Wenn wir sagen, Gott sei reiner Geist, wollen wir dadurch im Grunde zum Ausdruck bringen, daß Gott alle Determinanten, insbesondere die des Geschlechts sprengt. Wenn wir also bekennen, Gott sei Vater, Sohn und Heiliger Geist, sprechen wir damit keine geschlechtliche Bestimmung aus. Die göttlichen Personen sind männlich, aber nicht im sexuellen (genetischen oder genitalen) Sinn. Alle unsere Gottesnamen sind analog. Sie artikulieren zugleich eine Ähnlichkeit und eine Unähnlichkeit, eine Behauptung und eine Verneinung über Gott. Wenn Gott Vater ist, dann ist er es nicht im Sinne unserer Erfahrung eines irdischen Vaters. Erfahrung ist ambivalent und muß geläutert werden *(via negationis)*. Wenn wir aber das Vaterbild in begrifflicher Vollkommenheit haben, dann können wir es in seine Unendlichkeitsdimension steigern, und nunmehr läßt es sich auf Gott anwenden *(via affirmationis, via excellentiae)*. So sagen wir: Die Eigenschaften dessen, was Vater und Sohn bedeuten, sind in absoluter Form in Gott gegeben, der sich uns als Vater und Sohn zeigt. Wenn wir Weiblich und Männlich, Vaterschaft und Sohnschaft nicht nur als Objektivierungen des einen und des anderen Geschlechtes betrachten, sondern immer auch als Dimensionen in jeder menschlichen Person, wird es uns leichter, zu verstehen, daß diese positiven Strukturelemente in der Weise absoluter Vollkommenheit in Gott als der Quelle alles Guten und aller Vollkommenheit bestehen können. Daß Gott keine sexistischen Konnotationen hat, zeigt sich im biblischen Judentum, das sich stets auch deshalb von den übrigen Religionen absetzte, weil diese den Göttern sexuelle Merkmale zusprachen, und das dennoch zugleich Gottes Männlichkeit behauptete. Aus dem Empfinden der patriarchalischen Zeit, das alle Werte im Männlichen konzentriert sah, erklärt sich,

---

[35] De divinis nominibus 1,1; 1,6; 2,4 (PG 3, 588; 596; 641).

weshalb man Bilder wie Vater, Sohn und andere auf Gott anwandte.[36] Sie sind nicht bloß kulturbedingt, sondern sagen (in analoger Weise) etwas Wirkliches und Wahres von Gott aus, wie sie es freilich auch verbergen. Vielleicht sind heute die Zeit und die geschichtlichen Bedingungen gekommen, daß sich auch das andere, das weibliche, mütterliche Antlitz Gottes offenbaren kann. Die Frauenbewegungen wie auch die Glaubensreflexion und die Glaubenspraxis, denen es um eine Wendung der Geschichtsachse geht, wären dann die Bahnen der göttlichen Offenbarung. Wenn wir also das Weibliche an Gott erkennen und ihn als Mutter anrufen, beziehen wir uns nicht auf sexuelle Merkmale, sondern auf weibliche und mütterliche Eigenschaften, die in Gott absolut realisiert sind. Ehe wir uns in diese Frage vertiefen, wenden wir uns einigen historischen Zeugnissen zu.[37] Daran hat es, dank dem strukturellen Charakter des Weiblichen, in der Geschichte nie gefehlt.

c. Gott als Mutter: einige historische Belege

Die matriarchalische Kultur kennt – wie wir noch eingehend sehen werden – eine Fülle von weiblichen, vor allem mütterlichen Gottheiten. Die hebräische Kultur indessen ist grundsätzlich männlich, obgleich der Geist weiblich ist. Im apokryphen Hebräerevangelium spricht Jesus selbst in einem Agraphon vom Heiligen Geist als von einer weiblichen Größe: »Sogleich ergriff mich meine Mutter, der Heilige Geist, an einem meiner Haare und trug mich weg auf den großen Berg Tabor.«[38] Auch in den kanonischen Evangelien versieht Jesus den Geist mit weiblichen Akzenten. Der Geist läßt uns nicht als Waisen zurück (Joh 14,18), tröstet – was ja vor allem eine Mutter tut –, ermahnt und richtet uns auf (Joh 14,26). Wie eine Mutter zu

[36] Vgl.: *G. H. Tavard,* Sexist Language in Theology? in: Theological Studies 36 (1975) 700–724.

[37] Vgl.: *E. Doyle,* God and the Feminine, in: The Clergy Review 56 (1971) 866–877; *J. Moffit,* Le concept de Dieu comme Mère, in: Nouveaux rythmes du monde 46 (1973/4) 296–302; *J. E. Burns,* God as Woman, Woman as God. New York 1976; *J. Arnold,* Maria – Gottesmutterschaft und Frau. Eine Untersuchung über sich ändernde Leitbilder, in: Concilium 12 (1976) 24–29; *P. A. M. Boer,* Fatherhood and Motherhood in Israelite and Judean Piety, Leiden 1974; *L. Pinkus/C. Valenziano,* Il feminile, Maria e la Chiesa, in: Marianum 34 (1972) 386–395 (eine Forschungsvorlage); *M. Stone,* When God was a Woman, New York/London 1977 (eine eingehende Untersuchung über weibliche Gottheiten, allerdings nur von historiographischem Interesse); *A. M. Greely,* Maria. Über die weibliche Dimension Gottes, Graz/Wien/Köln 1979 (das Buch bleibt hinter dem zurück, was es verspricht, und vermengt ständig und mißbräuchlich das biographische Ich mit dem erkenntnistheoretischen Ich).

[38] Deutsch nach: *E. Hennecke/W. Schneemelcher,* Neutestamentliche Apokryphen I, Tübingen ⁴1968, 108.

Hause lehrt er uns, daß Gott Vater heißt (Röm 8,15) und wie wir zu beten haben (Röm 8,26).

Geschichte und Religionspsychologie zeigen, daß die Kulturen die Gottheit stets unter väterlichen und mütterlichen Symbolen darstellen. Alle Symbole stehen in Funktion zweier religiöser Grundtypen: eines chthonischen (tellurischen), der auf Erde, Leben und Lebensbegründung, aber auch auf die Geheimnisse des Todes hinweist. Das ist die mütterliche Religion. Der andere Grundtyp ist das uranische (himmlische) Prinzip, das auf Himmel, Unendlichkeit und Transzendenz abzielt. Das ist die väterliche Religion. Der eine Typ ist mehr dem Ursprung, dem irdischen Paradies und der Urversöhnung zugewandt; der andere hat mehr das Ziel der Geschichte, das Heil und das zukünftige Reich Gottes im Auge. Der eine betont die Zeugung, der andere die Geburt, der eine die Empfängnis, der andere das Aufbrechen des Lebens. Christentum und Judentum sind eminent uranische, männliche Religionen: Das Reich Gottes kommt und ist für morgen angesagt.

Trotz des vorherrschenden männlichen Gepräges finden sich in der Schrift aber auch, wie wir bereits sahen, Züge der tellurischen und mütterlichen Religion. Gott wird auch als Mutter erlebt, die tröstet (Jes 66,13), den Säugling an die Wange nimmt (Hos 11,4), das Kind ihres Schoßes nicht vergessen kann (Jes 49,15; Ps 25,6; 115,5) und an deren Brust sich ruhen läßt (Joh 1,18). Jesus selbst bedient sich der familiär-weiblichen Sprache, wenn er sagt: »Jerusalem, Jerusalem, du tötest die Propheten und steinigst die Boten, die zu dir gesandt sind. Wie oft wollte ich deine Kinder um mich sammeln, so wie eine Henne ihre Küken unter ihre Flügel nimmt; aber ihr habt nicht gewollt« (Lk 13,34). Und schließlich wird Gott selbst bei der Parusie die für eine Mutter typische Geste tun und uns die Tränen von den Augen wischen, nachdem wir des Weinens müde geworden sind (Offb 21,4).

Die geheimnisvolle Gestalt der Weisheit, in der Gott mit seiner Güte und Zuneigung zur Welt auftritt, haben wir bereits betrachtet. Besonders bedeutsam ist die Weisheit im Ijob-Buch. Im ersten Teil erscheint Gott als ein Vater, der seinen Gerechten auf die Probe stellt, straft und züchtigt. Als ob er danach Mitleid bekäme, wendet er sich ihm mitfühlend zu und offenbart sich in der Form der Weisheit. In dieser weiblichen Figur entdeckt der Mensch ein neues Antlitz Gottes (Ijob 24; 38–42).

André Manaranche sagt dazu: »Was am Ziel der Hoffnung tatsächlich wieder zu sehen sein wird, ist das mütterliche Bild einer endlich erlangten Einheit: Gott ist nur Vater, indem er die Liebe einer Mutter verheißt.«[39]

In der christlichen Tradition finden sich durchaus Hinweise auf das religiöse Bewußtsein davon, daß Gott auch eine mütterliche Gestalt ist. So heißt es bei Klemens von Alexandrien im Zusammenhang seiner Überlegungen zur göttlichen Mutterschaft Marias: »Gott ist Liebe, und kraft der Liebe hat er uns heimgesucht. In seiner unaussprechlichen Gottheit ist er Vater, doch in seinem Erbarmen ward er uns Mutter. In seiner Liebe zog der Vater gleichsam eine Frau an, und der, den er aus sich zeugte, ist ein wichtiger Beweis dafür.«[40] Durch die ewige Zeugung des Sohnes wird der Vater die ewige Mutter. Im Glaubensbekenntnis sprechen wir ja auch: »Ich glaube an den einen Herrn Jesus Christus, Gottes eingeborenen Sohn, aus dem Vater geboren vor aller Zeit.« Nun erinnert so eine Formulierung aber genau an Schriftstellen wie Spr 8,22–23 (»Der Herr hat mich [die Weisheit] geschaffen im Anfang seiner Wege, vor seinen Werken in der Urzeit; in frühester Zeit wurde ich gebildet, am Anfang, bei Ursprung der Erde«) und Ps 110,3 (»Dein ist die Herrschaft am Tage deiner Macht, [wenn du erscheinst] in heiligem Schmuck; ich habe dich gezeugt noch vor dem Morgenstern, wie den Tau in der Frühe«), die die Tradition auf das ewige Wort bezieht. Wie das athanasianische Credo ausdrücklich hervorhebt, darf die ewige Zeugung nicht als Gemacht- oder Geschaffensein – *non factus nec creatus* – verstanden werden, sondern ist ein wirkliches *genitus:* gezeugt, ins Leben geführt durch den Vater. Aber die Formulierung will genau besehen sein. In unserer Erfahrung sagen wir nicht, der Vater schenke dem Kind das Leben; das tut vielmehr die Mutter; sie ist die *genitrix.* So wäre es logischer, Gott anstatt ewigen Vater ewige Mutter zu nennen. »Wenn Gott die überragende Quelle aller Vollkommenheiten in der Schöpfungsordnung ist, dann muß er auch die Quelle der Mutterschaft, der höchsten weiblichen Vollkommenheit sein.«[41]

Ephräm der Syrer (306–373) soll – Donald Nicholl zufolge – vom Heiligen Geist als von der Mutter in Gott, als von dem ewigen Weiblichen in Gott gesprochen haben.[42]

[39] *A. Manaranche,* L'Esprit et la femme, Paris 1974, 69.
[40] Quis dives salvetur (PG 9, 641–644).
[41] *E. Doyle,* God and the Feminine, 875.
[42] Recent Thought Focus, London 1952 (zitiert nach *E. Doyle,* God and the Feminine, 875).

In der Sprache Anselms von Canterbury ist auch Jesus Mutter: »Und du, Jesus, guter Herr, bist du nicht auch Mutter? Ist denn nicht jemand, der wie eine Henne seine Küchlein unter seine Flügel nimmt, wie eine Mutter? Wirklich: Herr, du bist meine Mutter!«[43]

In ihrem Buch *Revelations of Divine Love* schreibt die große englische Mystikerin des 14. Jahrhunderts, Juliana von Norwich: »Und der allweise Gott ist unsere Mutter, samt der Liebe und Güte des Heiligen Geistes. Es ist aber alles ein Gott und ein Herr.«[44] Für Juliana hat die Dreifaltigkeit drei Eigenschaften: Vaterschaft, Mutterschaft und Herrschaft. Die Mutterschaft spricht sie der zweiten Person zu, die in Natur und Gnade unsere Mutter sei: »Die zweite Person der Dreieinigkeit, die unsere Mutter schon dem geistigen Wesen der Natur nach ist, ist auch unsere Mutter nach dem sinnenfälligen Teil aus Barmherzigkeit, indem sie unsere sinnenfällige Gestalt annahm. Diese unsere Mutter, Christus, offenbart sich uns in mancherlei Wirken: in ihm gedeihen und wachsen wir.«[45]

Nikolaus von der Flüe, der Patron der Schweiz, erzählt im 15. Jahrhundert von einer Vision, in der ihm die Dreifaltigkeit in der Gestalt von Gott Vater, Gott Mutter und Gott Sohn erschienen sei.[46]

Carlos, ein schizophrener Patient in der psychiatrischen Klinik von Nise da Silveira, schildert wiederholt die Gestalt einer weißen Göttin mit der Aufschrift: Gott – meine Mutter.[47]

Die Verkündigung des Dogmas von der leiblichen Aufnahme Marias in den Himmerl veranlaßte einige Theologen zu der Überlegung, was denn der letzte Sinn der göttlichen Mutterschaft und des Weiblichen an Maria innerhalb der Dreifaltigkeit sei. So schrieb zum Beispiel Victor White OP, einer der ersten Theologen, die die Beiträge Carl Gustav Jungs zum Verständnis des Weiblichen positiv einschätzten, in seinem Kommentar zum Dogma der Aufnahme Unserer Lieben Frau in den Himmel: »Vielleicht will die Definition die Kirche zu einer gründlicheren Betrachtung und einer letztmöglichen Formulierung des abgrundtiefen Geheimnisses der Mutterschaft Gottes bewegen. Denn durch die Aufnahme in den Himmel kehrt Maria zu ihrem Ursprung zurück. Nicht sie, sondern Gott selbst ist der letzte

---

[43] Oratio 10 (PL 158, 40–41), Oratio 65 (ebd. 982).
[44] Offenbarungen der göttlichen Liebe, hrsg. von O. Karrer, Paderborn 1926, 138. Vgl. *K. E. Børresen*, Cristo nuestra Madre? Dios-Padre y Dios-Madre, in: Vida Nueva Nr. 1120 (1978) 456–457.
[45] Offenbarungen der göttlichen Liebe, 139.
[46] Vgl.: *M. L. von Franz*, Die Visionen des Nikolaus von Flüe, Zürich ³1983.
[47] Deus-Mãe, in: Quaternio (1975) 87–103.

Prototyp von Mutterschaft und Weiblichkeit, auch materiell . . . Wie Christus uns in seiner Himmelfahrt den Weg zu Gott, zum ewigen Vater, führt, so will Maria uns vielleicht in ihrer Aufnahme in den Himmel zu einer tiefen Erkenntnis und Liebe Gottes, unserer ewigen Mutter, geleiten.«[48] Auch in der Tradition der Ostkirche finden sich Zeugnisse für die weibliche und mütterliche Qualität Gottes, besonders bei Gregorios Palamas und, im 19. Jahrhundert, bei Wladimir Solowjew.[49] Selbst C. G. Jung, der ja mit seinen Untersuchungen und Spekulationen über das Weibliche – wir werden auf den Punkt noch zurückkommen – die Anwesenheit der *anima* (des weiblichen Prinzips) in jedem Mann und des *animus* (des männlichen Prinzips) in jeder Frau herausgearbeitet hat, formuliert in einem psychoanalytischen Text über die verschiedenen Mariendogmen die Hypothese, das Weibliche sei in Maria vergöttlicht worden. Gott sei die ewige Mutter und das absolute Weibliche, das im Leben Marias voll und ganz geschichtlich konkret geworden sei.

In den letzten Jahren ist das theologische Thema »Gott als Mutter« häufig im Zusammenhang der Frauenbefreiung aufgetaucht. Dabei fehlt es nicht an Ernsthaftigkeit und theologischer Kompetenz. So schreibt zum Beispiel eine Theologin an der amerikanischen Yale-Universität: »Wir brauchen uns nicht von der Vorstellung beengen zu lassen, allein das männliche Prinzip zeuge Leben; denn (heute) wissen wir doch, daß das weibliche Prinzip gleichfalls Leben zeugt. Mit anderen Worten: Es gibt überhaupt keinen Grund, der uns hindern könnte, die erste Person der Dreifaltigkeit Mutter oder Vater zu nennen oder uns vorzustellen, die Schöpfung sei aus einem absoluten Schoß oder einem letzten mütterlichen Prinzip hervorgegangen. Kein Bild ist erschöpfend (weil weder das Männliche noch das Weibliche, alleine genommen, den Ursprung des Lebens voll erklären), wohl aber eignet sich das eine wie das andere. Vielleicht liefern uns erst die beiden – Vater und Mutter – zusammen die bildliche Kraft, die uns in angemessener Weise das Geheimnis Gottes vermitteln.«[50] Und die Autorin fährt fort, indem sie zeigt, daß das Weibliche eine geeignete Kategorie ist, die uns auch den Sohn und den Heiligen Geist verständlich machen kann.

[48] The Scandal of the Assumption, in: Life of the Spirit 5 (1950) 211–212.
[49] Vgl.: *G. H. Tavard,* Woman in Christian Tradition, 144–150; 160–163; 164.
[50] *M. A. Farley,* New Patterns of Relationship: Beginnings of a Moral Revolution, in: Theological Studies 36 (1975) 640.

Andere Autoren sind der Meinung, das Thema »Gott als Mutter« habe seine ökumenische Relevanz besonders hinsichtlich der matriarchalischen Religionen.[51] So hat zum Beispiel die Verehrung Gottes als der Mutter in Indien (göttliche Shakti) einen lebendigen Ausdruck gefunden, sei es in den alten Traditionen, sei es in der modernen Version Ramakrischnas, der, um gegenüber seiner Frau seine Entscheidung für die Ehelosigkeit zu rechtfertigen, zu ihr sagte: »Die Mutter (Gott) hat mich gelehrt, daß sie in jeder Frau wohnt; und ich habe gelernt, jede so, als göttliche Mutter, anzusehen.«[52] Wen wundert es, daß in dieser theologisch-kulturellen Atmosphäre Papst Johannes Paul I. in einer öffentlichen Audienz am 10. September den 1978 Gläubigen sagen konnte: »Gott ist Vater, und mehr noch, er ist uns auch Mutter.«

d. Gott: letztes Prinzip aller Weiblichkeit – Gott, meine Mutter

Welchen theologischen Wert haben diese Zeugnisse und Überlegungen? Sind sie Abweichungen von einer Regel? Oder offenbaren sie etwas Wahres, das sich uns am Ende der patriarchalischen Ära und zu Beginn einer neuen Phase im Gottesverständnis mitteilt? Läßt sich das Weiblich über seine Konkretisierung im Mann und in der Frau hinaus noch weiter verfolgen? Erstreckt es sich etwa gar auf Gott? Kann man theologisch von einem Weiblichen in Gott sprechen?

Ein theologisches Grundprinzip besagt: Jede *lautere* Vollkommenheit spiegelt Gott wider, hat ihren letzten Grund in Gott und kann Gott zugesprochen werden. Mit all unseren bisherigen Überlegungen haben wir gezeigt, daß das Männliche und das Weibliche Vollkommenheiten erster Ordnung sind, so daß das Männliche zur hauptsächlichen Sprache der geschichtlichen Gottesoffenbarung wurde (Altes und Neues Testament). Wir haben aber auch gezeigt, daß das Weibliche die gleiche Würde hat wie das Männliche und deshalb ebenfalls ein Vehikel ist, auf dem Gott sich uns mitteilt. Erinnert sei nur noch einmal an den fundamentalen Text Gen 1,27, aus dem klar hervorgeht, daß sowohl das Männliche als auch das Weibliche Bilder für Gott sind. Mit anderen Worten: Was das Männliche und was das Weibliche sind, findet sein Urbild und seine Quelle in Gott selbst. Gott-Frau ist der höchste Archetyp für die Frau, wie Gott-Mann es für den Mann ist. Was uns in der Geschichte begegnet,

---

[51] *D. Spada,* Dio come Madre. Un tema di teologia ecumenica, in: Euntes et Docete 29 (1976) 472–481.
[52] Zitiert nach: *D. Spada,* Dio come Madre, 480.

hat seinen letzten Ursprung im Geheimnis Gottes. So wie alle Vaterschaft im Himmel und auf Erden, in der Sprache des Epheserbriefes (3,15), vom ewigen Vater stammt, so erwächst auch alle Mutterschaft im Himmel und auf Erden aus der ewigen Mutter.

Das Weibliche in der Geschichte bildet einerseits den Weg zum Weiblichen Gottes, wie es andererseits die geschaffene Gegenwart nach dem Abbild des Weiblichen in Gott bedeutet. Dem Weiblichen eignet also eine ewige Dimension. Im Blick auf eine geschichtliche Konkretisierung ist die Behauptung absolut zutreffend, in bezug auf Jesus Christus nämlich, den Mann, den die zweite Person der Dreifaltigkeit hypostatisch angenommen hat. Das moderne Verständnis, nach dem jeder, wenn auch in unterschiedlichen Gewichtung, zugleich *animus* und *anima,* männlich und weiblich ist, macht das Ganze verständlicher. Jesus ist männlich und weiblich. So lebt er voll und ganz das Männliche (weil er ja Mann ist), wie er auch die weibliche Dimension vollkommen integriert. Nun hat sich das ewige Wort in Jesus alles, einschließlich des Weiblichen, hypostatisch zu eigen gemacht. Zumindest in Jesus also gehört das Weibliche zu Gott und wird vergöttlicht. Und nach den christologischen Regeln der Perichorese ist *dieses* Weibliche an Jesus damit Gott.

Überdies entpatriarchalisiert eine korrekte theologische Hermeneutik unsere Vorstellungen vom Geheimnis der Dreifaltigkeit. Ohne Zweifel hat Jesus Gott als Vater geoffenbart und sich selbst kraft des Heiligen Geistes als Sohn zu erkennen gegeben. Allerdings muß man wissen, was damit gesagt sein soll, wenn von Vater, Sohn und Heiligem Geist die Rede ist. »Vater« benennt die göttliche Wirklichkeit, insofern sie das ursprungslose Prinzip aller Dinge ist, die Quelle, von der alles seinen Ausgang nimmt und zu der alles zurückfindet. »Sohn« ist dieselbe göttliche Realität, insofern sie sich als Wahrheit ihrer selbst mitteilt, als unendlichen Ausdruck ihrer selbst über sich hinaus. »Heiliger Geist« meint noch einmal diese göttliche Wirklichkeit, insofern sie im Prozeß der Selbstmitteilung die liebevolle Annahme dieser ihrer Mitteilung auf seiten dessen erzeugt, der sie annimmt. Damit heißt Dreifaltigkeit: Momente ein und derselben Selbstmitteilung Gottes, des unauslotbaren Geheimnisses, das aus seinem Dunkel hervortritt, sich als Licht (Erkenntnis) zeigt und als Gabe (Liebe) schenkt, ohne seinen Charakter als unbegreifliches und unverfügbares Geheimnis zu verlieren. Wenn das aber der *gedankliche Inhalt* unseres Glaubensbekenntnisses zu dem einen und dreifaltigen Gott ist, dann läßt sich dies auch in der weiblichen Begrifflichkeit von Mutter, Tochter und Heiligem Geist sagen, immer unter der Voraussetzung selbstverständlich, daß wir damit dieselbe Wirklichkeit bekennen wollen, die wir sonst in anderer Form, in der Sprache der männlichen Tradition, sagen, und daß wir nur den Glauben unserer Väter neu zum Ausdruck bringen wollen.

Wenn wir sagen, in Gott stießen wir auf die letzte Quelle des Weiblichen wie des Männlichen, was bedeuten dann das Weibliche und das Männliche in Gott? Zur Beantwortung dieser Frage fassen wir noch einmal die Ergebnisse unserer analytischen und philosophischen Annäherung an das Weibliche und an das Männliche zusammen und können sagen: In unserer heilsgeschichtlichen Erfahrung des dreifaltigen Gottes als der Urquelle und des letzten Zieles stoßen wir analog auf dieselbe Struktur, die wir auch im Menschen finden: auf eine plurale Einheit und auf einen Pluralismus von Seins- und Existenzweisen des Einen. Ähnlich dem Menschen realisiert sich der dreifaltige Gott (und ähnlich dem dreifaltigen Gott realisiert sich der Mensch) in Einheit und Differenz. Gott ist zugleich geheimnisvolle und unerreichbare Tiefe (weiblich) und Selbstmitteilung in Wahrheit und Liebe (männlich), zugleich ursprungloser Ursprung (weiblich) und Schenkung und Ent-Äußerung (männlich). In diesem Sinn können wir den dreifaltigen und einen, den geheimnisvollen und in der Erkenntnis als geheimnisvoll erkannten, den nahen und fernen, den faszinierenden und furchterregenden Gott als meinen Vater und meine Mutter, als unseren Vater und unsere Mutter erfahren und anrufen. Indem der Mensch diese Wörter, deren Wurzeln sich in der Tiefe des persönlichen und kollektiven Unbewußten verlieren, ausspricht, artikuliert er den Sinn aller Sinne, den unanfechtbaren Trost, die letztmögliche Wärme und die niemals bedrohte Intimität.

e. Der letzte Sinn des Weiblichen

Aufgabe der Theo-logie ist es, die letztmöglichen Fragen zu stellen. In unserem Fall also: Was ist der nicht mehr hinterfragbare Sinn des Weiblichen? Vor dem Hintergrund unserer bisherigen Überlegungen kann eine erste Antwort lauten: In der Schöpfungsordnung findet das Weibliche seinen Sinn darin, daß es das Weibliche Gottes offenbart, insofern alles Existierende – in dem, was es ist, und in der Art und Weise, wie es ist – Gott zu erkennen gibt. Damit hat jedes Ding, besonders aber alles Personale wie das Weibliche, eine sakramentale Dimension und Funktion: Es spricht von Gott, erinnert an Gott und verweist auf Gott.

Ein weiterer, tieferer Sinn bezieht sich unmittelbar auf Gott. Gott schafft das andere – in unserem Fall das Weibliche –, um sich diesem anderen selbst mitteilen zu können. Die Existenz des Menschlichen (Männlichen wie Weiblichen) erfährt ihre radikalste Existenzbegründung dadurch, daß sie Aufnahmegefäß für Gott sein kann. Das Mysterium Jesu Christi hat eine heuristische Funktion ersten Ranges, in dem Sinne, daß wir in ihm den letzten Heilsplan Gottes entziffern können. Da Jesus Mann ist, enthüllt er uns den Plan, den Gott in der menschlichen Wirklichkeit gegenwärtig mit dem Männlichen und einschlußweise auch mit dem Weiblichen hat. Gott hat den Mann Jesus gedacht und gewollt, damit er für ihn das große Aufnahmegefäß seiner persönlichen Selbstmitteilung innerhalb der Schöpfung sei.[53] Jesus steht ganz im Dienst am Heilsplan zur Inkarnation des ewigen Sohnes. In der Inkarnation wird der Sohn Mensch, das heißt, er nimmt konkret die männliche und weibliche Form in der Gestalt des Mannes an, und der Mann wird vergöttlicht, was die Vergöttlichung des Männlichen und des Weiblichen, die ja ihn ausmachen, impliziert.

Aufgrund der hypostatischen Union muß die (männliche und weibliche) Menschheit Jesu als Menschheit Gottes selbst betrachtet werden. So gewinnt das Männliche einen letzten und göttlichen Bezug. Aber auch das Weibliche ist damit erfaßt, weil es ja Teil der menschlichen Wirklichkeit des Mannes Jesus Christus ist.

Wenn also das Männliche in Jesus voll und direkt zur Vergöttlichung gefunden hat, können wir dann nicht erwarten, daß auch das Weibliche dazu bestimmt ist, vergöttlicht zu werden, wie es mit dem Männlichen voll und unmittelbar in Jesus geschehen ist? Ist Jesus als inkarnierter Gott nicht ein Paradigma für das, zu dem wir alle, ob Männer oder Frauen, berufen sind? Das heißt: Das letzte Ziel des Menschen besteht nicht bloß darin, als Auferweckter glückselig im Reich Gottes zu leben; vielmehr ist er zu etwas noch Höherem berufen: unter Wahrung der Unterschiede zwischen Schöpfer und Geschöpf mit Gott eins zu werden, so wie Gott und Mensch in ein und demselben Jesus Christus subsistieren. Dank und kraft seines Geheimnisses hat Jesus von Nazaret diese Berufung bereits in der Geschichte verwirklicht; die übrigen Menschen, seine Brüder und Schwestern, werden sie realisieren, wenn das Reich Gottes definitiv

[53] Vgl.: *L. Boff,* O que podemos esperar além do céu? in: A fé na periferia do mundo, Petrópolis 1978. Hier legen wir eine detailliertere Argumentation vor.

anbricht. Dann wird Gott wirklich alles in allem sein (vgl. 1 Kor 15,28); und er wird alles in allen männlichen und weiblichen Wesen sein, die in seinem Reich leben. In dieser Sicht ist also auch das Weibliche dazu bestimmt, hypostatisch mit Gott verbunden zu werden.

Bekanntlich verbindet sich die zweite Person der Dreifaltigkeit, der Sohn, mit dem Mann Jesus von Nazaret, also weder der Heilige Geist noch der Vater. Im ewigen Wort wird das Männliche vergöttlicht und verewigt. Indirekt ist auch das Weibliche (insofern es im Männlichen eingeschlossen ist) davon betroffen und wird zur höchsten Fülle der Realisierung erhoben. Es stellt sich die Frage: Welche göttliche Person könnte dazu bestimmt sein, direkt das Weibliche anzunehmen und zu vergöttlichen? (Dies ist nicht eine Frage des Glaubens, sondern der Theologie mit dem Freiraum zur Hypothese, der ihr zusteht.) Wir meinen, der Heilige Geist sei die göttliche Person, die dem Weiblichen entspreche. Nicht nur weil im Hebräischen der Geist weiblich ist, sondern weil die Quellen des Glaubens alles, was mit Leben, Kreativität und Lebensbegründung zu tun hat, dem Geist zuschreiben. Wenn er im ersten Augenblick der Schöpfung über den Wassern schwebt, dann legen die dort verwendeten hebräischen Wörter das Bild eines brütenden Vogels oder einer brütenden Taube nahe. Die diesbezüglichen theologischen Untersuchungen vermitteln uns einen guten Grad an Sicherheit.[54] Der Heilige Geist hätte demnach die heilsgeschichtliche Aufgabe, direkt und ausdrücklich das Weibliche und implizit auch das Männliche hypostatisch zu vergöttlichen. Läßt sich die Sendung des Heiligen Geistes in der Geschichte benennen, wie sich die Sendung des Wortes als die Vergöttlichung des Männlichen benennen läßt? Oder wird das Weibliche erst am Ende der Geschichte vom Heiligen Geist erfaßt und vergöttlicht? Wir meinen, daß wir einer eschatologischen Antizipation dieses unsäglich beglückenden Ereignisses im Geheimnis Marias begegnen.

---

[54] Vgl. Anm. 33 und außerdem: *A. Lemmonnyer,* Le rôle maternel du Saint Esprit dans notre vie surnaturelle, in: Vie Spirituelle (1921) 241–251; *P. Evdokimov,* Panagion et Panagia, in: Bulletin 27 (1970) 59–71, bes. 64–66: La maternité théandrique – Figure de la paternité divine. Siehe auch die Anm. 56, die auf reiches Material zu diesem Thema verweist. Vgl. überdies das wichtige Werk: *S. Verges,* Imagen del Espíritu de Jesus, Salamanca 1977, 289–325.

5. Maria: eschatologische Antizipation des Weiblichen in seiner absoluten Realisierung – eine Hypothese

Wir tragen hier eine theologische Hypothese (ein Theologoumenon) vor und kein Datum, das zur offiziellen Lehre des Christentums oder auch nur zur theologischen Überlieferung gehörte. Dabei sind wir uns des Neuen unserer Idee bewußt. Die Aufgabe der Glaubenserhellung (Theologie) erschöpft sich nicht darin, Inhalte der mündlichen oder schriftlichen Tradition zu erklären, Äußerungen des Lehramtes zu systematisieren oder anerkannte theologische Sentenzen zu wiederholen. Ihr obliegt es auch, durch die Vertiefung der Glaubenswahrheiten Klarheit zu schaffen. Selbstverständlich darf sie es dabei nicht an Ehrerbietung gegenüber dem Lehramt fehlen lassen, was allerdings nicht zu Lasten der Vernunft gehen darf. Wer für die Vernunft nichts übrig hat, hat für die Wahrheit nichts übrig. Wer für die Wahrheit nichts übrig hat, haßt das Licht. Und wer das Licht haßt, ist fern von Gott, weil er sich den Weg versperrt, der ihn zu Gott führen kann. Alles, was hier behauptet wird, hat keine andere Autorität als die, die nach dem Ersten Vatikanischen Konzil der Theologie zukommt: Der Auftrag der Theologie bestehe darin, die Geheimnisse Gottes und alles, was damit zu tun hat, denkerisch zu erfassen, »sowohl aus der Entsprechung (Analogie) zu dem, was sie auf natürliche Weise erkennt, wie aus dem Zusammenhang der Geheimnisse untereinander und mit dem letzten Ziel des Menschen« (DS 3016/NR 39). Wenn die Vernunft alle diese Daten ehrfürchtig miteinander verbindet, ist sie imstande, etwas Licht in die Frage zu bringen, was denn Gott letztlich mit dem Weiblichen vorhabe. Dabei ist es für einen Theologen, der in der Gemeinschaft des Glaubens steht, selbstverständlich, sich mit seiner theologischen Produktion für das bessere Urteil der lehrenden Kirche offenzuhalten.

Wir vertreten folgende Hypothese: *Die Jungfrau Maria, Mutter Gottes und Mutter der Menschen, realisiert auf absolute und eschatologische Weise das Weibliche, weil der Heilige Geist sie sich zum Tempel, zum Heiligtum und zum Tabernakel[55] gemacht hat, und zwar auf eine so reale und wahre Weise, daß sie als hypostatisch mit der dritten Person der Dreifaltigkeit verbunden gelten muß.*

[55] Dabei handelt es sich um klassische Ausdrücke der Tradition, die auch im Marienkapitel (VIII) vom *Lumen gentium* verwendet werden. Jeder einzelne dieser Ausdrücke wird untersucht von: *M. G. Bonaño*, El Espiritu Santo y María en el Vaticano II, in: Ephemerides Mariologicae 28 (1978) 201–213; auf derselben Linie auch: *H.-M. Manteau-Bonamy*, La Sainte Vierge et le Saint Esprit, Paris 1971.

a. Einige Voraussetzungen

Wir gehen aus von einigen grundsätzlichen Feststellungen, auf denen unsere Hypothese beruht:

Der Mensch hat die ontologische Möglichkeit, mit einer göttlichen Person hypostatisch verbunden zu werden. Um diese Möglichkeit wissen wir *a posteriori*, weil es solch ein Geschehen nur im Glauben gibt: Der Mensch Jesus von Nazaret ist vom ersten Augenblick seiner Empfängnis an derart von der zweiten Person der Dreifaltigkeit erfaßt, daß er zugleich inkarnierter Gott ist. Was in Jesus Wirklichkeit geworden ist (wenn es unmöglich wäre, gäbe es keine Inkarnation Gottes und keine Vergöttlichung des Menschen), ist für alle, die dieselbe menschliche Natur besitzen wie Jesus, das heißt für die Menschen, eine Möglichkeit zukünftiger Realisierung.

Wenn Reich Gottes und Glückseligkeit im Himmel die absolute Realisierung aller der menschlichen Natur innewohnenden Potentialitäten beinhalten, dann bedeutet das, daß die Möglichkeit (Potentialität) des Menschen, mit der göttlichen Person eine Verbindung einzugehen, tatsächlich Wirklichkeit wird. Deshalb werden in der Ewigkeit alle Gerechten – jeder auf seine Weise und in spezifischer Intensität – von Gott, der dann »alles in allen« (1 Kor 15,28) sein wird, hypostatisch ergriffen werden. So wird der Mensch das höchste Ziel erreichen, für das Gott ihn geliebt, gedacht und geschaffen hat: glücklich zu sein, an seiner göttlichen Natur teilzuhaben und – als von Gott verschieden – zuzulassen, daß Gott an seiner menschlichen Natur teilhat. Gott schenkt sich dem Menschen mit solcher Intensität, daß er mit ihm eine unvermischte und unverwandelte, ungetrennte und ungesonderte Einheit bildet, *ähnlich* jener Einheit, zu der es in der Inkarnation des Sohnes in Jesus Christus kam. Was mit Christus in der Zeit geschah, wird ähnlich mit allen Gerechten in der Ewigkeit geschehen.

Die menschliche Natur, die der ewige Sohn angenommen hat, ist zugleich männlich und weiblich (vgl. Gen 1,27). Folglich wurden das Männliche wie das Weibliche vergöttlicht. In Jesus von Nazaret wurde jedoch konkret, *direkt und unmittelbar* der Mann angenommen und vergöttlicht, das Weibliche indirekt und mittelbar, insofern es Teil des Männlichen ist.

Wenn das Männliche direkt vergöttlicht wurde, dann ist es auch nur billig, daß auch das Weibliche in *direkter und unmittelbarer Form* vergöttlicht wird. Beide sind Bild Gottes (Gen 1,27), und beide besitzen dieselbe Würde und dasselbe absolute Ziel.

Gott *kann* das Weibliche vergöttlichen, weil sowohl auf seiten Gottes als auch auf seiten des Weiblichen diese Möglichkeit besteht. Es ist *billig,* daß Gott das tut, weil das Männliche wie das Weibliche die gleiche Würde und den gleichen Auftrag haben: gemeinsam innerhalb der Schöpfung das Sakrament Gottes zu sein – und schließlich weil mittels der Frau Maria die Inkarnation des Sohnes geschah und Maria damit zur Mutter Gottes wurde. Gott *machte* sich das Weibliche in Maria direkt und das Männliche indirekt zu eigen. *Potuit, decuit, ergo fecit.* Er konnte es, es war billig, also tat er es!

Daß Maria und nicht irgendeine Frau hypostatisch angenommen wurde, wissen wir nur *a posteriori,* dank der Tatsache, daß Maria unbefleckt empfangen wurde, weil sie die jungfräuliche Mutter Gottes ist, weil sie mit Leib und Seele in den Himmel aufgenommen wurde, weil sie Mit-Erlöserin, Mittlerin des Heils und schließlich Urbild des absolut realisiert Weiblichen ist.

Der Vergöttlicher des *Männlichen* (und Weiblichen) ist das Wort, der Vergöttlicher des *Weiblichen* (und des Männlichen) der Heilige Geist. Die Parallele Christus – Adam und Maria – Eva findet hier ihr vollendetes Gleichgewicht. Maria steht nicht unter Jesus, sondern an seiner Seite: Gemeinsam bringen sie in absoluter Weise zum Ausdruck, was es bedeutet, daß die Menschheit Bild Gottes ist. Gemeinsam zeigen der Sohn und der Heilige Geist in der Zeit das warme und geheimnisvolle Antlitz des Vaters.

Um dieses Geschehen voll unendlicher Zärtlichkeit zu erhellen, müßten wir uns noch weiter in das Verhältnis des Heiligen Geistes zu Maria vertiefen. Seitdem das Zweite Vaticanum zur Verdeutlichung des Geheimnisses der Kirche und Marias neben dem christologischen auch das pneumatologische Prinzip zur Geltung gebracht hat, sind viele gründliche Untersuchungen zu diesem Thema erschienen.[56] Hier ist nicht der Ort, diese Arbeiten auch nur in ihren Hauptlinien vorzustellen. Dennoch möchten wir uns einiger Ergebnisse bedienen, soweit sie für unser Anliegen interessant sind.

---

[56] Es gibt in jüngster Zeit eine überaus reichhaltige Literatur. Vgl.: *R. Laurentin* Esprit Saint et théologie mariale, in: Nouvelle Revue Théologique 89 (1967) 26–42; Le Saint Esprit et Marie, 3 Bde., in: Bulletin 25 (1968), 26 (1969) und 27 (1970) – mit Sicherheit die beste Sammlung von Arbeiten aus der Gegenwart; die ganze Nummer von Ephemerides Mariologicae 28 (1978): El Espíritu Santo y María; *H. Mühlen,* Der Aufbruch einer neuen Verehrung Marias. Der Heilige Geist und Maria: Zur Struktur der charismatischen Grunderfahrung, in: Catholica 19 (1975) 145–163; *ders.,* Una mystica persona, München/Paderborn/Wien ³1968; *J. M. Alonso,* Mariología y Pneumatología I und II, in: Ephemerides Mariologicae 21 (1971) 115–125; 22 (1972) 395–405.

b. Einige Vorläufer der Idee

Die Vorläufer unserer Idee von der hypostatischen Verbindung des Heiligen Geistes mit Maria haben wir bei den griechischen Kirchenvätern – insbesonde Kyrill von Alexandrien – zu suchen, die eine Art Inkarnation auch des Heiligen Geistes vertreten. Der Geist verbindet sich *substantiell* mit dem Gerechten. Beträchtlichen Einfluß hatte dieser Gedanke auf den großen Theologen des 17. Jahrhunderts Dionysius Pétau wie auch auf Matthias Joseph Scheeben im 19. Jahrhundert.[57] Dieser spricht von einer »Inkarnation des Heiligen Geistes« in der Kirche.[58] Mit großer Akribie und mit zahlreichen historischen wie theologischen Argumenten vertritt gegenwärtig Heribert Mühlen die gleiche These: Der Geist bildet *una mystica persona* mit allen Gerechten, insbesondere mit der christlichen Gemeinde, und »spiritualisiert sich« in einem ebenso realen Sinn, wie »das Wort Fleisch geworden ist«.[59]

Aber es gibt noch einen anderen Strang: Eine Reihe von Autoren behauptet, Maria gehöre zur »hypostatischen Ordnung«. Maria, »die Mutter der heiligen Kirche, ist die Gnade des Heiligen Geistes«, sagt Pseudo-Philipp von Harvengt.[60] Chardon und Gibieuf aus der Französischen Schule heben ebenfalls die »hypostatische Ordnung« Marias hervor.[61] Die russisch-orthodoxe Theologie mit Paul Evdokimov und Sergej Bulgakov spricht von einer hypostatischen Mutterschaft des Geistes, die in Maria Realität geworden sei. »Ist die Frau seinsgemäß dem Heiligen Geiste zugeordnet, so hat diese Bindung ihren umfassenden Sinn erst dann, wenn der Mann seinerseits seinsgemäß mit dem Christus verbunden ist«, schreibt Evdokimov.[62] Oder eine noch prägnantere Formulierung: »Demzufolge steht die männliche Erscheinungsform (des Menschen) im Seinsbezug zum Logos, zum Wort, und die weibliche im Seinsbezug zum Heiligen Geist. Die Zwei-einheit von Sohn und Geist ist im Vater wiedergege-

---

[57] Zu diesem ganzen Argument vgl.: *H. Rondet*, Gratia Christi, Paris 1946, 329–339.

[58] Handbuch der Katholischen Dogmatik VI 2, Nachdruck Freiburg 1954, Fünftes Buch, § 276, Nr. 1612.

[59] Vgl.: *H. Mühlen*, Una mystica persona. Im vorigen Jahrhundert wurde eine ähnliche Vorstellung vertreten von Kardinal *H. E. Manning*, The temporal Mission of the Holy Ghost, London 1865, 58 (dort heißt es, zwischen dem Heiligen Geist und der Kirche herrsche eine substantielle Union, die analog sei zur hypostatischen Union). *R. Laurentin* (Esprit Saint et théologie mariale, 39 und Anm. 26) kommentiert das Thema einer »Inkarnation des Heiligen Geistes« als eine »idée folle«.

[60] Moralitates in Canticum (PL 203, 564).

[61] Vgl.: *M. Dupuy*, L'Esprit Saint et Marie dans l'Ecole française, in: Bulletin II, 26 (1969) 21–39, hier 23–24.

[62] *P. Evdokimov*, Die Frau und das Heil der Welt, 23.

ben.«[63] Die Theotokos (Mutter Gottes) ist für Evdokimov der Archetyp des Weiblichen, und »es besteht tiefste Verbindung zwischen dem Heiligen Geist und der Sophia, der Jungfrau, dem Weiblichen«[64].

Der Franziskanerkonventuale Maximilian Kolbe (1894–1941), polnischer Märtyrer des Naziterrors, war ein großer Verehrer der Unbefleckten Empfängnis. In einigen seiner Schriften bringt er den Geist und Maria in eine solche Nähe zueinander, daß er folgende Formel aufstellen kann:

Filius incarnatus est: Iesus Christus –

Spiritus Sanctus »quasi« incarnatus est: Immaculata.[65]

Für Maximilian Kolbe ist der Heilige Geist die »ungeschaffene Unbefleckte Empfängnis«, weil er die Frucht der Liebe des Vaters und des Sohnes sei. Maria ist die »geschaffene Unbefleckte Empfängnis«.

Andere behaupten eine besondere Sendung des Heiligen Geistes auf der Ebene des Wortes, das Fleisch wurde. Manteau-Bonamy, ein bekannter Fachmann in der Materie, sieht folgende Parallele: »Der Geist kommt sichtbar im Schatten der *schekina*. Das Wort nimmt das empfangene Fleisch an, der Geist nimmt die mütterliche Potenz der Jungfrau an, damit sie fähig wird zu empfangen . . . Die Fruchtbarkeit der Jungfrau macht die Anwesenheit des Heiligen Geistes in ihr spürbar.«[66] So gestaltet sich die sichtbare und eigene (nicht zugeeignete) Sendung des Heiligen Geistes: Er hat einen Ort, an dem er ruht und wirkt: die jungfräuliche Mutter Jesu Christi.

In der jüngeren mariologischen Literatur klingt diese Thematik immer häufiger an, obwohl bei den allermeisten Theologen Zurückhaltung und umschreibende Vorsicht zu spüren ist und sie den direkten Gebrauch von Ausdrücken wie »Inkarnation« und »hypostatische Union« vermeiden.

Wir sind der Meinung, daß man das Wort »Inkarnation« vermeiden sollte, weil es ein *terminus technicus* der Christologie ist, der die Art der hypostatischen Verbindung des Sohnes mit der menschlichen

[63] Ebd. 34.
[64] Ed. 233–248, bes. 242.
[65] *H.-M. Manteau-Bonamy*, La doctrine mariale du Père Kolbe. Esprit-Saint et Conception Immaculée, Paris 1975. Eine gute Zusammenfassung bietet auch: *D. Fernández*, El Espíritu Santo y María. Algunos ensayos modernos de explicación, in: Ephemerides Mariologicae 28 (1978) 141–143 (Bibliographie über Kolbe).
[66] *H.-M. Manteau-Bonamy*, Et la Vierge conçut du Saint Esprit, in: Bulletin III, 27 (1970) 7–23, hier 16; vgl. das ältere Buch desselben Verfassers: Maternité Divine et Incarnation. Etude historique et doctrinale de Saint Thomas à nos jours, Paris 1949, bes. 218–224.

Natur definieren will. Im Falle des Heiligen Geistes denke ich, daß es statthaft ist, auch von einer hypostatischen Union mit der menschlichen Wirklichkeit zu sprechen, daß sie aber anders verstanden und ausgedrückt werden muß, weil es ja um eine andere göttliche Person geht, deren Eigenschaften andere sind. Ihre Beziehung, die eine »quasiformelle Selbstmitteilung« ist, vollzieht sich im Geschöpf in den notionalen Charakteristika des Heiligen Geistes (notional ist alles, was sich auf die göttlichen Personen in ihrer Unterscheidung voneinander bezieht). Ohne das hier im einzelnen zu begründen, möchte ich den Ausdruck »spiritualisieren«[67] für den Heiligen Geist verwenden – in Analogie zum »verbifizieren« für das göttliche Wort, wie Athanasius[68] synonym mit »inkarnieren« sagte.

c. Die Spiritualisierung des Heiligen Geistes in Maria

Wir vertreten die Ansicht, daß Maria nicht nur – wie jeder andere Mensch, wenn auch mit einzigartiger Dichte – die Wirkungen des Eingreifens durch den Heiligen Geist in ihrem Leben erfuhr, sondern daß sie die dritte Person der göttlichen Dreifaltigkeit selbst auf eine besondere Weise aufnahm. Damit behaupten wir, daß der Heilige Geist gegenüber Maria eine eigene und nicht nur bloß appropriierte (zugeeignete) Tätigkeit hat. Zunächst eine Erklärung unserer Termini:

In der Trinitätstheologie lautet eine Grundaussage: In Gott ist alles eins, außer wo die Beziehungen in Gegenrichtung zueinander stehen. (Konzil von Florenz: DS 1330/NR 284.) Mit anderen Worten: In Gott ist alles eins, mit Ausnahme dessen, was eine Person von der anderen unterscheidet: den Vater die Tatsache, daß er der ursprunglose Ursprung aller Dinge ist; den Sohn der Ursprung und die Zeugung durch den Vater; den Heiligen Geist die Hauchung durch den Vater und den Sohn *(Filioque)*.[69] Abgesehen von diesen Unterschieden müssen Sein und Handeln Gottes von den drei göttlichen Personen gemeinsam ausgesagt werden. Sonst hätten wir drei Unendliche, drei Allmächtige usf. So sagen wir, die Dreifaltigkeit als Drei-

---

[67] Der Ausdruck wurde verbreitet von *H. Mühlen,* Una mystica persona, obschon sich Belege für ihn bereits in der Patristik finden, so zum Beispiel bei *Germanos von Konstantinopel,* der behauptet, der Mensch sei vergeistigt worden, als die Mutter Gottes zum Tempel des Heiligen Geistes gemacht wurde (Sermo VIII in dormitionem [PG 98, 350]).

[68] Contra Arianos 3, 34 (PG 26, 396).

[69] Vgl.: *H. Mühlen,* Person und Appropriation: Zum Verhältnis des Axioms: In Deo omnia sunt unum, ubi non obviat relationes oppositio, in: Münchener Theologische Zeitschrift 16 (1965) 37–57.

faltigkeit habe die Welt geschaffen und nicht nur der Vater. Gleichwohl schreiben Liturgie und Theologie einer der göttlichen Personen aufgrund einer gewissen Affinität Tätigkeiten zu, die an sich Werk der drei sind. So wird dem Vater die Schöpfung, dem Sohn die Erlösung und dem Heiligen Geist die Heiligung zugeeignet.

Andererseits lehrt die Kirche auch, daß jede der Personen ihre eigene Tätigkeit hat. Zum Beispiel: Nur der Vater ist ohne Ursprung und zeugt, ohne gezeugt zu sein; nur der Sohn ist gezeugt; und nur der Heilige Geist wird vom Vater und vom Sohn gehaucht. Innerhalb des Kreises der Trinität bietet die Grammatik dieses Diskurses keine großen theoretischen Probleme. Schwieriger wird es, wenn die Frage lautet, ob jede der Personen auch eigene Tätigkeiten in ihrem Werk *ad extra* habe, zum Beispiel bei der Erlösung und Heiligung des Menschen. Zumindest hinsichtlich des ewigen Sohnes können wir mit absoluter Glaubenssicherheit sagen, daß er eine eigene Tätigkeit *ad extra* hatte. Er teilte sich der menschlichen Natur so total und absolut mit, daß er Fleisch wurde; und nur er und keine andere Person hat in dieser spezifischen Form diese Sendung. »Das Wort ist Fleisch geworden und hat unter uns gewohnt, und wir haben seine Herrlichkeit gesehen« (Joh 1,14). Dies ist ein Fall, in dem der Sohn eine eigene Tätigkeit entwickelt. Treffend sagt Karl Rahner: Das zuvor zitierte Axiom (In Gott ist alles eins, außer wo . . .) »hat eine zwingende Gültigkeit nur dort, wo es sich um die ›*suprema efficiens causa*‹ handelt (DS 3814). Nicht-appropriierte Beziehungen einer einzelnen Person sind möglich, wenn es sich nicht um eine effiziente Ursächlichkeit, sondern um eine quasi-formelle Selbstmitteilung Gottes handelt, die ein je eigenes Verhältnis jeder göttlichen Person zu der jeweiligen geschöpflichen Wirklichkeit impliziert.«[70] Wenn es sich also nicht um eine reine (allen drei göttlichen Personen gemeinsame) Schöpfung Gottes, sondern um die Selbstmitteilung einer der Personen handelt, handelt es sich um eine eigene Tätigkeit. Die Tat des Sohnes steht außer Diskussion, ist Glaubensdogma.

Obwohl es in der lateinischen (im Gegensatz zur griechischen) theologischen Tradition einige Schwierigkeiten gibt, setzt sich heute mehr und mehr die Meinung durch, auch der Heilige Geist habe eine eigene heilsgeschichtliche Sendung und somit eine eigene und nicht

---

[70] *K. Rahner*, Der dreifaltige Gott als transzendenter Grund der Heilsgeschichte, in: MySal II, 1967, 317–401, hier 367.

nur appropriierte Tätigkeit.[71] Einige Schrifttexte legen den Gedanken nahe. Mt 1,18: »Maria . . . erwartete ein Kind, durch das Wirken des Heiligen Geistes«; und ein wenig weiter heißt es: »Das Kind, das sie erwartet, ist vom Heiligen Geist« (Mt 1,20). Lukas ist noch ausdrücklicher, wenn er dem Engel die Offenbarung von der *Herabkunft* des Geistes in den Mund legt: »Der Heilige Geist wird über dich *kommen, und* die Kraft des Höchsten wird dich *überschatten*. Deshalb wird auch das Kind heilig und Sohn Gottes genannt werden« (1,35).[72] Von

[71] Vgl.: *R. Laurentin,* Struktur und Theologie der lukanischen Kindheitsgeschichte, Stuttgart 1967; *H. Cazelles,* L'Esprit Saint et l'Incarnation dans le développement de la révélation biblique, in: Bulletin II, 26 (1969) 9, 21; *M. Bordoni,* L'evento Cristo ed il ruolo di Maria nel farsi dell'evento, in: Sviluppi teologici postconciliari e mariologia, Rom 1977, 31–52; siehe auch: *X. Pikaza,* El Espíritu Santo y María en la obra de San Lucas, in: Ephemerides Mariologicae 28 (1978) 151–168, bes. 162–163.

[72] Das griechische Verbum *über* (jemanden) *kommen (epérchesthai)* wird in der griechischen Bibel für geheimnisvolle Kräfte oder Ereignisse verwendet, die in die menschliche Existenz einbrechen (vgl. Num. 5, 14–30; siehe auch: 2 Chr 32,26; Bar 4,24; 2 Chr 20,9). Denselben Ausdruck benutzt Lukas bei der Verkündigung (1,35) und beim Kommen des Heiligen Geistes zu Beginn der Apostelgeschichte (1,8). Außer an diesen beiden Stellen begegnet uns das Wort offensichtlich nur noch in Jes 32,15, wo von den – eschatologisch geprägten – Veränderungen die Rede ist, zu denen es aufgrund der Herabkunft des Heiligen Geistes aus der Höhe kommt (»Die Wüste wird zum Garten, und der Garten wird zum Wald . . . Das Werk der Gerechtigkeit wird der Friede sein . . .«). Dazu *A. Feuillet:* »So wie das unfruchtbare Land zu einem Garten wird, so ist die unfruchtbare Frau, die ein Kind gebiert (Rebekka, Rahel, die Mutter des Simson, Hanna, Elisabet), im Alten Testament ein häufiges Zeichen für das Eingreifen Gottes. Auf ähnliche Weise steht auch der jungfräuliche Charakter der Mutterschaft Marias in Verbindung mit der Neuschöpfung der Zeit der Gnade« (L'Esprit Saint et la Mère du Christ, in: Bulletin 25 [1968] 39–64, hier 47; vgl. auch die Hinweise auf den Seiten 45–46). Damit Jesus Sohn Gottes genannt werden kann, genügt es nicht, daß er auf übernatürliche Weise empfangen wird. Jede Abstammung setzt die Mitteilung einer Natur derselben Art voraus. Wenn Maria also in die göttliche Dimension erhoben worden ist, kann sie auch ein göttliches Kind haben, das heißt den Sohn Gottes. Die Herabkunft des Heiligen Geistes über sie hatte – über die menschliche Mutterschaft hinaus – die göttliche Mutterschaft zur Folge. Bekanntlich benutzte die griechische Patristik gerade diese Lukasstelle (1,35: »Der Heilige Geist wird über dich kommen . . .«), um die Göttlichkeit Jesu zu belegen: Jesus wurde vom *Heiligen Geist* empfangen, der ja Gott ist (siehe: *M. Jourjon/J.-P. Bouhot,* Lc 1,35 dans la Patristique grecque, in: Bulletin 25 [1968] 65–71, bes. 65–68). Auch der andere Ausdruck ist höchst aufschlußreich: ». . . und dich überschatten« (episkiásei). Das griechische Wort erinnert an die Vokabel *skené,* das Zelt bedeutet: Zelt Gottes unter den Menschen. Johannes gebraucht denselben Terminus, wenn er von der Inkarnation des Wortes spricht (*eskénosen:* er hat sein Zelt unter uns aufgeschlagen: Joh 1,14). Im Alten Testament bedeutete *skené* bekanntlich den Bund, die Wohnung und die konkrete Gegenwart Gottes unter seinem Volk (Ex 40,34–36; vgl. 25,8). In der Geheimen Offenbarung (11,19; 12,1) steht das Zelt in enger Verbindung mit der Frau. Mit dem Ausdruck *eskénosen* (von *skené)* will Johannes die Inkarnation des Wortes bezeichnen, das sein Zelt unter uns aufgeschlagen hat. Vielleicht wollte Lukas mit dem Bild der *skené (episkiásei)* in bezug auf den Heiligen Geist und auf Maria die »Spiritualisierung« des Geistes andeuten (vgl. dazu: *R. Laurentin,* Kurzer Traktat der Marianischen Theologie, Regensburg 1959).

der Herabkunft des Geistes sprechen die Texte auch bei der Taufe Jesu, bei der Verklärung auf dem Berg Tabor und an Pfingsten. Uns interessiert die Herabkunft, von der Maria betroffen ist.

Der lukanische Text will uns eine einzigartige heilsgeschichtliche Wahrheit vermitteln, die auf zwei eigenen Tätigkeiten beruht: der einen des Geistes an Maria und der anderen des Sohnes Gottes an Jesus, wobei beide auf die Erlösung aller Menschen abzielen (Lk 1,32–33). Allerdings dürfen wir uns die Herabkunft des Heiligen Geistes nicht verflüchtigen lassen durch die literarische Darstellungsweise des Evangelisten, der hier mit alttestamentlichen Texten und Anspielungen arbeitet. Eine kritische, aber theologisch naive Exegese könnte den Offenbarungsinhalt dieses Textes (Lk 1,35) entleeren. So ist zum Beispiel »Der Heilige Geist wird über dich herabkommen« ein Echo von Jes 32,15; und »Die Kraft des Höchsten wird dich überschatten« spielt auf die Wolke an, die mit ihrem Schatten, das Zelt *(schekina)* in der Wüste (Ex 40,34–35) oder den Tempel des Salomo bedeckte (1 Kön 8,10–11).

Die Kraft des lukanischen Textes besteht darin, daß er *data opera* die Herabkunft des Geistes über Maria behauptet. Die persönliche Herabkunft der dritten Person der Dreifaltigkeit über Maria läßt sich vergleichen mit dem Kommen des Geistes am ersten Schöpfungsmorgen (Gen 1,1) wie auch an Pfingsten, zu dessen Beschreibung dieselben Begriffe verwendet werden (Apg 2,2). Der Geist, der sich seit dem Alten Testament als die Schöpfungsmacht Gottes, als Gottes umgestaltende Gegenwart in der Schöpfung und als Macht des Unmöglichen (Lk 1,37) erwiesen hatte, verbindet sich nunmehr mit Maria. Doch ist er keine anonyme Macht, die sich alles unterwirft, sondern eine göttliche Person, die menschliche Personen nicht vernichtet, sondern zum Dialog und zur Zusammenarbeit einlädt. Genau das tut er auch mit Maria; er lädt sie ein, Mutter des Erlösers zu werden. Indem sie ja sagt, teilt sich der Heilige Geist in Fülle mit. Er macht sie sich als den Ort seiner Gegenwart und seines Wirkens in der Welt zu eigen. Seitdem Maria ihr *fiat* gesprochen hat, hat die dritte Person der Dreifaltigkeit hypostatisch von ihr Besitz ergriffen.

Die »Spiritualisierung« des Geistes in Maria ist kein Selbstzweck, sondern gehört zur Dynamik des Geheimnisses von Erlösung und Heiligung der Menschheit. Sie zielt auf die Inkarnation des Sohnes ab, die auch ihrerseits die »Verbifizierung« der Welt eröffnet. Maria wird auf die Ebene Gottes erhoben, damit sie Gott das Leben geben kann. Nur das Göttliche kann Göttliches das Licht der Welt erblikken lassen. Deshalb sagt Lukas völlig richtig, nachdem er verkündet hat, der Geist werde über Maria kommen und sie mit seinem Schatten bedecken: »*Deshalb* wird auch das Kind heilig und Sohn Gottes genannt werden« (Lk 1,35). Der Evangelist sieht eine ursächliche Verknüpfung zwischen der Vergöttlichung Marias und der Vergöttlichung Jesu, ihrer Leibesfrucht. Wenn sich der Geist Maria zu eigen gemacht hat und die Jungfrau damit auf die Höhe Gottes erhoben worden ist, kann das Kind, das von ihr geboren werden wird, nur Gott sein. Dazu eine vorzügliche Bemerkung von Henri Cazelles: »Die Herabkunft des Geistes ist keine unsichtbare Abstraktion ... Durch sie wird die Mutterschaft Marias nicht nur eine menschliche, sondern eine göttliche Mutterschaft: das Kind, das in ihr heranreift, wird Sohn Gottes heißen.«[73] Aufgrund dieser Wahrheit werden die starken Aussagen der Tradition verständlich – wie: Maria sei nicht nur die Mutter Christi, sondern Mutter Gottes, nicht nur Mutter des Fleisches Gottes, sondern Mutter des Gottes im Fleisch. Der Geist nimmt nicht nur die mütterliche Potenz der Jungfrau an, um sie zur Empfängnis zu befähigen, wie Manteau-Bonamy es will, [74] sondern er ergreift Maria ganz. Wenn er bloß die mütterliche Potenz Marias angenommen hätte, hätte er sich lediglich eines Teils und einer Funktion Marias bedient. Wie wir bereits im analytischen und philosophischen Teil sahen, beschreibt das Mutter-sein nicht nur eine Funktion der Frau, sondern definiert sie ganz. Die Frau hat einen mütterlichen Geist. Auch wenn eine Frau keine Mutter wird, verliert sie ihre Fähigkeit, zu empfangen und Leben zur Welt zu bringen, nicht. Maria wurde mit ihrem ganzen Sein Heiligtum und Tempel des Heiligen Geistes, wobei diese Ausdrücke im realen und ontologischen und nicht nur bildlichen und symbolischen Sinn verstanden werden müssen.

Der Geist, der das ewige Weibliche ist, verbindet sich mit dem geschaffenen Weiblichen, damit es ganz und voll das wird, was es sein kann: Jungfrau und Mutter. Maria realisiert auf eschatologische Weise das Weibliche in all seinen Dimensionen, wie es die Frömmigkeit übrigens immer schon gespürt hat.

Maria wurde auf diesen Höhepunkt der Geschichte sowohl der Menschheit als auch Gottes vorbereitet. Vom ersten Augenblick ihres Daseins an war sie Fleisch ohne Makel, war sie die unbefleckt Empfangene, ohne jeden Schatten von Sünde. Die unbefleckte Empfäng-

[73] *H. Cazelles*, in: Bulletin 27 (1970) 18.
[74] *H.-M. Manteau-Bonamy*, Et la Vierge conçut du Saint Esprit, 16.

nis zielt ab auf die göttliche Spiritualisierung im Augenblick der Verkündigung, als das ewige Wort in ihr zu wachsen begann. In diesem Moment fängt der Prozeß der Spiritualisierung Marias an. Der Geist macht sich nach und nach in ihr alles zu eigen, was ihr im Laufe ihres Lebens bis zur Fülle in der Aufnahme in den Himmel begegnet. Da, am Ende und auf dem Höhepunkt des Lebens, erfährt sie die Fülle der Vergöttlichung. So ist das geschaffene Weibliche vermittels Marias, die sich der Heilige Geist zu eigen gemacht hat, ewig mit dem Geheimnis der Dreifaltigkeit verbunden.

Daß Maria auf geheimnisvolle Weise vergöttlicht wurde, ist dem kollektiven Unbewußten (dem *sensus fidelium*) der Kirche nicht verborgen geblieben. C. G. Jung hat herausgefunden, daß es sich auf der Ebene der Analyse des Unbewußten wie auch unserer inneren archetypischen Archäologie als notwendig erweist, daß das Weibliche vergöttlicht wird.[75] Mit seinem unschuldigen und vom Diskurs der offiziellen Orthodoxie unberührten Glauben hat das einfache Volk Maria immer tiefe Verehrung gezollt. Es tritt ihr wie jemandem entgegen, von dem es sich unbedingt getroffen weiß. Maria erscheint ihm als die letzte Instanz des Trostes, der Gnade und Erlösung. Damit aber rühren diese einfachen Menschen an die eschatologische, in der Geschichte bereits vorweggenommene Wahrheit Marias.

Die gängige Klage protestantischer wie katholischer Theologen, in der Frömmigkeit habe Maria den Platz des Heiligen Geistes eingenommen, ist unberechtigt.[76] Ausdrücke wie »Maria läßt Jesus in uns Gestalt werden«, »Maria ist unsere Fürsprecherin, ist Trösterin der Betrübten, Mittlerin aller Gnaden, Mutter des guten Rates« oder »durch Maria zu Jesus« und viele andere Sätze, die normalerweise vom Heiligen Geist ausgesagt wurden, bezogen die Gläubigen und die lauretanische Litanei auf Maria. Im Lichte der Hypothese, die wir vertreten, entsprechen sie völlig der Wahrheit. Wenn Maria durch die dritte Person der Dreifaltigkeit spiritualisiert wird, dann läßt sich – in Einklang mit der allgemeinen Regel des theologischen Diskurses über die Perichorese – alles, was vom Heiligen Geist gilt, auch von Maria sagen und umgekehrt.

---

[75] Siehe: *C. G. Jung,* Zur Psychologie westlicher und östlicher Religion, in: Gesammelte Werke XI, Zürich/Stuttgart 1963, 176–491; vgl. auch: *H. Unterste,* Theologische Aspekte der Tiefenpsychologie von C. G. Jung, Düsseldorf 1977, 135–147; 214–220; 235–239.

[76] Zu dem von der Ökumene her motivierten Einwand und zu der Antwort darauf im Rahmen der klassischen und der erneuerten Mariologie vgl.: *R. Laurentin,* Esprit Saint et théologie mariale, in: Nouvelle Revue Théologique 89 (1967) 26–31.

Der Glaube braucht nicht alle seine Vermittlungen zu kennen und muß sich nicht Rechenschaft von allen mit ihm verbundenen Implikationen geben, um in seiner Wahrheit und Richtigkeit zu bleiben. Das Volk Gottes hat immer gespürt, daß der Geist in Maria persönlich anwesend ist. Indem es all die Hoheitstitel, die es in seiner Frömmigkeit schuf, Maria zusprach, trat es in Gemeisnchaft mit dem in Maria spiritualisierten Heiligen Geist.

Mit dieser Sicht, die wir soeben angedeutet haben, befreien wir die Mariologie von jenem übersteigerten Christozentrismus, der in den letzten Jahren (wie auch deutlich auf dem Zweiten Vatikanischen Konzil) vorherrschte und der nicht die ganze universal-heilsgeschichtliche Bedeutung Marias zu erkennen gab. Die Beziehung zwischen Heiligem Geist und Maria wurde weder weiter vertieft noch systematisch genutzt, wie wir es jetzt versuchen. Die pneumatische stellt zusammen mit der christologischen Dimension in der Marientheologie das Gleichgewicht wieder her und läßt die eschatologische Verwirklichung des Weiblichen in Maria, das durch den Heiligen Geist in den Schoß der Dreifaltigkeit aufgenommen wurde, tatsächlich zum Tragen kommen.

So geht es nunmehr darum, ein Marienverständnis im Lichte der hier angedeuteten Perspektiven zu erarbeiten. Dazu bedarf es natürlich einer Neuformulierung der klassischen marianischen Themen. Da wir unsere Reflexion über das Weibliche in seiner hypostatischen Beziehung zum Heiligen Geist gipfeln lassen, laufen wir Gefahr, es zu mythologisieren oder in einem solchen Maße hochzupreisen, daß wir die geschichtliche Konkretion, in der es sich verwirklicht hat, aus dem Auge verlieren. Aus diesem Grund möchten wir uns Maria in drei verschiedenen Redeweisen vergegenwärtigen, von denen jede ihre eigene Grammatik und Syntax hat: in einer geschichtlichen, einer theologischen und einer mythischen Betrachtungsweise. Alle drei Annäherungen zielen auf dieselbe Wirklichkeit – auf Maria – ab, die wir nur auf verschiedenen Ebenen erfassen wollen. Was das Geschichtliche verbirgt, bringt das Theologische ans Licht; was das Theologische ans Licht bringt, preist das Mythische. Jetzt beginnt eigentlich erst die wirkliche theologische Arbeit.

Dritter Teil: Die Geschichte
Mirjam – Maria

VI. Maria als die historische Mirjam von Nazaret

Wir haben keine Biographie der Jungfrau von Nazaret, die auf hebräisch Mirjam und auf griechisch und lateinisch Maria heißt.[1] Die Mariologie konfrontiert uns mit demselben Problem wie die Christologie: Aufgrund der Quellenlage kommen wir weder an den historischen Jesus noch an die Maria der Geschichte heran. Was uns vorliegt, ist immer theologisch beleuchtetes Faktum, im Glauben interpretiertes Geschichtsereignis. Die Marienapokryphen sind voll von frommen Legenden und Phantasien. Nie hat die Kirche sie offiziell anerkannt.[2]

Die Informationen, die uns das Neue Testament über Maria bietet, sind mager. Nur achtmal begegnet sie uns. Im Matthäusevangelium (Kapitel 1 und 2): die Überraschung, die Josef erlebt, der Besuch der Magier und die Flucht nach Ägypten; zweimal im Evangelium des Markus: als Jesus seine Mutter beiseitezuschieben scheint (3,31–35) und als die Leute, erstaunt über seine Weisheit, fragen: »Ist das nicht . . . der Sohn der Maria?« (6,3). In den beiden ersten Kapiteln des Lukasevangeliums sind folgende Szenen zu nennen: die Verkündigung, die Geburt Jesu, die Darstellung im Tempel, das Wiederfinden des Kindes im Tempel. Im Johannesevangelium hören wir zweimal von Maria: bei der Hochzeit von Kana (2,3) und unter dem Kreuz (19,25–27). In der Apostelgeschichte erfahren wir von ihr am Pfingsttag (1,14). Paulus spricht von ihr, ohne sie mit Namen zu nennen, mit einem Halbsatz: »geboren von einer Frau« (Gal 4,4). Wenn wir genau hinschauen, werden wir sehen, daß sich kein Text auf sie konzentriert; immer steht sie in Funktion ihres Sohnes Jesus oder

---

[1] Vgl.: *G. Roschini,* Vita di Maria, Rom 1947 (das Buch, das alle Auskünfte der Kirchenväter und der apokryphen Literatur berücksichtigt, übersteigt gleichwohl nicht die Ebene des Phantasievollen); *J. Falgás,* María, la mujer. Un estudio científico de su personalidad, Madrid 1966 (mit Hilfe von Historiographie und Psychologie versucht der Autor, die psychologische, moralische und physische Gestalt Marias nachzuzeichnen, bietet aber nicht mehr als deduktive, um nicht zu sagen unüberprüfbare Argumente).

[2] Vgl.: *R. Laurentin,* Mythe et dogme dans les apocryphes. in: De primordiis cultus mariani, Rom 1970, 13–19.

des Geistes, der zu ihr kommt. Maria tritt nur in die Geschichte ein aufgrund der Geschichte Jesu und aufgrund der Herabkunft des Heiligen Geistes in Mariä Verkündigung und an Pfingsten. Anders wüßten wir nichts von ihr. Nirgends wird sie idealisiert. Sie ist eine Frau aus dem einfachen und armen Volk. Sie lebt in Galiläa und hat in allem teil an der gesellschaftlichen, politischen und religiösen Lage ihres Volkes.[3]

1. Die schmale Informationsbasis der synoptischen Evangelien

Bei den acht Nennungen der Maria müssen wir jetzt in jedem einzelnen Fall nach dem Grad der Historizität fragen.[4] Abgesehen von den Kindheitserzählungen, scheinen die synoptischen Evangelien (Mk, Mt, Lk) vergleichsweise sichere historische Materialien zu bieten. Drei Szenen kommen in Frage.

Die neue Familie Jesu: Mk 3,31–35; Mt 12,46–50; Lk 8,19–21. Die Mutter und die Brüder (die Angehörigen) kommen zu Jesus. Mk 3,21 gibt den Grund an: Sie fürchten, er sei von Sinnen. Jesus fragt: »Wer ist meine Mutter, und wer sind meine Brüder?« Und er selbst gibt die Antwort, indem er seinen Blick über die Leute streifen läßt, die um ihn herum sitzen: »Wer den Willen Gottes erfüllt, der ist für mich Bruder und Schwester und Mutter« (Mk 3,33–35). Zunächst deutet der Text an, wie Maria über ihren eigenen Sohn verwundert ist: Er tritt ihr wie ein Charismatiker entgegen. Einige sehen darin ein Symptom für geistige Verwirrung, wie das ja auch heute noch üblich ist. Sicherlich spürt Maria, was mit Jesus geschieht: Deutlich tritt seine messianische Sendung zutage. Aber nicht bei allen Verwandten ist das so. Nur scheinbar liegt in Jesu Antwort eine Geringschätzung der Beziehungen zu seiner Mutter. Vielmehr will er zeigen, wo die neue Brüderlichkeit beginnt: dort, wo sich der Mensch bereit findet, den Heilsplan Gottes in die Tat umzusetzen. Mehr als sonst jemand hat Maria eine Funktion im Heilsprojekt Gottes, und sie ist uneingeschränkt zur Mitarbeit bereit. Ihre Größe besteht nicht so sehr in der physischen Mutterschaft als vielmehr darin, daß sie den

---

[3] Vgl.: *J. McHugh,* The Mother of Jesus in NT, New York 1975 (das Buch gilt als die beste Arbeit über Maria im Neuen Testament: gemäßigt, aber sehr informationsreich).

[4] Vgl. die Handbücher, die die diesbezüglichen Erkenntnisse bereits verarbeiten: *R. Laurentin,* Kurzer Traktat der Marianischen Theologie, Regensburg 1959, 17–50; *E. Schillebeeckx,* Maria – Moeder van de verlossing, Antwerpen 1955, 19–59; *A. Müller,* Marias Stellung und Mitwirkung im Christusereignis, in: MySal III 2, 393–510, bes. 439–487.

Heilsplan, den Jesus verkündet, voll realisiert. So ist sie in einem tieferen Sinn Mutter.

Maria, Frau ohne große Bildung: Mk 6,3; Mt 13,55 (vgl. Joh 6,42). Jesus brachte seine Zeitgenossen wegen der Weisheit seiner Worte und der Kreativität seiner Taten ins Staunen. Die Frage geht um: »Was ist das für eine Weisheit, die ihm gegeben ist? Und was sind das für Wunder, die durch ihn geschehen? Ist das nicht der Zimmermann, der Sohn der Maria . . .?« (Mk 6,3–4). Maria steht im Kontrast zu Jesus. Sie ist eine schlichte Frau aus dem einfachen Volk und ohne große Bildung. Wie können aus so kleinen Verhältnissen so große Weisheit und so große Taten kommen? In der Geschichtsschreibung über Maria besteht kein Zweifel, daß Maria nicht zu den großen Frauen der Zeit gehörte, sondern teilhatte an der allgemeinen Namenlosigkeit der jüdischen Frauen.

Unterschied zwischen der Ebene des Fleisches und der Ebene des Glaubens: Lk 11,27–28. Voller Begeisterung über die Worte Jesu rief jemand aus der Menge: »Selig die Frau, deren Leib dich getragen und deren Brust dich genährt hat!« Aber Jesus erwiderte: »Selig sind vielmehr die, die das Wort Gottes hören und es befolgen!« Mit seiner Antwort setzt Jesus Maria keineswegs herab. Wieder will er den Unterschied zeigen – und auf den kommt es an – zwischen der Ebene des Fleisches und der Ebene des Glaubens. Zu Jesus zu gehören ist kein Privileg des Blutes oder der Rasse, sondern eine Einladung, die an alle ergeht. Zu Jesus gehört, wer aus dem Glauben lebt und sich nach neuen Handlungsmodellen orientiert. In diesem Sinne ist Maria das Urbild des neuen Menschen. Deshalb finden wir sie an der Seite Jesu.

Aus all diesen Hinweisen geht hervor, daß der geschichtliche Gehalt des Bildes, das wir von Maria haben, äußerst dürftig ist. Die wirklich echten Perlen ruhen verborgen im Innern des Hauses.

2. Die Kindheitserzählungen: Vorrang der Theologie vor der Historie

Außer den synoptischen Texten besitzen wir noch die Erzählungen von der Kindheit Jesu nach Lukas und Matthäus. Die Kapitel bieten eine bereits späte und gut ausgearbeitete Theologie im Blick auf die Würde Jesu, auf seine göttliche Sohnschaft und auf seinen messianischen Charakter. Die Perikopen, die zwischen 60 und 80 nach Christus geschrieben wurden, setzen voraus, daß Maria in der Gemeinde gelebt hat, wie es die Apostelgeschichte (1,14) schildert.[5] Sicherlich hat sie die Apostel in die Geheimnisse ihres Lebens und in den Inhalt ihrer Überlegungen eingeweiht. Lukas erwähnt, daß sie die Erinnerungen in ihrem Herzen bewahrte (Lk 2,19.51). Nach dem Tode Jesu nimmt Johannes sie in sein Haus und in seine Sendungsgemeinschaft mit auf (Joh 19,27).

Anhand historiographischer und literarischer Anhaltspunkte läßt sich nur schwer herausfinden, was in den Kindheitserzählungen geschichtliches Ereignis und was theologische Reflexion der frühen Gemeinde samt ihrer Evangelisten ist. Fast alles konzentriert sich auf Jesus, und Maria erscheint als die Erfüllung der alttestamentlichen Verheißungen. Als historisch gelten: die Jungfrauschaft Marias und ihr Verlöbnis mit Josef (Mt 1,18.24), die jungfräuliche Empfängnis kraft des Heiligen Geistes (Mt 1,18–20; Lk 1,35), die Namensgebung ›Jesus‹ durch den Engel (Mt 1,21; Lk 1,31), die Kindheit in Nazaret (Mt 2,23). Alle diese Daten werden überhöht durch theologische Reflexionen auf der Grundlage von Texten aus dem Alten Testament.

Hinsichtlich der Herkunft Jesu hat Matthäus zum Beispiel ein besonderes Interesse an der Prophetie Jes 7,14: »Seht, die junge Frau *(ha'almah)* wird empfangen, sie wird einen Sohn gebären, und sie wird ihm den Namen Immanuel geben.« Im Rückgriff auf diesen Vers versteht er die Jungfräulichkeit Marias und die geheimnisvolle Empfängnis Jesu unter Ausschluß eines männlichen Samens (Mt 1,18.21). Der Name »Immanuel« suggeriert – allein schon wegen der Bedeutung des Wortes: Gott mit uns – mehr als nur einen göttlichen Beistand; was aus Maria geboren werden wird, ist Gott selbst im Fleisch. Im weiteren Fortgang seiner Erzählung konzentriert sich Matthäus auf die Gestalt des Josef. Er erlebt alles mit und reflektiert alles, er ist der Handelnde, er läßt Jesus legal geboren werden und gibt ihm den Namen (Mt 1,25). Die Erzählung vom Besuch der Magier aus dem Morgenland soll die Universalität Jesus hervorheben. Die Flucht nach Ägypten wie der Mord an den unschuldigen Kindern lassen die Theologie des Matthäus, der Jesus in Parallelität zu Mose darstellt, plastisch werden.[6]

[5] Vgl.: *J. M. Reese,* The Historical Image of Mary in the New Testament, in: Marian Studies 28 (1977) 27–43, bes. 32–34.
[6] Vgl.: *L. Boff,* Jesus Cristo Libertador, Petrópolis 1972 (⁹1983), 186–190; und die dort angegebene Literatur.

Lukas bringt in seinem Bericht mehr Einzelheiten. Der dritte Evangelist schreibt seinen Text aus der Perspektive Marias, und auf sie will er die Aufmerksamkeit lenken.[7] Alles ist mit Stellen aus dem Alten Testament durchwoben. Vermutlich hatte bereits Maria selbst, was da mit ihr geschah, in dieser Weise gedeutet. Jeder religiöse Mensch, insbesondere jedoch der fromme Jude, bemüht sich, die Geschichte im Lichte des Wortes Gottes zu verstehen. Nach unserer Ansicht läßt sich folgender historischer Kern ausmachen: Maria, die mit Josef verlobt und noch Jungfrau war – weil die beiden nach dem Gesetz noch nicht zusammenlebten –, entdeckt voller Überraschung, daß sie schwanger ist. Wie jede jüdische Frau wartet sie auf den Messias und wünscht sich sehnsüchtig, daß Gott dazu eines ihrer zukünftigen Kinder auswähle. Plötzlich spürt sie, daß sie schwanger ist. Sie ist verwirrt, weil sie ja keinen Mann erkennt (Lk 1,34). Betend und betrachtend greift sie zur Schrift. Schritt für Schritt kommt ihr die Erleuchtung. Sie zieht den Schluß, der Heilige Geist als die Quelle allen Lebens sei in ihr wirksam gewesen und das Kind, das sie kraft seiner empfangen habe, werde der Sohn Gottes, der erwartete Messias sein. Dieser ganze Prozeß des Verstehens – können wir ruhigen Herzens bekennen – wird von Gott unterstützt und erleuchtet. So gesehen, hätte das Geschehen nichts Wundersames, Sichtbares und Augenfälliges. Alles hätte sich im stillen vollzogen, wie Gott ja im allgemeinen handelt und im Lauf der Dinge wirkt. Lukas betont in seinem Text, daß Maria eine gläubige Frau war: »Selig, die geglaubt hat . . .« (Lk 1,45). Maria mußte die Wege Gottes erst entdecken; und als sie sie entdeckte, bejahte sie sie uneingeschränkt und bedingungslos (1,38).

Was da geschieht, bringt der dritte Evangelist in der Sprache des Alten Testaments zum Ausdruck. So schildert er zum Beispiel die Verkündigung mit Worten, die wir nahezu identisch bei Zefanja finden:

Verkündigung des Zefanja an Israel (3,14–17)	*Verkündigung des Engels an Maria (Lk 1,28–33)*
Juble,	Sei gegrüßt,
Tochter Zion! . . .	du Begnadete!
Der König Israels, der Herr,	Der Herr
ist in deiner Mitte . . .	ist mit dir . . .

---

[7] Vgl. dazu das diesbezüglich klassische Werk: *R. Laurentin,* Struktur und Theologie der lukanischen Kindheitsgeschichte, Stuttgart 1967.

Fürchte dich nicht, Zion! . . .	Fürchte dich nicht, Maria!
Der Herr, dein Gott,	Du hast bei Gott Gnade gefunden.
ist in deiner Mitte, . . .	Du wirst ein Kind empfangen,
	einen Sohn wirst du gebären.
	Dem sollst du den Namen Jesus
	geben.
ein Held, der Rettung bringt.	Er wird groß sein und Sohn des
	Höchsten genannt werden . . .

In der Fortsetzung seines Textes zeichnet Lukas wieder eine Parallele. Diesmal greift er zum Zweiten Samuelbuch, in dem sich eine messianische Prophetie findet:

Verkündigung Natans an David	*Verkündigung Gabriels an Maria*
(2 Sam 7,12–16)	*(Lk 1,32–35)*
Groß werde ich	Er wird groß sein
deinen Nachwuchs machen	
und seinem Königtum Bestand	
verleihen . . .	
Ich will für ihn Vater sein,	
und er wird für mich Sohn sein.	und Sohn des Höchsten genannt
	werden.
	Gott der Herr wird ihm geben
Seinem Königsthron werde ich	den Thron seines Vaters David.
ewigen Bestand verleihen.	
Dein Haus und deine Königsherr-	
schaft	Er wird herrschen
sollen auf ewig bestehen bleiben,	auf ewig,
dein Thron soll auf ewig Bestand	und seine Herrschaft wird kein Ende
haben.	haben.

Auch die Schlußworte des Engels scheinen sich an einen alttestamentlichen Text anzulehnen:

Ex 40,35	*Lk 1,35*
Die Wolke	Die Kraft des Höchsten
bedeckte	wird über dich kommen.
das Zelt.	
Und die Kraft des Herrn	
	Deshalb wird auch das Kind heilig
	und Sohn Gottes genannt werden.
erfüllte die Wohnstätte.	

Ebenso verläuft der Bericht vom Besuch Marias bei ihrer Verwandten Elisabet in enger Parallelisierung zu 2 Sam 6,1–14, wo von der Überführung der Bundeslade die Rede ist. Maria wäre also nach Lukas sozusagen die Bundeslade, die den Heiligen Geist, das heißt Jesus, trägt. Diese Anspielung ist wertvoll für die theologische Hypo-

these, die wir oben über die ontologische Beziehung Marias zum
Heiligen Geist und zum Wort, dessen zeitliche Mutter sie ist, vorge-
tragen haben.

2 Sam 6,9.11	Lk 1,43.56
Wie soll die Lade des Herrn	Wer bin ich, daß die Mutter meines Herrn
zu mir kommen?	zu mir kommt?
Die Lade des Herrn	Maria
blieb ungefähr drei Monate	blieb ungefähr drei Monate
im Haus Obed-Edoms.	im Haus (Elisabets).

Das Lob, das Elisabet für Maria hat, beruht auf einem beinahe
gleichlautenden Preislied, das einst für Judit bestimmt war:

Jdt 13,18–19	Lk 1,42
Du bist gesegnet ...	Du bist gesegnet
mehr als alle anderen Frauen ...	mehr als alle anderen Frauen,
Gepriesen sei	und gepriesen ist
der Herr, unser Gott.	die Frucht deines Leibes.

Im Blick auf das Magnifikat wollen wir weiter unten ein entsprechendes Schema entwickeln. Auch dort werden wir auf dasselbe
Phänomen der Parallelisierung mit Texten aus dem Alten Testament
stoßen. Immer soll durch das literarische Mittel einem Faktum, das in
seiner Undurchsichtigkeit sonst kaum Bedeutung zu haben schiene,
religiöser und transzendenter Sinn vermittelt werden.

Lukas beschließt seine Erzählung von der Kindheit Jesu mit der
Geschichte von der Wallfahrt zum Jerusalemer Tempel.[8] Lukas hat
eine ganze Theologie des Tempels erarbeitet; der ist nunmehr aber
Jesus selbst als Ort, an dem Gott definitiv Wohnung genommen hat.
Bereits mit zwölf Jahren begründet Jesus die neue Bedeutung des
Tempels. Wahrscheinlich liegt dem Ganzen jedoch ein historischer
Kern zugrunde, daß nämlich die heilige Familie zusammen mit der
Verwandtschaft wirklich zum heiligsten Ort des Judentums gewall-
fahrtet ist. Auf dem Heimweg verliert Jesus die Reisegesellschaft.
Voller Sorge suchen die Eltern nach ihm. Als sie ihn im Tempel
finden, kommt es zu einem zutiefst zärtlichen, aber auch geheimnisvollen Dialog: »Kind, wie konntest du uns das antun? Dein Vater und
ich haben dich voll Angst gesucht.« Die Antwort, die Jesus gibt,
überrascht. Sie liegt auf einer anderen Ebene: »Warum habt ihr mich
gesucht? Wußtet ihr nicht, daß ich in dem sein muß, was meinem

---

[8] Vgl.: R. Laurentin, Jésus au temple. Mystère de Pâques et foi de Marie en Luc 2,48–50,
Paris 1966.

Vater gehört?« (Lk 2,48–49). Vater und Vater sind offensichtlich nicht dasselbe. Der Evangelist macht deutlich, daß für Jesus nicht die physischen, sondern die glaubensmäßigen Beziehungen gelten. Maria und Josef werden sozusagen eingeladen, die Ebene des Fleisches, der Blutsverwandtschaft und der Famlie in Richtung auf jene Ebene zu übersteigen, die nur der Glaube zu erreichen vermag: die des Dienstes am Vatcr und an seinem Heilsplan, in dem es um die Errichtung seines Reiches geht. Und Lukas kommentiert noch: »Doch sie verstanden nicht, was er damit sagen wollte« (2,50). Zugleich zeigt er aber auch, daß Maria mit ihrer Haltung, alles in ihrem Herzen in Erinnerung zu halten (2,51), die von Jesus geforderte Dimension voll verwirklicht: im Glauben zu wandeln. Dieser Glaube begründet die neue messianische Familiengemeinschaft.

3. Johannes: Maria in sakramentaler Funktion

Im Johannesevangelium stoßen wir zweimal auf die Gestalt der »Mutter Jesu« (der Evangelist vermeidet den Namen Maria): einmal bei der Hochzeit zu Kana (Joh 2,1–11) und das andere Mal auf dem Kalvarienberg (Joh 19,25–27). Historisch gesehen war die Szene in Kana[9] wahrscheinlich ein Ereignis, das Jesus vor seinem öffentlichen Leben im Kreis der Familie und der Bekannten widerfahren ist. Möglicherweise war wirklich der Wein ausgegangen, hatte Maria Jesus angesprochen und hatte ein wunderbares Zeichen stattgefunden. Jesus war in der Tat ein Wundertäter. Über dieser geschichtlichen Faktizität baut Johannes seine theologische Reflexion auf. Eines der Merkmale des vierten Evangelisten besteht darin, daß er die Dinge auf zwei Ebenen betrachtet: auf einer ersten, materiellen, fleischlichen, faktischen und informativen und auf einer anderen, symbolischen, sakramentalen, geistigen und performativen. In diesem Teil unserer Arbeit, in dem es um die geschichtlichen Grundlagen des Lebens Marias geht, interessiert uns eigentlich nur die erste Ebene. Die zweite ist bereits Theologie und (wenn auch kanonische) Interpretation des Evangelisten. Wenn der Evangelist Jesus seine Mutter mit dem ungewöhnlichen Wort »Frau« bezeichnen läßt (Joh 2,4), dann bringt Jesus demnach die Funktion Marias in die Nähe der Funktion Evas (Gen 3,20). Maria ist die neue Eva – in der

[9] Vgl.: *J. Michaud,* Le signe de Cana, Montreal 1963; *A. Vanhoye,* Interrogation johannique et exégèse de Cana (Jn 2,4), in: Biblica 55 (1974) 157–167; *B. Lindars,* Two Parables in John, in: New Testament Studies 16 (1969) 318–329.

Gemeinschaft des neuen Adam. Sie ist es, die für andere eintritt und die Erfüllung der Bitten erreicht, die grenzenlos an Jesus glaubt und so die Grundbeziehung der neuen Gemeinde, den Glauben, voll realisiert. Andererseits gewinnt für den Theologen Johannes die Hochzeit selbst symbolisch-sakramentalen Wert. Sie versinnbildet die eschatologische Hochzeit Gottes mit der Menschheit, wie sie auch auf die Eucharistie anspielt, die sie vorwegnimmt und vorbereitet.[10]

Abgesehen von dieser theologischen Deutung kann man sagen, Maria habe ein Leben geführt, wie es eben so üblich war: Sie geht auf ein Hochzeitsfest, ist vergnügt wie die anderen auch, kümmert sich um Mißlichkeiten, die eventuell auftreten, will kurzerhand helfen, die Probleme zu lösen, und hat keine Bedenken, ihren Sohn zu veranlassen, ein göttliches Zeichen zu setzen. Im Zentrum steht bei ihr nicht sie selbst, sondern stehen immer die anderen.

Schließlich schildert Johannes Maria unter dem Kreuz.[11] Die Beschreibung ist knapp, aber von einer bewegenden Menschlichkeit: »Als Jesus seine Mutter sah und bei ihr den Jünger, den er liebte, sagte er zu seiner Mutter: Frau, siehe, deinen Sohn. Dann sagte er zu dem Jünger: Siehe, deine Mutter! Und von jener Stunde an nahm sie der Jünger zu sich« (Joh 19,26–27). Es wird heute diskutiert, ob die Szene einen geschichtlichen Hintergrund hat. Einige Exegeten sehen zwei Grundschwierigkeiten für die Historizität: Erstens erzählt der Evangelist die Kreuzigung in einer sorgfältigen, ja künstlerischen Struktur, wodurch die Gegenwart Marias unwahrscheinlich wird; zweitens fehlt die Begebenheit in den synoptischen Evangelien. Auf jeden Fall sieht der Evangelist Johannes mit seinem theologischen Stil in der Szene die Offenbarung eines Geheimnisses. Wieder nennt Jesus seine Mutter »Frau«. Johannes, dessen leibliche Mutter auch unter dem Kreuz steht (Joh 19,25), erklärt er für ihren, für Marias Sohn. An dieser Stelle fühlt man sich an den Antitypus Eva erinnert. In der Person des Johannes wird Maria zur Mutter aller Jünger Jesu, ihres Sohnes. Nach dieser Theologie hätte Maria jetzt, in der höchsten »Stunde« der Erlösung, ihre universale Mutterschaft begonnen. Das ist der Sinn der Worte Jesu an Johannes: »Siehe, deine Mutter!« Wenn wir davon ausgehen, daß die Szene, in der Jesus seine Mutter verlassen dastehen gesehen und sie der Sorge des geliebten Jüngers

[10] Vgl.: *R. Laurentin,* Kurzer Traktat der Marianischen Theologie, 41.
[11] Vgl.: *A. Feuillet,* Jésus et sa Mère, Paris 1974; siehe auch: *S. Voigt,* O discípulo amado recebe a mãe de Jesus *eis ta idia.* Velada apologia de João em Jo 19,27, in: Revista Eclesiástica Brasileira 35 (1975) 771–823.

anvertraut hat, einen geschichtlichen Hintergrund besitzt, dann müssen wir sie so verstehen, daß der Evangelist diesen historischen Kern benutzt, um darüber seine Reflexion zu entwickeln, und müssen in dem materiellen Ereignis den geheimen und geheimnisvollen Sinn erkennen, daß Maria an der geistigen Zeugung aller Erlösten durch das Blut Jesu beteiligt ist.[12]

4. Geschichtliche Züge an Maria

Wir haben gesehen, daß sich die historischen Umrisse Marias in theologischen Reflexionen verlieren. Diese rühmen die Großartigkeit der Frau aus dem Volk, von der die Mächtigen der Zeit nichts wußten, die Gott mit seinem barmherzigen Blick jedoch privilegiert hat. Aus den verschiedenen Texten und Szenen sind einige für Maria charakteristisch:

Maria ist die jungfräuliche Braut. Die Texte setzten diese Tatsache wie selbstverständlich voraus und reflektierten über sie. Wie wir noch sehen werden, hatte die Jungfrauschaft jedoch keinen gesellschaftlichen Wert und wurde dem Witwenstand gleichgestellt. Jüdischen Gepflogenheiten entsprechend war Maria Josef versprochen.

Maria ist arm: Die verschiedenen Szenen schildern Maria als eine arme Frau aus dem Volk. Maria und Josef sind ein Paar von kleinen Leuten, für die die Welt nicht viel Platz hat, selbst wenn sie in großer Not sind (vgl. Lk 2,7). Die griechischen Wörter, die Lukas benutzt (*tapéinosis:* Lk 1,48; *tapeinós:* 1,52), bedeuten materiellen Mangel, der aus der Ausbeutung durch die Reichen resultiert, obgleich die Gesetzgebung des Alten Testamentes diese durchaus bremst (Ex 22,20–24; Dtn 24,12–17; Lev 19,20; 23,22). Allmählich gewann diese Situation der Armut einen geistig-geistlichen Klang. Gott wendet sich den Armen und Unterdrückten zu und gibt ihnen bei der Wiederherstellung der Gerechtigkeit, wenn sein Reich kommt, den Vortritt. Somit werden die materiell Bedürftigen zum Sinnbild für die Frommen, die Träger des Harrens und des Hoffens sind. Wenn wir das Magnifikat besprechen, werden wir sehen, daß Maria zu diesem Heer von Armen zählt. Sie hält sich bedingungslos verfügbar und offen für Gottes Erbarmen und befreiendes Eingreifen.

Maria ist Mutter: Die Texte nennen sie lieber die Mutter Jesu als die Jungfrau Maria. Wie jede Mutter ist sie aufs tiefste mit ihrem

---

[12] Vgl.: *J. M. Reese,* The Historical Image of Mary in the New Testament, in: Marian Studies 28 (1977) 27–43, bes. 34–42.

Kind verbunden, aber sie kann es auch in die Freiheit entlassen, damit es seinen Auftrag erfüllt. Mehr als die Bande des Blutes zählen die neuen Bindungen aufgrund des Glaubens an ihre Sendung und an die Sendung Jesu. Als Mutter finden wir sie an allen Punkten, an denen sich der Weg Jesu verdichtet: bei seiner Inkarnation und Geburt, beim ersten Besuch im Tempel, am Anfang des öffentlichen Lebens in Kana, auf dem Höhepunkt seiner Popularität, als sich die Volksscharen um ihn drängen, in der Stunde des Todes und am Pfingsttag, als er dem Heiligen Geist seinen Platz einräumt, damit dieser sein Werk fortsetzt.

Maria ist ein glaubender Mensch: Wer Maria betrachtet, läuft Gefahr, zu meinen, alles sei leicht und durchsichtig gewesen, und sie habe um alles gewußt: daß sie die Mutter Gottes werden würde, daß Jesus der Sohn des Höchsten sei und daß sie gesegneter als alle anderen Frauen sei. Die Evangelien wissen nichts von einer derartigen Idylle. Im Gegenteil: sie schildern uns eine Maria, die durch das Dunkel des Glaubens geht.[13] Ihre Verwandte Elisabet sagt es ausdrücklich: »Selig, die geglaubt hat« (Lk 1,45). Sie verstand nicht alles (Lk 2,50), und sie mußte die geheimnisvollen Wege Gottes gehen. Aber sie hatte Vertrauen (Lk 1,38). Ihr Glaube wuchs durch Reflexion und Meditation (Lk 1,29; 2,19): »Maria überlegte, was der Gruß [des Engels] zu bedeuten habe.« So legt sich ihre anfängliche Verwirrung, und sie sagt: *Fiat!* In der Verkündigungsszene wird deutlich, wie dynamisch der Glaube Marias ist. Obwohl sie Jungfrau ist, macht sie die Entdeckung, daß sie schwanger ist. Sie ist verwirrt und erschrokken (Lk 1,29). Aber sie erkennt, daß hier Gott-Heiliger-Geist am Werk ist. Sie wird sich dessen bewußt, daß das, was da in ihrem Schoße wächst, etwas Göttliches ist. Es gibt für sie keinen Zweifel an dieser inneren Erleuchtung. Sie fragt nur, wie das geschehen solle (Lk 1,34). So akzeptiert sie Dinge, die niemand sehen kann. Sie glaubt, denn für Gott ist nichts unmöglich (Lk 1,37). Besteht aber nicht genau darin der Glaube, wie ihn der Hebräerbrief definiert: »Glaube aber ist: Feststehen in dem, was man erhofft, überzeugt sein von Dingen, die man nicht sieht« (11,1)?

Maria hat geglaubt, ohne um die ganze Tiefe dessen, was sie da hörte, zu wissen. Sicherlich war sie sich ihrer aus der Kraft des Heiligen Geistes herrührenden Mutterschaft bewußt, wie sie auch – wenn auch unklar und dunkel – davon überzeugt war, daß die Erlösung des

---

[13] Vgl.: *K. H. Schelkle*, Die Mutter des Erlösers, Düsseldorf 1958, 70–77.

Menschen von dem Kind abhing, das da in ihrem Leib zu wachsen begann. Aber das Leben klärte nach und nach auf, was sie bisher nur unscharf sah. Es ist ein Merkmal des Glaubens, daß wir im Halbdunkel leben und daß uns die Dinge erst in dem Maße klar werden, wie wir den Plan Gottes bejahen und uns ihm hingeben. Das ist unser Weg, der auch für Maria der schmale Pfad war. Der Glaube koexistiert mit der Ratlosigkeit, aber mit dem Zweifel kann er nicht zusammenleben. Maria hat nie einen Zweifel gespürt. Zacharias hat gezweifelt: »Woran soll ich erkennen, daß meine Frau in ihrem vorgerückten Alter ein Kind bekommen wird?« (vgl. Lk 1,18). Dafür wird er bestraft. Der Engel sagt: »Weil du nicht geglaubt hast, . . . sollst du stumm sein« (Lk 1,20). Maria hat geglaubt und ist deshalb von Elisabet gelobt worden: »Selig, die du geglaubt hast« (Lk 1,45). Dieser Glaube ließ sie stets disponibel sein, lenkte ihr Augenmerk von sich selbst weg und machte sie unentwegt dienstbereit für den Sohn und die anderen.

Maria ist die starke Frau: Keiner soll meinen, Maria habe sich von Kammerzofen umgeben gesehen, habe in Palästen gelebt, sei von himmlischer Musik gewiegt worden, mit Rosen geschmückt und habe ein Leben in paradiesischer Idylle geführt. Ihr Leben war wie unser Leben: undurchsichtig, schwierig, voller Kämpfe. »Die Unbeflecktheit enthob sie nicht einer Welt voller Sünde und Unverständnis und schützte sie auch nicht vor den unvorhersehbaren und irrationalen Möglichkeiten der menschlichen Existenz. Das Durcheinander des Lebens, die Ränke der Gesellschaft und die blinde Entfesselung der menschlichen Leidenschaften können Situationen schaffen, in die ein völlig unschuldiger Mensch auf rohe Weise hineingerissen werden kann. Die Unbeflecktheit bewahrte Maria nicht vor derartigen ›normalen‹ Situationen, sondern gab ihr eine Kraft, die, wenn sie auch nicht das Leiden aufzuheben vermochte, sie doch befähigte, in heiliger Hingabe die schmerzliche Seite zu bejahen und innerlich auf eine verwandelte Weise in ihr Leben hineinzunehmen . . . Nazaret ist das Haus von Menschen, die glauben und kämpfen, von Menschen, die sich mutig und in voller Hingabe an die Vorsehung mit den Schwierigkeiten des Lebens auseinandersetzen.«[14]

Diese einfache Frau erwählt Gott, damit sie Tempel des Heiligen Geistes und Mutter Jesu, des Erlösers und menschgewordenen Gottes, wird. Von ihr wird gesagt, der Allmächtige habe Wunderba-

---

[14] *E. Schillebeeckx,* Maria – Moeder van de verlossing, 46 ff.

res an ihr getan: Sie sei empfangen worden ohne den Urmakel, der unser Dasein so dramatisch gestaltet und entfremdet sein läßt; sie habe im jungfräulichen Zustand Jesus empfangen und sei ihr ganzes Leben lang Jungfrau geblieben; sie sei die Mutter Gottes und habe aufgrund dieses Titels still und unauffällig am Erlösungsprozeß der Menschheit teilgenommen; und schließlich sei sie am Ende ihres irdischen Lebens mit Leib und Seele in den Himmel aufgenommen worden. Das hat nichts mit Mythos zu tun. Hier werden vielmehr die Umrisse einer geschichtlichen Gestalt erkennbar, die Gott in ihrer tiefen Namenlosigkeit nahm, um sich den definitiven und vollgültigen Einstieg in die Geschichte der Menschheit zu eröffnen.

Selbstverständlich kann man immer sagen, das alles klinge nach alten Mythologien, und es fehlt heute auch nicht an Stimmen, die die ganze Mariologie nicht mehr sein lassen als ein Kapitel in der Geschichte der Archetypen und ein Thema im mythischen Denken. Aber wir können das alles, was die Gründungsurkunden und die Gemeinschaft des Glaubens immer gelehrt haben, auch Wort für Wort glauben. Und wir glauben es – und zwar nicht, weil es da eine Gruppe gäbe, die immer geglaubt hat und der wir uns anschlössen, sondern vor allem wegen des Inhalts dieses marianischen Glaubens selbst. Allerdings spricht dieser Inhalt weniger von Maria als von Christus und seinem Geist. Ihretwegen hat Gott Großes an Maria gewirkt. Jesus wird angekündigt als der Retter der Menschen und als die absolute Unmittelbarkeit Gottes im menschlichen Fleisch. Deshalb glauben wir auch an ihn. Durch Maria kam dies alles in die Geschichte. Maria ist sich nie selbst genug, immer steht sie im Dienst der anderen. Sie besucht Elisabet, zusammen mit Josef sucht sie das Kind, sie sagt dem Sohn: »Sie haben keinen Wein mehr.« Ihre Anwesenheit kommt mehr in Schweigen als in Worten zum Ausdruck. Wegen all dieser anderen und insbesondere um Jesu willen sprechen wir von Maria.

5. Die Geschichte antizipiert die Eschatologie

Andererseits sehen wir in den Taten Gottes an Maria eschatologische Geschehnisse. Das heißt: Für uns liegen sie nicht auf der Ebene des bloß Wundersamen und Phantastischen. Vielmehr wollen sie den letztgültigen Plan (Eschatologie), den Gott mit der Menschheit und vor allem mit dem Weiblichen hat, zum Ausdruck bringen. In Maria verwirklicht sich bereits in der Geschichte jener Zustand, den

Gott der ganzen Menschheit verheißen hat: eines Tages ganz Gottes und ganz für Gott zu sein.[15] In ihr wird das Weibliche in eschatologischer Weise Geschichte und entfaltet alle seine positiven Dimensionen, sei es als Jungfrau, sei es als Mutter, sei es als Gattin. Wenn wir sagen, in ihr würden die Dynamik und die Impulse des Weiblichen definitiv und absolut sichtbar, dann müssen wir dies als Werk Gottes und letzten Ausdruck verstehen, über den nichts in der Geschichte hinausführt. In Maria ist das Weibliche zu seinem Höhepunkt gelangt. Diese endgültige Vollmacht rechtfertigt dann auch, daß Frömmigkeit und Theologie Maria verehren und hochpreisen. Außerhalb dieses eschatologischen Verständnisses wäre das alles religiöse Perversion und überschritte das mit der Geschichte vereinbare und in ihr zu rechtfertigende Maß.

Von den Fakten um Maria und von ihrer Lebensweise wissen wir so gut wie nichts. Gleichwohl läßt das Wenige, das uns die Schrift zu erahnen gibt, das Wesentliche an ihrem Leben wie an jedem wirklich menschlichen Leben erkennen. In Maria treten sonnenklar die beiden Hauptstrukturen des Menschen zutage: die Annahme und die Weggabe, die Hinnahme und die Hingabe.

In einem ersten Schritt spürt der Mensch, daß er ein empfangendes Wesen ist. Das Leben hat er sich nicht selbst gegeben, er hat es empfangen. Die Welt hat er nicht geschaffen, er verändert sie nur. Die Augen produzieren nicht das Licht und die Lungen nicht die Luft, die Augen fangen das Licht ein, und die Lungen füllen sich mit Sauerstoff. So macht der Mensch die beglückende Erfahrung von Güte und Fülle, die sich ihm unentwegt und ungeschuldet darbieten.

Andererseits fühlt er auch, daß er ein sich schenkendes Wesen ist und daß er, je mehr er sich verschenkt, desto mehr wird. Nicht nur um entgegenzunehmen, ist er offen, sondern auch, um zu geben.

Maria ist lautere Hinnahme und vollkommene Hingabe. Sie ist es, die sich für den Plan Gottes offen hält. So antwortet sie: *Fiat* – es geschehe! Nicht immer versteht sie, was mit ihrem Sohn geschieht. Trotzdem nimmt sie es an und bewahrt es tief in ihrem Herzen (Lk 2,51). Andererseits ist sie aber auch die, welche die Initiative ergreift und sich für die anderen hingibt und aufopfert: als sie Elisabet besucht und bei der Hochzeit in Kana bei ihrem Sohn vorstellig wird. Obwohl einfach und schwach, ist sie voll messianischen Mutes und kann in ihrem *Magnifikat* gar vom Sturz der Mächtigen und von der

---

[15] Vgl.: *S. M. Meo*, Riflessi del rinnovamento della escatologia sul misterio e la missione di Maria, in: Sviluppi teologici postconciliari e mariologia, Rom 1977, 103–128.

Bestrafung der Reichen singen (Lk 1,51–53). Mutig steht sie auch unter dem Kreuz (Joh 19,25–27).

Allein das Wissen um dieses Verhalten Marias läßt uns erkennen, daß sie das Menschliche in seiner ganzen Fülle und Vollkommenheit in sich trägt. Maria ist nicht nur die ideale Verwirklichung der Frau, sondern des ganzen Menschen.

Vierter Teil: Die Theologie
Maria – Unsere Liebe Frau vom Glauben

Einleitung: Die Grammatik Gottes

Es gibt nicht nur eine Mariologie von unten – aus der nahezu anonymen Geschichte dieser Frau aus dem Volke Gottes, die sich als Dienerin des Herrn (Lk 1,38) begreift und das Bekenntnis spricht: Der Herr hat auf die Niedrigkeit seiner Magd geschaut (Lk 1,48). Ebenso gerechtfertigt ist auch eine Mariologie von oben – aus der theologischen Reflexion dessen, der sich den Gesichtspunkt Gottes zu eigen macht und überrascht feststellt, daß Maria voll der Gnade (Lk 1,30) und mehr als alle anderen Frauen gesegnet ist (Lk 1,42). Diese Mariologie ist Werk des Glaubens und der religiösen Begeisterung von Menschen, die Maria von der Ebene Gottes und der seligpreisenden Frömmigkeit her betrachten. Es ist die Mariologie der Handbücher, die von einem Gesamtprinzip ausgehen und alles systematisieren möchten. Damit kommen sie unserem Hang nach Einheit und Einfachheit entgegen, der uns freilich auch auf Abwege führen kann. Die Logik Gottes ist nicht deduktiv wie die unsere, sie steckt voller Überraschungen. Weil dem so im ganzen Alten und Neuen Testament ist, neigen wir zu der Annahme, daß Gott gerade am Paradoxon Freude hat. So ist also Vorsicht geboten: Der theologische Lobpreis hat sich auf jenem schmalen Grat zu bewegen, den Gott ausgewählt hat, um Maria zu rühmen.

Das Marienlob darf nicht ins Mythologische abgleiten und der Numinosität der Archetypen erliegen, so daß es das überraschend wenig Überraschende und das außergewöhnlich wenig Außergewöhnliche im Leben Marias und ihres Sohnes Jesu verdecken würde. Das Große an Gottes Vergrößerung besteht darin, daß es Vergrößerung des Kleinen ist; das Wunderbare an den Wundertaten Gottes gegenüber Maria besteht in der Verwunderung des Bescheidenen und Prunklosen. Der Reichtum Gottes hat eine andere Struktur als der Ruhm des Menschen. Dieser braucht Aufwand, Beredsamkeit, Fülle und Luxus, jener zeigt sich in Kleinheit, offenbart sich in Bedeutungslosigkeit und konkretisiert sich in Randdasein. Genau diesen Rahmen aber hat Gott bevorzugt, um uns seinen Ruhm mitzuteilen; nicht trotz seiner, sondern in ihm und durch ihn hat er seine Größe geoffenbart. Wer die Grammatik Gottes nicht versteht, versteht nichts von der Inkarnation Gottes in der Welt und vom eigentlichen Sinn jeder christlichen Mariologie. Schlimmer noch. Er läuft Gefahr, alle Christologie und alle Mariologie auf eine modifizierte Version archaischer Mythologien zu verkürzen. Geschichtlich gesprochen hat sich Gott zur Mutter keine römische Prinzessin gewählt, die in der Atmosphäre des kaiserlichen Palastes gelebt hätte, wie er auch nicht nach der Schönheit einer Pallas Athene, sondern nach dem groben Gesicht einer Frau in einem Dorf auf dem Lande ausgeschaut hat. Der Heilige Geist hat sich eine schwache und arme Frau ausgewählt, um sie zu seinem lebendigen und substantiellen Tempel zu machen. Maria kam nicht in einem Königspalast nieder, umgeben von Edeldamen, sondern in einem Stall in der Gesellschaft von Tieren. Nicht was in Gesellschaft und Religion als groß, appollinisch, königlich, reich und prächtig galt, hat Gott ausgewählt, sondern was man als unbedeutend, erniedrigend und marginal ansah.

Die Mariologie der Erhöhung muß wissen, was sie erhöht – dies alles nämlich. So geht es darum, die göttliche Transparenz des Kleinen und die transparente Tiefe, die sich im Bescheidenen verbirgt, freizulegen, weil ja der Höchste diesen Weg gewählt hat, um sich Maria und ihrem Sohn Jesus zu nähern und in ihnen die ganze Menschheit aufzusuchen.

Die Mariologie der Erhöhung, die nicht zur Geschichte der Maria zurückkehrt, sondern sich an ihre eigenen wortreichen Diskurse hält, begibt sich ihres heilsgeschichtlichen Charakters. Sie bringt nicht mehr die Maria der Geschichte, welche die Mutter Jesu und der reale Tempel des Heiligen Geistes war, zur Sprache, sondern eine neue christliche Mythologie, die jemand phantasievoll aus Anlaß Marias ausgearbeitet hat. Das Kriterium jeder wahren christlichen Theologie – die sich nicht in eine bloß mythologische Rede umfunktionieren läßt – ist ihr Bezug zu den Ereignissen, die Gott in der Geschichte hat geschehen lassen. Aufgabe der Theologie ist es, die Rationalität, die sich in ihnen verbirgt, wie auch ihren Zusammenhang innerhalb des göttlichen Heilsplanes herauszuarbeiten – immer in Fühlung mit ihnen, in Funktion ihrer und in Verdeutlichung ihrer, mit dem Anliegen, sie besser zu verstehen und so Gott mehr zu lieben.

Sowohl die Christologie und die Pneumatologie als auch die Mariologie stehen unter dem Einfluß und der theologischen Akzentsetzung der Zeit. Nicht alles ist sogleich fertig. Dinge wachsen, und auch Zeit und Geschichte ließen Gottes Plan reifen. Mehr noch als für

Jesus gilt für Maria der lukanische Satz vom Wachstum »in Alter und Gnade vor Gott und den Menschen« (Lk 2,52). Sie wuchs von der Verheißung bis zur Verwirklichung; vom Dunkel des Glaubens bis zum hellen Licht der vollkommenen Erkenntnis des göttlichen Heilsplanes; von ihrer unbefleckten Empfängnis bis zur Herabkunft des Heiligen Geistes über sie; von der jungfräulichen Empfängnis, die sie bestürzt machte, bis zum Fuß des Kreuzes, als sie, nicht minder bestürzt, sah, wie Gott die Menschen befreien wollte; von der mühseligen Erdenwanderung bis zur vollen Verklärung im Himmel. Auch die Marienfrömmigkeit steht unter dem Gesetz der Zeit. Nach unbedeutenden Anfängen entfaltete sie sich mehr und mehr bis zu ihrer Ausgestaltung im 3. Jahrhundert und schließlich zu einem Höhepunkt, da sie in unseren Tagen dank dem Verständnis für ihren einzigartigen Zusammenhang mit der dritten Person der Dreifaltigkeit eine noch bessere Verdeutlichung erlebt. Maria konkretisiert *par excellence* die Zeit Gottes in der Zeit des Menschen. Sie ist das Glied, das die vier Heilszeiten zusammenhält; der Weg von der einen zur anderen führt über die Frau. Maria gehört zum Alten Testament, weil sie in ihm geboren wurde, begleitet Jesus in seiner Zeit, erlebt den Beginn der Zeit der Kirche (Apg 1,14) und eröffnet als die mit Leib und Seele in den Himmel Aufgenommene die Zeit der voll versöhnten und vergöttlichten Menschheit.

VII. Die Unbefleckte Empfängnis – Höhepunkt der Menschheit

Genies und Mystiker beweisen es: Die Menschheit ist auf der Suche nach ihrer vollen Identität. Sie träumt von einem zukünftigen Reich des Friedens, der Gerechtigkeit, der Harmonie und der Brüderlichkeit, in dem die Mechanismen des Hasses, der Spaltung und der Zerstörung, die gegenwärtig noch ihr zersetzendes Spiel treiben, endgültig überwunden sind. Die Menschen wollen das, was das menschliche und gesellschaftliche Leben ständig durcheinanderbringt, von der Wurzel her heilen. Indessen machen sie die bittere Erfahrung des Scheiterns und lernen, daß sie mit dem Widerspruch leben müssen. Und doch geben sie die Hoffnung auf eine vollkommene, endlich versöhnte Menschheit nicht auf.

Mehr als andere Völker hat sich Israel von der Hoffnung leiten lassen: Die Zukunft bringt die neue Menschheit, und wir sind auf dem Weg zu ihr. Das Volk der Hoffnung fühlt sich wie die vielgeliebte Ehefrau Gottes (Hos 2; Jer 31,17–22; Jes 54,4–8; 61,10–11). Gleichzeitig aber weiß es auch, daß es nicht treu sein kann, ständig bricht es die Ehe (vgl. Hos 2; Ez 16). Doch der Tag wird kommen – wann? –, an dem Gott wird sagen können: „Alles ist schön an dir, meine Freundin, kein Makel haftet an dir" (Hld 4,7).

Der christliche Glaube sieht in der ohne Sünde empfangenen Maria die Geschichtswerdung dieser Hoffnung und die Erfüllung dieses Suchens. Endlich hat Gott einen Menschen werden lassen, der die reine Braut für die reine Liebe Gottes sein kann. So tritt uns Maria als der Höhepunkt der Menschheit und die Krönung des Volkes Israel entgegen.

Am 8. Dezember 1854 verkündete Pius IX. das Dogma, »daß die seligste Jungfrau Maria im ersten Augenblick ihrer Empfängnis durch einzigartiges Gnadengeschenk und Vorrecht des allmächtigen Gottes, im Hinblick auf die Verdienste Christi Jesu, des Erlösers des Menschengeschlechts, von jedem Fehl der Erbsünde rein bewahrt blieb« (DS 2803/NR 479). Darüber hinaus stellt die Bulle *Ineffabilis Deus* fest, Maria zeichne sich durch eine so große Vollkommenheit aus, wie man sie sich unter Gott nicht größer vorstellen und wie sie außer Gott keiner anstreben könne (DS 2800). Natürlich sind das alles endzeitliche Realitäten; die Geschichte ist erfüllt, und die Menschheit ruht aus, weil sie sich in einer Vertreterin aus ihrer Mitte hin zur Fülle der Geschichte mitgenommen sieht, in der die Utopie Wirklichkeit werden wird.

1. Was heißt »Frei von Erbsünde«?

Die feierliche Erklärung des Dogmas bekräftigt: Maria wurde vor jedem Makel der Erbsünde rein bewahrt.[1] Dabei ist unter Erbsünde jene ursprüngliche Situation zu verstehen, die den Menschen unfähig zur Liebe macht, ihn sich in sich selbst abkapseln läßt und ihm dabei hinderlich ist, mit den drei Achsen, auf denen die menschliche Existenz ruht, in angemessener Weise in Beziehung zu treten: mit der Welt, mit dem anderen und mit Gott. Diese Verdrehung an der Wurzel des Lebens ist *letztlich* verantwortlich für all das Unmenschliche im menschlichen Leben, für die persönliche und gesellschaftliche Ungerechtigkeit, für die geschichtlichen Ungleichmäßigkeiten im menschlichen Zusammenleben, mit einem Wort: für die Situation der Erbsünde. Allesamt werden wir unter den Bedingungen der Sünde der Welt geboren und sind auf verhängnisvolle Weise solidarisch miteinander. Von Maria indes heißt es, sie sei vor jedem Makel der Erbsünde rein bewahrt geblieben. Und zwar im Hinblick und in Vorausschau auf das Erlösungswerk ihres Sohnes Jesus, so daß sie die Erlösung auf die erhabenste aller möglichen Weisen realisiert.

Nun könnte man fragen: Wie konnte Maria von ihrem Sohn erlöst werden, wenn dieser doch erst nach ihr geboren wurde? Um eine befriedigende Antwort zu geben, müssen wir uns auf die Ebene Gottes stellen. Gott, für den in seiner Ewigkeit alles, was für uns gestern und heute ist, ein ewiges Heute ist, sieht das Befreiungswerk Jesu Christi voraus und bewahrt Maria im voraus vor jedem Makel der Erbsünde. In keinem Augenblick ihrer Existenz wurde sie von der grundsätzlichen Entfremdung angerührt, die unser Dasein so verletzt sein läßt. Sie realisiert den Menschen, den Gott immer gewollt hat: aufrecht in Richtung zum Himmel (während wir von der Sünde

---

[1] Vgl.: *E. O'Connor,* Modern Theories of Original Sin and the Dogma of Immaculate Conception, in: Theological Studies 20 (1969) 112–136. Die umfassendste Bibliographie zu dem Thema wurde zusammengetragen von: *J. B. Carol,* The Blessed Virgin and the »Debitum Peccati«. A bibliographical Conspectus, in: Marian Studies 28 (1977) 181–256.

gebeugt sind), offen für den anderen (während wir uns mit uns selbst beschäftigen) und verschwistert mit der Welt (während wir egoistisch die Erde besitzen). Maria gehört in den ursprünglichen Heilsplan Gottes, der älter ist als der Fall der Menschheit. Deshalb hat sie mit der Situation der Sünde auch nichts zu tun. Zwar hat sie Teil an der Geschichte der Menschen und wird in unserer Welt von sündigen Eltern geboren, bleibt aber dank göttlichem Eingreifen von der Sünde unberührt. Freilich ist das alles nicht ihr Verdienst. Es ist das ungeschuldete Werk Gottes, der in ihr endlich die neue Menschheit Wirklichkeit werden lassen und das glückliche Ende der Geschichte vorwegnehmen wollte, wenn alle Gerechten unbefleckt und rein vor Gott stehen werden. Das alles ist Maria bereits innerhalb und unter den Bedingungen der Geschichte.

Maria ist also die Unbefleckte. In der Zeit unseres Pilgerdaseins zeigt sie uns, was wir – jeder auf seine Weise – in der Vollendung der Menschheit in Gott sein werden. Auch wenn wir glauben, Maria sei aufgrund des geheimnisvollen Heilsplanes ohne Sünde, dürfen wir nicht meinen, ihr irdisches Leben habe sich in einem Meer von Rosen abgespielt. Sie hat teil an der menschlichen Existenz. Wenn wir behaupten, Maria sei die Unbefleckte, sagen wir damit nicht, sie hätte nichts zu leiden und zu fürchten gehabt, sie hätte weder zu glauben noch zu hoffen brauchen. Sie ist Tochter der Erde, obwohl sie vom Himmel gesegnet ist. Auch menschliche Leidenschaften kennt sie, und alles, was wirklich menschlich ist, geht nicht an ihr vorbei. Es gehört zur Wesensverfaßtheit des Menschen, sich nach verschiedenen Welten auszustrecken und von vielen Geistern behaust zu sein. So kennt er eine elementare leidenschaftliche Dimension, die ihn zur Erde drängt, eine, die ihn für den Himmel öffnet, und noch eine, die ihn in das Innere seines Herzens schauen läßt. Jede dieser Welten hat ihre Impulse und Neigungen und zieht den Menschen bald hierhin, bald dorthin. Das alles hat nichts mit Unvollkommenheit zu tun, sondern beweist nur, wie reich der Mensch ist.

Die Konkupiszenz (das ist der theologische Ausdruck für die vielgestaltige Dynamik der menschlichen Existenz) ist in ihrem *ursprünglichen Sinn,* wie ihn die großen mittelalterlichen Franziskanertheologen beschrieben haben, weder Sünde noch Folge der Sünde. Vielmehr ist sie Teil der guten Schöpfung Gottes und Bedingung für Tugend und menschliches Wachstum. Der Mensch am Morgen der Geschichte, vor der Sünde, hatte die Gnade der Integrität und der ursprünglichen Gerechtigkeit. Die disparatesten Neigungen seines

Lebens konnte er in einem Projekt integrieren, das auf Gott ausgerichtet, auf den Mitmenschen hin dimensioniert und in der Welt verwurzelt war. Jeder Dimension wurde er gerecht, ohne Brüche und entmenschlichende Verdrängungen.

Die Sünde brachte die Unordnung. Jede Leidenschaft geht ihren eigenen Weg. Der Mensch fühlt sich außerstande, sich zu beherrschen. Die Konkupiszenz, wie wir sie *geschichtlich* (und nur in diesem Sinne) erfahren, ist infolge ihrer desintegrierenden Gewalt Folge der Sünde und stachelt zur Sünde an. Wenn wir sagen, Maria sei von jeder Sünde rein bewahrt geblieben, dann heißt das, daß Maria wie jedes normale Wesen die verschiedenen Leidenschaften des Lebens mit ihren spezifischen Bedürfnissen verspürte. Aber im Gegensatz zu uns gelang es allein ihr, alles in einem heiligen Projekt zu integrieren und in der ihm entsprechenden Form so auszurichten, so daß sie ganz Tochter Gottes, Schwester aller Menschen und freie Herrin der Welt sein konnte. Aus der Gnade Gottes hatte sie eine innere Kraft, die sie befähigte, alles zu ordnen und alles sich im rechten Maß aller Dimensionen entfalten zu lassen. Die Quelle, die in ihr sprudelte, war lauter und rein. Dank dieser Quelle war in ihrem Leben alles lauter und rein, frei von Sünde und jeder Entfremdung, besser: voll Gnade und göttlichen Lebens.

Endlich hat die Schöpfung ein Wesen, das nur Güte ist. Die Wüste ist noch fruchtbar. Der Baum des Lebens bringt nicht nur verkümmerte Blüten hervor. Eine hat sich geöffnet und ein noch erhabeneres Leben empfangen, Jesus Christus. Noch und zum ersten Male kann der verwundeten Schöpfung ein Blick entlockt werden, der die Unschuld seines Glanzes nicht verliert, eine Geste ohne jede Doppeldeutigkeit, eine Zartheit, eine Schönheit und eine Milde, die niemand mehr bedrohen kann. Eine neue Menschheit kann einen neuen Anfang machen. Das Paradies ist nicht gänzlich in der Vergangenheit verlorengegangen, und das Reich liegt nicht mehr in unendlicher Zukunft. Es gibt eine Gegenwart, die die ältesten Träume Wirklichkeit werden läßt, die Erde feiert Hochzeit mit dem Himmel, das Fleisch versöhnt sich mit dem Geist, und der Mensch spielt vor dem großen Gott.

2. Was heißt »Voll der Gnade«?

Bekennen, Maria sei voll der Gnade, bedeutet davon auszugehen, daß Gott als Güte, Zärtlichkeit, Heiterkeit, Aufrichtigkeit, Gleichgewicht, Transparenz, Freiheit und Fülle in allen Dimensionen des Lebens sich dieser einfachen Frau aus dem Volke geschenkt hat. Gnade ist kein »geheimnisvolles Etwas« im Menschen, sondern die persönliche und lebendige Gegenwart Gottes im Leben, so daß es noch mehr Leben wird und sich voll zur Erde und zum Himmel hin entfalten kann. Dadurch hat Maria allerdings kein weniger dorniges, schwieriges, eintöniges und leidvolles Leben. Dies alles gehört grundsätzlich zur Struktur eines ins Fleisch getauchten Geistes, zur lebendigen Transzendenz in den engen Grenzen einer irdischen Immanenz. Der sündige Mensch leidet an den Mauern dieses Gefängnisses, lehnt sich auf und erhebt den Arm gegen den Himmel, wenn er nicht das ganze Leben verflucht.

Die Unbefleckte leidet nicht weniger an der Enge der Grenzen und an den Widersprüchen der Existenz. Aber sie ist imstande, ja zu ihnen zu sagen als zu Manifestationen der strukturellen Sterblichkeit des Lebens und als Einladung, sie zu transzendieren und nach Gott zu streben. Anstatt das Leben zu mindern, steigern sie es. Die Gnade in ihr vermag alles zu integrieren und alles zum Wachsen des Lebens zu verwenden.

Frei zu sein von der Geschichtslast, die unser Dasein spaltet, stellt zweifelsohne ein Privileg dar, das Gott Maria erwiesen hat. Aber, wie einer der großen Theologen dieses Jahrhunderts gesagt hat: »Wenn das *einmal* wahr ist, dann ist es wahr für *alle*«[2]: Auch unsere Zukunft wird die von Gereinigten sein; auch wir werden uneingeschränkt für Gott, vorbehaltlos Brüder und Schwestern füreinander und völlig frei für die Welt sein. Maria antizipiert, wozu alle bestimmt sind. Ihretwegen haben wir die Gewißheit, daß uns Gott in unserem Unglück nicht im Stich gelassen hat. Für alle, die dazu bereit sind, hat er einen neuen Anfang vorgesehen, weil er uns endlich von allen Seiten mit seiner Liebe umgibt.

Die Tatsache der Unbefleckten Empfängnis birgt unterdessen noch einen geheimen Sinn in sich. Sie ist nicht nur Werk aus dem reinen Erbarmen Gottes, mit dem er anfängt, eine neue Menschheit zu schaffen. Die Unbefleckte Empfängnis ist ein erstes Datum, das offen ist für weitere noch exzellentere Fakten. Gott schafft sich eine ganz reine und heilige Frau, die sein Aufnahmegefäß sein soll. Der Mensch ist dazu bestimmt – und dazu wurde er geschaffen –, die ganze und volle Selbstschenkung Gottes entgegenzunehmen. Wie wir

² *K. Rahner*, Maria, Mutter des Herrn. Theologische Betrachtungen, Freiburg 1956, 44.

im zweiten, analytischen Teil bereits sahen, wurde Maria dazu geschaffen, vom Heiligen Geist ergriffen zu werden. Das von der Gottheit erfüllte Weibliche gelangt zu seiner Fülle: Obwohl es Jungfrau bleibt, wird es Mutter und empfängt Gott selbst (den Sohn). Der geheime und letzte Sinn der Unbefleckten Empfängnis besteht nicht in Maria, sondern in Gott selbst mit seinem Willen zur Menschwerdung. In seiner Absicht, sich ganz selbst zu verschenken, bereitet er sich einen Tempel, in dem er Wohnstatt nehmen will; er zieht ein, ergreift Besitz von ihm und vergöttlicht ihn. In dieser Vorbereitung auf die noch bevorstehende Spiritualisierung liegen Sinn und Bestimmung der Unbefleckten Empfängnis.

VIII. Die bleibende Jungfräulichkeit Marias – Beginn der vergöttlichten Menschheit

Moderne Menschen tun sich besonders schwer mit der bleibenden Jungfrauschaft Marias.[1] Der übermäßige Wert, den unsere Kultur der Betätigung der Geschlechtlichkeit beimißt, gestattet es ihnen kaum, in der Jungfräulichkeit etwas Positives zu sehen.

1. Jungfräulichkeit im Konflikt der Interpretationen

Nicht wenige Christen stellen sich den Ursprung Jesu wie folgt vor: Maria und Josef sind ein tieffrommes und reines Paar. Wie die Mehrzahl der eifrigen Ehepaare ihrer Zeit warten auch sie brennend auf den Messias. Sie beten zu Jahwe, daß er eines ihrer Kinder auserwählt. Und in der Tat schaut Gott mit Erbarmen auf die Familie Josefs und erhört die Bitte um Erlösung. Der ewige Sohn macht sich einen aus der Liebe zwischen Maria und Josef gezeugten Sohn hypostatisch zu eigen und bestellt ihn zum Befreier der Welt. Nach dieser Vorstellung ist Maria immer rein, zwar nicht im biologischen, wohl aber im persönlichen und moralischen Sinn, denn bei keiner Gelegenheit kompromittiert sie ihre Beziehung zu Gott als dem Absolutum ihrer Existenz. Ebensowenig ist ihre Liebe zu Josef eine Konkurrenz zu ihrer Gottesliebe. Der Sohn wird aus der reinsten Liebe geboren; und noch ehe sie empfangen hat, hat sie ihn bereits Gott anheimgegeben. In seiner noch reineren Liebe nimmt Gott die Gabe an und macht sie zum Sakrament eines einziggeborenen Sohnes in der Geschichte. Die Jungfräulichkeit ist ein Wert, wenn auch nicht ein so absoluter Wert, daß Gott, um sie zu erhalten, eine übernatürliche Art

---

[1] Die Literatur ist unübersehbar. Genannt seien nur einige Titel: *E. Vallauri*, A exegese moderna diante da virgindade de Maria, in: Revista Eclesiástica Brasileira 34 (1974) 375–399; *K. S. Frank u. a.*, Zum Thema Jungfrauengeburt, Stuttgart 1969; *J. A. Saliba*, The Virgin-Birth Debate in Anthropological Literature. A Critical Assessment, in: Theological Studies 36 (1975) 428–454; *E. R. Carrol*, Theology on the Virgin Mary, 1965–1975, in: Theological Studies 36 (1976) 253–289; *L. Scheffczyk u. a.*, Nato da Maria vergine, Mailand 1978; *J. Layward*, The Virgin Archetype, New York 1972, 254–307; *P. Saintyves*, As virgens mães e os nascimentos miraculosos, Livraria Império, Rio de Janeiro o. J.; *M. O'Carrol*, The Virginal Conception. Some Recent Problems, in: Marianum 37 (1975) 429–464.

und Weise ersonnen hätte, wie Jesus (ohne menschlichen Samen und aus der Kraft und als Werk des Heiligen Geistes) empfangen werden konnte. Auch die Ehe ist ein heiliger Wert und ein ausreichend reiner Weg, auf dem Gott den Weg in das menschliche Fleisch findet.

Andere Christen, die sich mehr an die literarischen Vorgehensweisen der Autoren des Neuen Testaments halten, sagen: Die Jungfrauschaft Marias sei ganz auf die Wahrheit über Jesus ausgerichtet. Die Christologie und nicht die Mariologie stehe im Mittelpunkt der Erzählungen des Neuen Testaments (Mt 1,18–25; Lk 1,26–28). Auf der Linie der christologischen Konzentration sagen sie, die – biologisch verstandene – jungfräuliche Empfängnis Jesu sei ein literarisches Modell, das den Neubeginn der Menschheit mit Jesus zum Ausdruck bringen solle. Jesus verlängere nicht die Geschichte der Menschen, was ja auch hieße, daß die Mechanismen von Sünde und Gnade reproduziert würden. Jesus eröffne eine neue Ordnung, in der nur noch Güte, Gnade und Herrlichkeit gälten. Er sei der neue Adam und der Anfang des neuen Himmels und der neuen Erde. Die neue Schöpfung sei nicht das Werk der menschlichen Geschichte, sondern ausschließlich der Initiative Gottes. Um diese Wahrheit zum Ausdruck zu bringen, habe man als Verstehens- und Darstellungsmodell die jungfräuliche Empfängnis Jesu benutzt. Und in Funktion dessen habe man begonnen, von der Jungfräulichkeit Marias zu sprechen. Zunächst: vor der Geburt, sodann: bei der Geburt – und schließlich: nach der Geburt.[2]

Zu diesen Interpretationen müssen wir sagen: Ohne Zweifel und logischerweise ist die Inkarnation Gottes nicht wesensmäßig an die jungfräuliche Empfängnis gebunden. Gott hätte ruhig jemanden, der unter den Bedingungen menschlicher Liebe gezeugt worden war, nehmen und die Inkarnation seines einziggeborenen Sohnes sein lassen können. Jesus wäre nicht weniger Sohn Gottes, weniger Befreier und weniger göttlich als jetzt, da er aus der jungfräulichen Maria zur Welt gekommen ist. Trotzdem müssen wir uns fragen, ob es das ist, was uns die Glaubensväter bezeugt haben. Im übrigen geriete dann auch die Beziehung zwischen Maria und dem Heiligen Geist, die ja neue theologische Perspektiven – im Sinne einer Selbstmitteilung des Geistes, analog zu der des Sohnes – eröffnen kann, völlig in den Schatten. Die Theologie hat nicht über das Produkt unserer Wünsche nachzudenken, sondern über die Heilstatsachen, so

[2] *H. Küng,* Christsein, München/Zürich 1974, 441–447.

wie die Evangelien sie uns überliefern. In der Tat spricht die Bibel von dem Paar Maria und Josef; aber sie erzählt auch, daß zu deren Überraschung Jesus empfangen worden sei, während Maria noch Jungfrau war. Wenn Josef der Vater Jesu gewesen wäre, dann hätte man ihm eine heilsgeschichtliche Bedeutung und eine Verehrung zuteil werden lassen, die zumindest denen Marias gleichgekommen wären. Geschichtlich aber haben sich die Dinge anders entwickelt, weil Josef (als juristischer Vater) verglichen mit der direkten und unmittelbaren Rolle Marias als Mutter im eigentlichen und wahren Sinn, nur eine Funktion am Rande hatte. Der Weg Gottes in die Welt führte nicht über die Ehe, sondern über die Jungfräulichkeit. Gewiß war es ein Weg der Liebe, aber nicht der ehelichen Liebe.

Zur zweiten Interpretation müssen wir folgendes zu überlegen geben: In der Tat zielen die Erzählungen des Lukas und des Matthäus über die jungfräuliche Empfängnis Jesu vor allem auf die Christologie ab. Sie wollen betonen, daß Jesus (mit seiner Existenz und seiner Sendung) in einem einzigartigen Verhältnis zu Gott steht und daß die Menschheit mit ihm einen neuen Anfang nimmt. Aber nur das? Wollen sie dasselbe sagen, wie wenn sie Jesus als den neuen Adam, als Anfang und Haupt der neuen Menschheit beschreiben? Weder Lukas noch Matthäus stellen Spekulationen über die Jungfräulichkeit Marias an. Beide setzen sie schlicht als indiskutables Faktum voraus und benutzen sie als Gelegenheit für eine christologische Reflexion. Die Verse Mt 1,18 und Lk 1,35, die von der jungfräulichen Empfängnis Jesu sprechen, weisen direkt auf Jesus, indirekt aber auch auf Maria hin. Niemand kann pauschal sagen: Derartige Texte seien lediglich Variationen eines Mythos der zeitgenössischen Kultur. (Ägyptische Mythologie: Der Pharao entstammt der Verbindung zwischen dem Gott Amon-Ra und der jungfräulichen Königin. Griechische Mythologie: Die Götter gehen heilige Ehen – *hierós gámos* – mit den Töchtern der Menschen ein, die entweder noch Jungfrauen oder bereits Gattinnen sind, und die Kinder, die da geboren werden, sind entweder Halbgötter wie Perseus und Herkules oder menschliche Kinder, die dann aber Helden oder berühmte Gestalten sind wie Homer, Platon oder Alexander.) Auf die Unterschiede zwischen den Mythen und den Erzählungen des Neuen Testaments kommt es an. Hier handelt es sich nicht wie in den Mythen, in denen es durchaus nicht zimperlich zugeht, um geschlechtliche Beziehungen. Der Heilige Geist wird nicht als Vater, sondern als zeugende Kraft (Lk 1,35) geschildert. Jesus entsteht aus der Schöpfungskraft Gottes und der freien Annahme Marias und nicht aus einem sexuellen Handeln.

Wer sich für die mythologische Interpretation entscheidet, läßt im übrigen die Frage unbeantwortet, wie sich das definitive Bild des Weiblichen in Gott darstelle und welche Bedeutung die neue, in der Zeit bereits eingeführte und nicht bloß als Gegenstand der eschatologischen Hoffnung noch ausstehende Menschheit habe.

Deshalb gibt es noch eine andere Deutung, die bereits aus der großen Tradition bekannt ist. Dieser schließen wir uns an. Sie geht von den großen Zeugnissen des Glaubens aus, die schon in den Evangelien reflektiert werden, und aus ihnen versucht sie ein Höchstmaß an Folgerungen für unser Verständnis von dem endgültigen Plan zu ziehen, den Gott mit dem zukünftigen Menschen und der zukünftigen Welt hat.

2. Die Jungfräulichkeit Marias: ihre ursprüngliche Bedeutung

Wir müssen die ursprüngliche Bedeutung der Jungfräulichkeit Marias wieder herausfinden, um so ihre biologische Seite bejahen und zugleich übersteigen zu können. Bekannt sind verschiedene Arten von Jungfräulichkeit und Keuschheit, die aber *per se* nichts Christliches an sich haben. So gibt es die griechisch-römische Überlieferung der Vestalinnen. Diese mußten nach ihrer Weihe ihrer Göttin Vesta mindestens dreißig Jahre lang in vollkommener Jungfräulichkeit dienen. Die griechische Mythologie kennt Geschichten, in denen sich Jungfrauen opferten, um den Zorn der Götter zu besänftigen. Iphigenie, der Euripides neun Tragödien widmet (sieben davon sind bekannt), ist ein klassisches Beispiel für derartige Opfer. Die Jungfräulichkeit versinnbildet, wie wir bereits Gelegenheit hatten zu bedenken, Frische des Lebens, gespeicherte Energie und Dichte, die in Verbindung mit dem Stand der Unschuld einen besonderen Heilswert besitzt. Hier hat die Jungfräulichkeit kultische Bedeutung.

Weiter gibt es eine Jungfräulichkeit und eine Keuschheit, die moralische Tugenden sein wollen. Der Stoizismus machte die Enthaltsamkeit zu einem Ideal in dem Sinn, daß der Mensch seinen Körper und seine Bedürfnisse voll unter Kontrolle hat und sich frei zum Göttlichen erheben kann. Diese Haltung kann ein hohes Ideal ausdrücken, hinter ihr kann sich aber auch eine Überheblichkeit verbergen, die die leiblichen Wurzeln des Menschen herabsetzt.

Die Jungfräulichkeit Marias ist von einer anderen Quelle inspiriert. Auszugehen haben wir von der Welt des Alten Testaments, in der Maria geboren wurde. Für das Alte Testament insgesamt hatte die Jungfräulichkeit keinen besonderen Wert. Jungfräulichkeit galt soviel wie Unfruchtbarkeit, und dafür hatte man nur Verachtung. Als die Tochter des Jiftach erfährt, daß ihr Vater sie opfern will, bittet sie ihn darum, mit ihren Freundinnen in die Berge gehen zu dürfen, nicht um ihren Tod, sondern ihre »Jungfrauschaft« zu beweinen (Ri 11,37–40). Nicht Mutter werden bedeutet: sich als Frau nicht realisieren. Als Amos betonen will, in welches Elend das erwählte Volk geraten ist, vergleicht er es mit einer Jungfrau, die ohne Nachkommenschaft stirbt (Am 5,1–2; Jer 1,15; 2,13; Joel 1,8). Das Hebräische kennt nicht einmal ein Wort zur Bezeichnung eines Ehelosen, ein unverheirateter Mann wäre undenkbar. Jeremia nimmt die Ehelosigkeit als ein prophetisches Zeichen auf sich (vgl. Jer 16,1–4). Sein Stand prangert die Trostlosigkeit und die Zerstörung Israels an. Die Unglücksschläge, die Israel treffen werden, lassen Ehe und Nachkommenschaft zu einem Absurdum werden.

In diesem alttestamentlichen Zusammenhang hat die biologische Jungfrauschaft Marias ihren Ort. Sie ist kein Wert an sich und will nichts bezwecken. Deshalb singt Maria: »Er hat auf die Niedrigkeit seiner Magd geschaut« (Lk 1,48). In den Augen ihrer Umwelt bedeutet ihre Jungfräulichkeit Verarmung und Verachtung. Maria besingt ihr Jungfrausein nicht. Ihre Zeitgenossen können sie deshalb nur geringschätzen. Was sie groß macht, ist nicht der Jungfrauenstand, sondern »das Große, das der Mächtige an ihr getan hat« (Lk 1,49). Ihre Geringfügigkeit als Jungfrau ist wie die Minderwertigkeit der Armen Jahwes. Armsein im biblischen Sinn heißt leben in reiner Disponibilität, radikalem Gottvertrauen, zuversichtlicher Demut vor dem Herrn und in einem Glauben, der sich den Plänen des Höchsten anheimgibt. Armsein ist eine Haltung von Männern und Frauen, die in allem Diener bzw. Dienerinnen des Herrn sein wollen: »Ich bin die Magd des Herrn; mir geschehe, wie du gesagt hast« (Lk 1,38).[3]

Für Maria ist die Jungfräulichkeit also keine Technik zur Unterwerfung der Regungen ihres Körpers, damit sie sich zu Gott erheben könne. Bei Maria läßt sich nichts an Heldenhaftem, das Jungfräulichkeit erheischte, finden. Mit moralischer Tugend hat das nichts zu tun. Lukas macht vielmehr deutlich, daß es sich um eine theologale Tugend handelt. Maria lebt in reinem Glauben an Gott, unter Verzicht

---

[3] Vgl.: *L. Legrand,* Jungfräulichkeit nach der Heiligen Schrift, Mainz 1966, 152–159.

149

auf jede Selbstbehauptung, hingegeben den Absichten des Geheimnisses. Ihre Jungfrauschaft hat keinen kultischen Charakter wie bei den Vestalinnen. Sie ist kein »Trick«, mit dem sich Maria das Wohlwollen Gottes erschleichen wollte. Unter Aufgabe jeder Ambition ist Maria nichts als Dienerin, reine Selbsthingabe an Gott. Ihre biologische Jungfräulichkeit gehört zur Struktur der *kénosis* (Entäußerung), an der auch ihr Sohn teilhat. Sie ist Kleinsein, ein Makel in den Augen der Leute. Gesellschaft und Religion messen ihr absolut keinen Wert bei. Maria macht ihre Situation der Minderwertigkeit zu einem Weg der Demut, heiterer Hingabe und grenzenlosen Vertrauens auf Gott. Ambitionen hat sie nicht. Sie hält sich nur in totaler Verfügungsbereitschaft. Diese Haltung macht es Gott möglich, in Maria geboren zu werden, zuerst in ihrem Herzen und dann in ihrem reinen Schoß.

Mit Jesus und den Aposteln stellt das Neue Testament diese Haltung, wenn Menschen das Reich Gottes geschenkt bekommen und nach ihm leben wollen, als die gemäßeste dar.

Es dürfte deutlich geworden sein, daß die biologische Jungfrauschaft, biblisch gesehen, keinen Wert hat. Gleichwohl kann sie die Basis für einen unermeßlichen Wert sein, für Demut und Verfügbarkeit gegenüber dem Willen Gottes. Um mit Meister Eckhart zu sprechen: Sie macht es möglich, Gott im Herzen zu empfangen. Oder wörtlich: „Wenn Maria Gott nicht zuerst geistig geboren hätte, er wäre nie leiblich von ihr geboren worden."[4]

3. Die Jungfräulichkeit Marias vor der Geburt: Neubeginn der Welt

Von den ersten Zeugnissen in den Evangelien (Mt 1,18; Lk 1,35) bis in unsere Tage hat die Kirche immer geglaubt, daß Jesus von einer Jungfrau geboren wurde. Gott wollte von einer Frau in verächtlichen Verhältnissen zur Welt gebracht werden. Das ist sein Weg. Liturgische Gebete der Urkirche und offizielle Lehräußerungen belegen diesen Glauben, der seit Anfang des zweiten Jahrhunderts in alle Credos eingegangen ist. Explizit halten diese Lehre die verschiedenen Konzilien fest: das Erste Konzil von Konstantinopel (318; DS 150), die Kirchenversammlung von Chalkedon (451; DS 301) sowie das fünfte ökumenische Konzil, das das Zweite von Konstantinopel ist

---

[4] *Meister Eckhart*, Deutsche Predigten und Traktate, Zürich 1979, 256; vgl.: *J. Pintard*, Le principe »prius mente quam corpore . . .« dans la patristique et la théologie latine, in: Bulletin 27 (1970) 25–28.

(553; DS 427). Mit höchster Autorität wird hier erklärt: »Wer die heilige, glorreiche und *immerwährende Jungfrau Maria (aeiparthénon)* nur im uneigentlichen und nicht im wahren Sinne Gottesgebärerin nennt oder nur der Beziehung nach, als ob nur ein Mensch aus ihr geboren wäre und nicht das göttliche Wort aus ihr Fleisch angenommen habe . . ., der sei ausgeschlossen« (DS 427/NR 185). Eine Synode italienischer und afrikanischer Bischöfe 649 in der Lateranbasilika in Rom unter Papst Martin I. erläutert den Ausdruck *immerwährende Jungfrau (aeiparthénon)* wie folgt: »Wer nicht mit den heiligen Vätern im eigentlichen und wahren Sinne die heilige und *immer jungfräuliche* und unbefleckte Maria als Gottesgebärerin bekennt, da sie eigentlich und wahrhaft das göttliche Wort selbst, das vom Vater vor aller Zeit gezeugte, in den letzten Zeiten, ohne Samen, vom Heiligen Geiste empfangen und unversehrt geboren hat, indem unverletzt blieb ihre Jungfrauschaft auch nach der Geburt: der sei verworfen« (DS 503/NR 195). Die Synode von Toledo (675; DS 533–536) und das Vierte Laterankonzil (1215; DS 801) erhärten diese Erklärungen. Am 7. August 1555 bringt Papst Paul IV. in einer Bulle gegen eine polnische antitrinitarische Sekte *(Cum quorumdam hominum)* die klassische Formel: immer Jungfrau – vor der Geburt, bei der Geburt und nach der Geburt (DS 1880).

So eindeutig diese Erklärungen auch sein mögen, so müssen wir doch sagen, daß es sich nicht eigentlich um eine absolute Definition der Kirche handelt. Andererseits darf »nicht übersehen werden, daß die Definitionsabsicht der Kirche nie direkt und explizit auf die Jungfrauengeburt als solche zielte, sondern diese schlicht als Eigentümlichkeit der Herkunft Jesu bekannte. Die Aussage Pauls IV. ist natürlich ebensowenig eine Definition wie die des ersten Laterankonzils oder des Konzils von Toledo. Insofern kann man sagen, daß diese kirchlichen, besonders auch die altkirchlichen Symbola einfach die Jungfrauengeburt bekennen, ohne daß sie sich direkt und unmittelbar gegen eine entgegengesetzte Häresie wenden und deren Verwerfung gleichsam mit einem absoluten *assensus fidei* ausdrücklich verlangen.«[5]

Der Akzent liegt auf der Tatsache, daß Jesus nicht durch den männlichen Samen, sondern aus Gott in die Welt gekommen ist. In einem zweiten Schritt richtet sich dann das Augenmerk auf Maria als die Jungfrau, in der der Heilige Geist wirksam wurde, um menschlich

---

[5] *K. Rahner,* Dogmatische Bemerkungen zur Jungfrauengeburt, in: *K. S. Frank u. a.,* Zum Thema Jungfrauengeburt, 136.

151

das ewige Wort zu zeugen. Die Größe Marias besteht nicht darin, daß sie Jungfrau, sondern daß sie die *Frau* ist, die Gott erwählt hat, damit sie in ihrem Schoß das menschgewordene Wort empfing. Als *Frau* hätte sie verheiratet oder Jungfrau sein können. In eine andere Kategorie von Überlegung gehören die Feststellung und das Zeugnis, daß sie – geschichtlich gesehen – Jungfrau war und als solche im Glauben angenommen werden muß. Das Wort wurde nicht von einer verheirateten Frau mit Kindern, sondern von einer Jungfrau empfangen und zur Welt gebracht.

So unbestritten es ist, daß die bleibende Jungfräulichkeit Marias ununterbrochen zum Glauben der Kirche gehört hat, nimmt sie gleichwohl in der Hierarchie der Wahrheiten doch keinen der ersten Plätze ein. Wichtiger als die marianischen Wahrheiten sind die Wahrheiten über Gott und über Christus, den fleischgewordenen Gott und absoluten Befreier der Menschen. Heute, da diese Wahrheiten nicht mehr aus sich selbst einleuchten und immer neu begründet werden müssen, wird die Frage unumgänglich, was zum *Wesensgehalt* des Glaubens gehört und was auf einer eher zweitrangigen Ebene des Glaubens angesiedelt ist. An die immerwährende Jungfräulichkeit Marias zu glauben hat nur Sinn für jemanden, der zunächst einmal an die Inkarnation Gottes und an die menschlich-göttliche Existenz Jesu glaubt.

Wenn diese Punkte damit geklärt sind, stellt sich die Frage: Was will uns die Jungfrauschaft Marias vor der Geburt offenbaren? Wir dürfen uns nicht mit einem bloßen theologischen Positivismus zufrieden geben, der einfach die Fakten behauptet und die Zustimmung des Glaubens dazu verlangt. Alle Wahrheiten – so hat das Zweite Vaticanum treffend betont – dienen unserem Heil und wollen nicht nur die Neugierde pfiffiger Köpfe befriedigen. In welchem Punkt berührt die Jungfräulichkeit Marias unser Heil? Wenn Gott, um in die Welt zu kommen, den Weg der Jungfrauschaft und nicht der biologischen Geschlechtlichkeit gewählt hat, welche Gründe lassen sich dann *a posteriori* dafür anführen?

Zunächst müssen wir gestehen, daß es keine notwendigen Gründe *a priori* gibt. Gott hätte ruhig einen irdischen Vater haben können; und dieser wäre in keiner Weise ein Konkurrent für den ewigen Vater gewesen, weil Gott ja nie einen Konkurrenten hat und auf einer anderen, absolut transzendenten Seinsebene steht.

Zweitens hat die jungfräuliche Empfängnis nichts mit Abneigung gegen sexuelle Dinge zu tun. Im Gegenteil: Wir sahen zuvor, daß das

Judentum Vorurteile gegen die Jungfräulichkeit hegte und Geschlechtlichkeit und Mutterschaft hoch verehrte.

Drittens müssen wir endgültig Abschied nehmen von der Vorstellung vieler Kirchenväter, welche die jungfräuliche Geburt Jesu für eine notwendige Bedingung hielten, damit er von der Erbsünde nicht angerührt würde. Eine solche Ansicht übertreibt den biologischen Faktor bei der Weitergabe der Erbsünde.

Die Gründe für die Jungfräulichkeit sind, abgesehen von der Mariologie, in der Christologie und Pneumatologie zu suchen. So wird die Jungfräulichkeit zur Konkretion der mit und durch Jesus gekommenen Wahrheit. In Jesus Christus – so fand der apostolische Glaube insbesondere nach der Auferstehung – begegnet uns der neue Adam. Endlich taucht in der Geschichte ein Wesen auf, über das der Tod keine Macht mehr hat. In ihm herrscht das Leben in Fülle. Am Horizont der sterblichen Welt erscheint eine neue, unsterbliche Welt, nach der sich alle Prophetien gesehnt und alle Träume Ausschau gehalten haben. Dieses *novum,* nach dem die Menschen verlangen und sich ausstrecken, kann durch menschliches Bemühen nicht herbeigeführt werden. Alles, was wir schaffen – und sei es mit der größten Selbstlosigkeit und Lauterkeit – trägt das Stigma vielfältiger Unvollkommenheit. Der Mensch kann sich bessern, aber nie wird er sich von den bedrohlichen Schatten befreien können, die ihn begleiten. In Jesus aber wird nun alles dies mit lächelnder Heiterkeit Realität. Er ist nicht der Ertrag menschlicher Anstrengung, sondern Geschenk Gottes. Gott allein ergreift die Initiative, setzt den Beginn einer neuen Menschheit und befreit von Sünde und Tod. Die jungfräuliche Geburt Jesu ist der Ausdruck dieser Wahrheit. Sie gründet auf reiner und ungeschuldeter Initiative Gottes, der Mitwirkung des Mannes bedarf sie nicht. Dieser neue und absolute Anfang entstammt »weder dem Willen des Fleisches noch dem Willen des Mannes, sondern ist aus Gott geboren« (vgl. Joh 1,13). Die jungfräuliche Empfängnis konkretisiert kraft des Heiligen Geistes den unverdienten Neubeginn der Menschheit.

Im übrigen stellt das neue, von Jesus eröffnete Sein nicht bloß eine Verlängerung der vorfindlichen Schöpfung dar. Eher schon ist es Bruch und Protest. Es bedeutet, daß Gott erneut und nunmehr definitiv als Schöpfer tätig wird. Die jungfräuliche Empfängnis markiert diesen Bruch. Jeder Mensch wird aus der liebenden Begegnung zweier Herzen geboren und erbt die Sündengeschichte, der die beiden Herzen verhaftet sind. Jetzt wird dieser eherne Kreis durchbrochen. Jesus wird von oben geboren. Sein Auftreten gründet in einer anderen Geschichte, deren Anfang in Gott und deren Zielpunkt im Schoß der Jungfrau von Nazaret liegt.

Käme Jesus ganz von unten, aus der Geschichte der Menschen, trüge er die Last dieser Geschichte und müßte selbst befreit werden. Käme er aber nur von oben, gehörte er nicht zu unserer Geschichte und berührte die Menschheit nur tangential. In Wirklichkeit aber bedeutet er das Sakrament der Begegnung: Er kommt von unten, von Maria, und er kommt von oben, von Gott. Die jungfräuliche Empfängnis bringt diese Begegnung gut zum Ausdruck: Maria ist Teil der Menschheit und stellt vor Gott die Geschichte dar, obgleich sie von jedem Makel der Sünde bewahrt blieb und von ihr ausgenommen wurde. Die Zeugungskraft des neuen Anfangs kommt von oben, vom Geist der Schöpfung und der Verlebendigung, der in Maria am Werk ist. Die Frucht dieser Liebesbegegnung des Himmels mit der Erde ist Jesus Christus, der neue Adam und das Haupt der neuen Menschheit. Die biologische Jungfräulichkeit Marias steht im Dienst an der Verwirklichung dieses göttlichen Heilsplanes, der erst wenn er realisiert ist, in gewisser Weise im Glauben verständlich sein wird. Das Biologische an der Jungfräulichkeit hat keinen menschlichen und heilsrelevanten Wert an sich. Es wäre ein Zeichen für geistige Grobschlächtigkeit, ein Symptom für Mangel an religiöser Sensibilität und ein Hinweis auf fehlendes menschliches Feingefühl, wollte jemand die Jungfräulichkeit bloß auf ihren biologischen Aspekt reduzieren. Die biologische Seite ist Stütze, Ausdruck und Zeichen für etwas anderes, für das Anbrechen einer neuen Menschheit. Es dürfte deutlich geworden sein, daß die Jungfrauschaft nicht ihrer eigenen Verherrlichung dient, sondern einzig im Dienst Christi und seiner universalen Bedeutung steht.

Wie kam es zur jungfräulichen Empfängnis? Wir unterscheiden ein äußeres Element, das sich auf den juristischen und gesellschaftlichen Status Marias (lediges Mädchen, Braut usf.) bezieht, und einen inneren Aspekt, in dem es um das konkrete Entstehen Jesu im Schoß der Jungfrau geht. Im Blick auf den ersten Punkt sind historische Überlegungen möglich, die eine gewisse Plausibilität für sich haben; hinsichtlich des zweiten gibt es nur Hypothesen, von denen jedoch keine zwingend ist.

Es heißt, Maria sei eine Jungfrau gewesen, die mit einem Mann namens Josef verlobt gewesen sei (Lk 1,27). Ihr wird gesagt: »Du wirst ein Kind empfangen« (Lk 1,31). Überrascht fragt sie sich: »Wie soll das geschehen, da ich doch keinen Mann erkenne?« (Lk 1,34). Wie ist der letzte Teil des Satzes zu verstehen: »Ich erkenne keinen Mann?« Ich denke, daß wir uns der traditionellen Hypothese entledigen müssen, der zufolge Maria vor der Verkündigung den Entschluß gefaßt hatte, mit Josef eine jungfräuliche Ehe zu führen. Obgleich für die Gnade Gottes so etwas nicht unmöglich war, brauchen wir nicht davon auszugehen, Maria hätte mit der Auffassung ihrer Zeit gebrochen, der ja die Jungfräulichkeit nichts galt. Die unter neueren Mariologen gängigste These lautet, Maria habe nicht an eine jungfräuliche Ehe gedacht.[6] Vielmehr sei sie bereits mit Josef verheiratet gewesen, allerdings noch in der Phase der Brautschaft. Nach jüdischem Gesetz kam die Brautschaft einer juristischen Trauung gleich, obwohl die beiden noch nicht miteinander Geschlechtsverkehr haben durften, was erst Monate später möglich wurde, wenn die Ehefrau in das Haus des Ehemannes zog. So wird der Text verständlich, wenn er sagt: Maria war eine Jungfrau, die mit einem Mann namens Josef verlobt war (Lk 1,27). Während des Brautstandes, der es ihr noch nicht gestattete, mit Josef eheliche Beziehungen zu haben (Mt 1,18), erhält sie die Einladung, Mutter des Messias zu werden. Deshalb fragt sie: Wie ist das möglich, wenn ich noch Jungfrau bin? Und die Erklärung lautet: Es wird das Werk des Heiligen Geistes sein, ohne Dazutun Josefs, auf jungfräuliche Weise.

Jetzt sagt Maria ihr *fiat* – es geschehe! Sicher überblickt sie nicht die ganze Tragweite ihres Ja. Aber entscheidend ist, daß sie sich in den Dienst Gottes und seines unaussprechlichen Heilsplanes stellt und daß sie auf jede subjektive Mutmaßung verzichtet. Der Name des Kindes, das sich in ihr zu entwickeln beginnt, lautet Jesus. Das heißt: Jahwe rettet. Maria ist sich bewußt, daß das, was der Name beinhaltet, unermeßlich ist: Die Befreiung für die ganze Menschheit bricht an. Der Plan Gottes bewahrt seinen göttlichen Charakter, das heißt den Charakter von Freiheit und Respekt vor dem anderen. Es geht nicht um das Aufdrängen eines übermächtigen Willens, sondern um das Angebot einer Liebe, die Zustimmung will. Maria wurde eingeladen. Mit Bernhard von Clairvaux können wir sagen: »Das ganze Universum, das dir zu Füßen liegt, wartet ungeduldig auf deine Antwort ... Frau, gib die Antwort, die Himmel und Erde voller Ungeduld erwarten ... Gib sie bald dem Engel – oder vielmehr Gott durch den Engel ... Der, nach dem die Völker verlangen, klopft an

---

[6] Vgl.: *E. Schillebeeckx*, Maria – Moeder van de verlossing, Antwerpen 1955, 77 ff.

die Tür.«[7] Maria empfing Jesus zuerst im Herzen und im Geist. Sie glaubte an Gott. Dann sagte sie ihr Ja und empfing ihn in ihrem Körper. Ihr *fiat* verband sie endgültig mit der Geschichte der erlösten Menschheit und der Geschichte des in der Welt fleischgewordenen Gottes. Niemand kann diese Verbindung ignorieren, ohne sich dem zu entziehen, was Gott uns mitteilen wollte. Den inkarnierten Gott bejahen und gleichzeitig das Fleisch vergessen, das er von Maria erhalten hat, bedeutet, die Inkarnation ihres geschichtlichen Inhalts zu entleeren oder sie zu leerem Gerede herabzuwürdigen. Somit hat die neue von Jesus eröffnete Wirklichkeit eine mariale Struktur. Das Weibliche hat definitiv Eingang gefunden in Gottes Realität. Aus diesem Grund wird niemand es dort wieder ausreißen können, in Ewigkeit nicht. Aufgrund des mutigen Ja, das Maria gesprochen hat.

Josef spürt, daß seine ihm angetraute Braut schwanger ist. Da er gerecht ist (Mt 1,19), denkt er daran, sie insgeheim zu entlassen, ohne Ärgernis zu geben. Obwohl Maria ihn wahrscheinlich über den göttlichen Grund ihres Schwangerseins aufklärt, überlegt er dennoch, ob er die Verbindung lösen sollte. Nicht wegen der Gerechtigkeit des Gesetzes, sondern aus Furcht vor Gott. Wenn meine Frau vom Geheimnis Gottes angerührt worden ist, wie soll ich sie dann noch berühren und besitzen können? Maria gehört uneingeschränkt Gott. Da Josef radikal gerecht ist, kann er so denken. Wie Mose, der vorm brennenden Dornbusch fliehen will, weil Gott dort ist. Während ihm so alles durch den Kopf geht, kommt ihm eine Erleuchtung vom Himmel: »Fürchte dich nicht, Maria als deine Frau zu dir zu nehmen!« (Mt 1,20). Jetzt wird Hochzeit gefeiert. Die Ehe bleibt jungfräulich, weil sich beide ganz in den Dienst des Geheimnisses stellen, das Maria in sich trägt. Josef ist der Vormund des Lichtes, das die menschliche Finsternis erleuchtet. Er hütet die heilige Lampe, Maria, und kümmert sich um das Lichtlein, das die Macht der Finsternis endgültig vertreiben wird, Jesus. Beide leben den Zölibat wegen des Messias und des messianischen Reiches. Hier kündigt sich an, was das religiöse Lebensprojekt zahlloser Menschen in christlicher Zeit sein wird.

Über die christologischen Gründe haben wir bereits gesprochen. Was noch fehlt, ist die pneumatologische Perspektive. Auch der Heilige Geist hat eine heilsgeschichtliche Sendung der Vergöttlichung gegenüber dem Weiblichen. Die Konvenienzgründe, die dafür gelten,

[7] Homilia 4,8 (PL 183, 83–84).

daß das Wort die menschliche Natur in männlicher Gestalt angenommen hat, gelten gleichfalls für den Heiligen Geist und Maria. Es war angemessen, daß er die Jungfrauschaft samt der ganzen in ihr liegenden Fähigkeit zum Mutter-Sein annahm. Damit aber ist alles an der Frau erfaßt: die Jungfräulichkeit wie die Mutterschaft als Grundbestimmungen des Frauseins. Der Heilige Geist bedient sich der Jungfräulichkeit als etwas Besonderen, aber im Sinne einer anthropologischen Wirklichkeit, deren volle Bestimmung in der Mutterschaft erreicht wird.

Zu der Frage, wie sich, biologisch gesehen, die Empfängnis Jesu im Schoß Marias vollzogen habe, wissen wir nichts Sicheres. Der Glaube versicherte uns nur, daß Jesus nicht *ex semine Joseph* (Paul IV.; DS 1880) ist, sondern *conceptus de Spiritu Sancto*. Daß Gott ein Sperma geschaffen oder direkt auf das Ei in Maria eingewirkt hat, das sind Hypothesen, die sich nicht beweisen lassen. Reflexionen dieser Art sind unnütz und können in unziemliche Neugierde abgleiten. Was wir sagen können, ohne auf Einzelheiten eingehen zu müssen, ist, daß der Gottmensch Jesus auf menschlich-göttliche Weise empfangen wurde. Sosehr er auch Mensch ist, er ist nicht bloß Mensch. Er ist auch Gott. Wir sind menschlich empfangen worden. Er menschlich-göttlich.

4. Die Jungfräulichkeit Marias bei der Geburt: Die Geburt entsprach der menschlich-göttlichen Natur Jesu

Besonders in liturgischen und apokryphen Texten spricht man seit dem 2. Jahrhundert allmählich davon, Maria sei auch bei der Geburt Jungfrau geblieben. Gegen den Mönch Jovinianus mit seiner Lehre, Maria habe ihren Sohn jungfräulich empfangen, aber nicht als Jungfrau zur Welt gebracht (*virgo concepit, sed non virgo generavit:* Mansi III, 665), erklärt die Synode von Mailand 390 unter dem Vorsitz von Ambrosius die Jungfräulichkeit Marias auch bei der Geburt. Implizit verkündet diese Lehre auch das fünfte ökumenische Konzil von Konstantinopel (553) in seiner Erklärung von der *immerwährenden Jungfrau* Maria *(aeiparthénos)*. Schon in der Aula des ökumenischen Konzils von Chalkedon 451 war die Sentenz in dem berühmten dogmatischen Brief Leos des Großen an Flavianus verlautet. Geleugnet indes wurde sie von Tertullian, Origenes und Hieronymus, weil diese fürchteten, durch sie schleiche sich der Doketismus, der ja Jesu wahres Menschsein bestritt, ins Christentum ein. Die

Heilige Schrift bezeugt die Jungfräulichkeit bei der Geburt formell nicht. Sie ist, wie ein Großteil der Theologen meint, eine theologische Schlußfolgerung aus der Jungfrauschaft vor der Geburt. Nicht aufgrund einer definitiven Konzilsentscheidung *(data opera)*, sondern aufgrund der ununterbrochenen Tradition bis hin zum Zweiten Vatikanischen Konzil gilt sie als »de fide«.[8] Was sie als Glaubensaussage aber konkret beinhaltet, wissen wir nicht mit Bestimmtheit, räumt Michael Schmaus[9] ein und fügt hinzu: »Nie wurde jedoch der Sinn dieser Jungfräulichkeit im einzelnen verbindlich bestimmt.«[10] Die theologische Überlieferung (das heißt: der Theologen) lehrt, damit seien die Schmerzfreiheit und die Unverletztheit des Hymens bei der Geburt Jesu gemeint. Üblicherweise bediente man sich folgenden Vergleichs: Wie der Auferstandene aus dem Grab emporstieg und durch verschlossene Türen hindurchging, so vollzog sich analog auch seine Geburt. Wenn dem aber – angenommen – so war, dann müssen wir kritisch anmerken, Maria habe Jesus zwar empfangen und sei neun Monate mit ihm schwanger gegangen, habe ihn aber nicht zur Welt gebracht. Das Neue Testament ist jedoch eindeutig: »Und sie gebar ihren Sohn, den Erstgeborenen, und wickelte ihn in Windeln« (Lk 2,7). Die Gefahr der Häresie in Verständnis und Darstellung, derzufolge Jesus doch kein wahrer Mensch gewesen sei, liegt nicht fern. In der Tat ist die Jungfräulichkeit bei der Geburt zuerst in zweifelhaften, gnostisierenden Schriften bezeugt, wie in den Oden Salomos, dem apokryphen Protoevangelium des Thomas und der Himmelfahrt Jesajas. Erst danach wird sie von ernsthaften Theologen wie Ambrosius und Augustinus vertreten. Trotzdem beinhaltet sie eine Wahrheit, die es für unsere skeptischen Ohren von heute wiederzuentdecken gilt.

Wir möchten noch einmal betonen, was wir zuvor schon gesagt haben: Es geht nicht – weder in dem besonderen Fall der Jungfräulichkeit vor der Geburt noch in dem spezielleren Fall der Jungfrauschaft bei der Geburt – um eine zentrale Wahrheit des Glaubens. Vielmehr haben wir es mit einer zweitrangigen Wahrheit zu tun, die jeder Mensch und selbst jede Generation auf sehr verschiedene und subjektive Weise nachvollziehen kann. Obwohl sie nur entfernt aus Daten des christlichen Glaubens bezüglich Jesus und seiner Mutter

[8] Vgl.: *K. Rahner*, Virginitas in partu, in: Schriften zu Theologie IV, Einsiedeln/Zürich/Köln 1967, 173–205.

[9] Vgl.: *M. Schmaus*, Katholische Dogmatik V, München ²1961, 143.

[10] *Ders.*, Der Glaube der Kirche II, München 1970, 677.

folgt, ist sie in der Tradition nie in Vergessenheit geraten und *muß* auch heute wachgehalten werden.

Was wir sagen können, ist folgendes: Wie die Geburt Jesu konkret und im einzelnen vor sich ging, wissen wir nicht. Dennoch war sie eine echte Geburt. Aber sie war nicht wie eine Entbindung sonst, denn im Gegensatz dazu setzt ja die Geburt Jesu keine vorherige Geschlechtsbeziehung voraus. Die Geburt entspricht der Natur dessen, der da zur Welt kommt: Jesus, und dieser ist zugleich Mensch und Gott. So war sie eine *wirkliche* Geburt, wie Maria *wirklich* Mutter ist. Das genügt uns für den Glauben. Weitere Details brauchen wir nicht.

Zu den Einzelheiten von Schmerzfreiheit und Unverletztheit des mütterlichen Hymens: Das alles sind Spekulationen aus der Vergangenheit und bleiben Spekulationen und müssen als solche auch behandelt werden. Mit Glauben haben sie nichts zu tun, sie sind geschichtlich bedingte Darstellungsformen des Glaubens. Trotzdem gestatten wir uns folgende Überlegung: Maria ist frei von der Konkupiszenz, wie wir sie in unserer Lage unter der Herrschaft der Sünde erleben. Die Macht unserer Leidenschaften (was ja Konkupiszenz bedeutet) hält uns gefangen. Wir sind nicht imstande, alles in ein auf Gott hin ausgerichtetes Projekt voll zu integrieren. Schmerz, Entbehrung und Sterblichkeit werfen wir als Wesenselemente unserer Struktur nicht auf Gott, sondern lassen uns von ihnen verwirren, und sie bewirken, daß wir uns egoistisch an diese Welt klammern. Maria war nicht frei von den Dingen, die zur geschöpflichen Verfaßtheit des menschlichen Lebens gehören. Sie litt, empfand Schmerz und auch sonst alle Gefühle und erlebte – da sie gänzlich Frau war – alle diese Dimensionen mit unzweifelhafter Intensität. Nicht ohne Grund verehren wir Maria als Mutter der Schmerzen. Dennoch besteht ein großer Unterschied zwischen unserem Schmerz und ihrem Schmerz. Maria verband alles mit Gott und integrierte alles in Gott. Was wir als Zersetzung, Bedrohung und reine Passivität erleben, realisiert Maria auf integrierende Weise als Chance zu Wachstum und gnadenhafter Begegnung mit Gott. So erfuhr Maria die biologischen Abläufe der Mutterschaft wie Empfängnis, Schwangerschaft und Entbindung, die ja zum Teil weh tun, in ihrer zutiefst menschlichen Dichte, aber zugleich auch als durchdrungen von der Gnade ihrer göttlichen Mutterschaft und als voll von Gott angenommen. Maria ist somit wirklich frei – nicht vom Schmerz, wohl aber von der *Form* des Schmerzes und des Bruchs, der wir noch unterworfen sind und die wir noch nicht in Gott auf personale Weise zu integrieren vermögen.

5. Die Jungfräulichkeit Marias nach der Geburt: Ganzhingabe an Christus und an den Heiligen Geist

Weiterhin behauptet der christliche Glaube, Maria sei nach der Geburt ihres erstgeborenen Sohnes Jungfrau geblieben (vgl. Mt 1,25). Im Gegensatz zum alten Protestantismus bestreiten moderne evangelische Theologen diesen Glaubensartikel und berufen sich dabei auf die Stellen des Evangelismus, an denen von den Brüdern Jesu die Rede ist (Mk 3,31; Joh 2,12; Apg 1,14; 1 Kor 9,5; Gal 1,19). Im Bibelgriechischen der Septuaginta bezeichnet das Wort *Bruder* nicht notwendigerweise den Bruder dem Blut nach, sondern kann auch Vetter und Kusine meinen (Gen 13,8; 14,14). Josef Blinzler, ein Fachmann auf diesem Gebiet, kommt zu dem Schluß:

»Die sogenannten Brüder und Schwestern Jesu waren Vettern und Basen Jesu. Bei Simon und Judas ging das Verwandtschaftsverhältnis zu Jesus über ihren Vater Klopas, der ein Bruder des heiligen Joseph und wie dieser Davidide war; der Name ihrer Mutter ist unbekannt. Die Mutter der Herrenbrüder Jakobus und Joses war eine von der Herrenmutter verschiedene Maria; sie oder ihr Mann war mit Jesu Familie verwandt, aber die Art dieses Verwandtschaftsverhältnisses läßt sich nicht mehr ermitteln. Einiges scheint darauf hinzudeuten, daß der Vater des Jakobus (und Joses) priesterlicher oder levitischer Herkunft und vielleicht ein Bruder Marias war. Wie aus dem Schweigen der Evangelien über Joseph von Lk 2 an erschlossen werden kann, ist Jesu Nährvater früh gestorben. Nach seinem Tod wird sich die heilige Jungfrau mit ihrem Kinde dem Haushalt ihres (ihrer?) nächsten Verwandten angeschlossen haben. Die gemeinsam mit Jesus aufwachsenden Kinder aus dieser Familie (diesen Familien?) wurden von der Bevölkerung als seine Brüder und Schwestern bezeichnet, weil es im Aramäischen keine andere Kurzbezeichnung dafür gab. Die Urkirche hat die Bezeichnung übernommen und auch im Griechischen beibehalten, um die inzwischen zu angesehenen Mitgliedern der Kirche gewordenen Verwandten des Herrn dadurch auszuzeichnen, und wohl auch deswegen, weil sie ein willkommenes Mittel war, diese Personen von den vielen anderen Trägern ihrer Namen, die es in der Urkirche noch gab, bequem und sicher zu unterscheiden.«[11]

Der Inhalt der Jungfräulichkeit nach der Geburt darf nicht in irgendeinem Vorurteil gegen eheliches und geschlechtliches Leben

[11] *J. Blinzler,* Die Brüder und Schwestern Jesu (Stuttgarter Bibelstudien 21), Stuttgart ²1967, 145–146.

gesucht werden. Obwohl Maria und Josef beisammen blieben, stellten sie sich ganz in den Dienst an der Heilsbedeutung Jesu und der Verehrung des Heiligen Geistes, der in ihr wohnte. Beide befanden sich in einem größeren Geheimnis als dem der Liebesbegegnung zwischen Mann und Frau, entrückt und verwundert waren sie in Jesus, der aus der Kraft des Heiligen Geistes geboren war. Allerdings brauchen wir uns die Dinge nicht so vorzustellen, als hätten Maria und Josef, weil sie auf genital-geschlechtliche Beziehungen verzichtet haben, keine Beziehungen von großer Zärtlichkeit, Liebenswürdigkeit und gegenseitigem liebevollem Verständnis gehabt. Alle diese Züge gehören zum Familienleben; sie sind das Merkmal intensiv gelebter Tugenden, wie sie das Paar Maria und Josef auszeichneten. So herrschte ein gesundes und religiöses Klima bei ihnen. Der kleine Jesus konnte wachsen, psychisch reifen und zu dem Gleichgewicht und der Menschlichkeit finden, die er später in seinem öffentlichen Leben bekundete.

Die bleibende Jungfrauschaft Marias beeinträchtigt also nicht nur nicht ihre Weiblichkeit, sondern erhöht und verklärt sie in einer reifen Mutterschaft.

6. Anthropologische und theologische Bedeutung der Jungfräulichkeit

Warum wollte Gott von einer Jungfrau geboren werden? Weiter oben haben wir bereits auf die aposteriorischen Gründe christologischer Art hingewiesen: Gott will deutlich machen, daß die Menschheit an einem Neuanfang steht. Durch Maria stammt dieser einerseits von der Erde, andererseits bricht er kraft des Geistes vom Himmel her ein. Jesus ist die Begegnung zwischen Himmel und Erde, der Anbeginn einer Menschheit, die endlich von Sünde und Tod befreit ist und Eingang in die volle Gemeinschaft mit Gott gefunden hat.

Abgesehen von diesem Hauptgrund gibt es noch eine andere, anthropologische Begründung.[12] Wahrheiten wollen nicht unsere religiöse Neugierde befriedigen, sondern etwas vom Geheimnis Gottes kundtun und, was uns hier besonders interessiert, uns helfen, auch Dimensionen unseres eigenen Geheimnisses zu entziffern. Mit ihrer Jungfräulichkeit zeigt uns Maria eine ganz auf den Dienst am

---

[12] Vgl.: *M.-J. Nicolas,* La doctrine mariale et la théologie chrétienne de la femme, in: Maria (Du Manoir) VII, Paris 1964, 344f; *V. Caporale,* Maria e la donna d'oggi, in: Rassegna di teologia 17 (1976) 19–36.

Messias konzentrierte, ganz für den Heilsplan Gottes offene Existenz. Aber nicht nur im Geist lebte sie diese Haltung, sondern sie versinnbildete sie auch in der Berührbarkeit ihres Körpers: Ihre Jungfräulichkeit bildete keinen Wert an sich, sondern war offen für das Mutter-Sein. Mit dieser ihrer Haltung begründet Maria eine neue Geschichte. Im Laufe der Jahrhunderte werden Tausende in Reinheit und Jungfräulichkeit ein geweihtes Leben führen und auf Ehe und Familie verzichten – auf Werte, die zu den höchsten der Schöpfung zählen –, um sich für den endgültigen Heilsplan Gottes bereitzuhalten, das heißt nur Gott und für Gott zu leben. Die christliche Jungfräulichkeit ist nicht nur Vorbehalt für Gott, sondern insbesondere Sendung zu den Menschen im Namen Gottes. Deshalb eignet der christlichen Jungfräulichkeit ein mütterlicher Zug, sie zeugt Werke des Dienstes, weil sie von Liebe durchdrungen ist. In der Nachfolge Marias wird es immer Geister geben, die diesen Aufruf verstehen, obwohl viele einer solchen Weihe keinen Wert beimessen. Wenn ein Stern in dunkler Nacht strahlt und ich ihn nicht sehe, dann ist das kein Problem des Sterns, sondern meiner Augen (Karl Rahner). Fehlende Sensibilität zeigt das Dunkel an, in dem mein Herz befangen ist.

Weiter ist Maria Vorbild dafür, welche Haltung jeder Mensch grundsätzlich vor Gott zu haben hat und wie sie allein eines Geschöpfes würdig ist: uneingeschränkte Disponibilität und Hinnahmebereitschaft. Wir können Himmel und Erde erobern, alles nur mögliche Wissen von der Wirklichkeit anhäufen, in die letzten Tiefen unseres Inneren vordringen und uns mit allen gelungenen Experimenten der Menschheit bereichern, im Angesicht des Absoluten sind wir Bettler mit leeren Händen und mit einem Herzen, das nicht weiß, was uns wirklich satt und zufrieden macht: Gott. Wir sind von einer ontologischen Jungfräulichkeit, die einzig nach Gott als Gatten verlangt. Alle, auch die Verheirateten, müssen diese radikale Offenheit leben, weil sie den Advent Gottes im Herzen ermöglicht. Diese Jungfräulichkeit, die schon von körperlicher Jungfräulichkeit unabhängig ist, bedeutet eine Relativierung aller Dinge dieser Welt. So wichtig sie auch sein mögen, sie sind trotzdem nicht die letzte Instanz. Der Mensch ist *fine finaliter* für Gott geschaffen. Diese letzte Bestimmung entleert nicht die Zwischenstationen auf dem Weg durch die Geschichte, sondern verleiht ihnen eine spezifische Seinsweise, die immer auf etwas Höheres abzielt. So werden sie zu einer Tür, die immer wieder auf eine andere Tür verweist, zu einem Licht, das an ein anderes Licht erinnert, bis daß das unstillbare Verlangen des Menschen endlich in der letzten Wirklichkeit ausruhen kann. Jungfrau-Sein heißt sich die Reinheit dieses Anrufes bewahren und sich in der Praxis des Lebens für das wirklich Letzte und Entscheidende des menschlichen Lebens, für Gott, offenhalten.

Schließlich können wir noch eine weitere Frage stellen: Welche theo-logische Bedeutung hat die Jungfräulichkeit Marias? Mit anderen Worten: Was bedeutet die Tatsache, daß Gott von einer Jungfrau geboren wurde und seine Menschheit von einer Jungfrau erhielt, für Gott selbst? Damit aber rühren wir, wie gesagt, an das absolute Geheimnis. Dadurch, daß sich Gott von einer Jungfrau zur Welt bringen läßt, findet er eine einzigartige und spezifische Realisierung.

Der letzte Sinn der Bereitschaft Marias besteht gerade darin, daß sie es mit ihrem *fiat* Gott ermöglicht, sich »selbst zu verwirklichen«. Der Geist spiritualisiert sich in Maria, und die göttliche Natur konkretisiert durch die Jungfrau Maria ihre eigene göttliche Jungfräulichkeit: Gott offenbart seine totale Disponibilität und Offenheit dafür, sich von dem, was von ihm verschieden ist: von der Schöpfung, durchdringen zu lassen. Gott ist totale Gemeinschaft und somit höchste Disponibilität, das heißt radikale Jungfräulichkeit. Die Jungfrauschaft Marias ist Sakrament und Zeichen dieser Jungfräulichkeit Gottes. In der Empfängnis Jesu begegnet die göttliche Jungfräulichkeit der menschlichen Jungfräulichkeit. Maria wird zum Werkzeug der Offenbarung und Geschichtswerdung der Jungfräulichkeit Gottes. Die Gnade, die Erlösung und die Liebe Gottes besitzen somit einen jungfräulichen Zug. Ähnlich wie die Jungfräulichkeit Gottes die Quelle der Vaterschaft ist, ist die Jungfräulichkeit Marias auf die Mutterschaft hingeordnet.

Aufgrund der Herabkunft des Heiligen Geistes über die Jungfrau Maria gehört die Jungfräulichkeit zum Heiligen Geist. Damit findet diese tiefe Dimension des Frau-Seins in der Person des Heiligen Geistes einen endgültigen Haftpunkt in der Wirklichkeit Gottes selbst.

IX. Die menschliche und göttliche Mutterschaft Marias

Wichtiger als die Jungfrauschaft Marias ist ihre Mutterschaft.[1] Die Jungfräulichkeit besteht nicht für sich zur Verherrlichung ihrer selbst, sondern ist auf die Mutterschaft hin angelegt. Hier wurzelt alle Größe Marias. Sie ist nicht nur Gott geweiht, sondern Gott besitzt sie. Sie wird seine Braut. Maria ist die Mutter Jesu, der ja Gott ist. Nicht ohne Grund benutzt das Neue Testament lieber den Titel »Mutter Jesu« als »Jungfrau« (letzterer findet sich nur zweimal: Lk 1,27; Mt 1,23, während uns »Mutter« (25mal begegnet).

Aber die Mutterschaft ist für Maria nicht nur ein Datum ihrer Biographie, das allein für sie Bedeutung hätte. Marias Mutterschaft steht im Dienst am heilsgeschichtlichen Vorhaben Gottes, das alle Menschen betrifft. So wie Abraham für die gesamte Menschheit da war, so steht Maria mit ihrer Mutterschaft im Dienste Gottes und seines Heilsplanes mit der ganzen Menschheit. Maria ist nicht nur die Mutter Jesu, sondern auch die Mutter der Geschwister Jesu, die alle Menschen sind.

Wir sagten, Maria stehe im Dienst am Heilsplan Gottes mit der ganzen Menschheit. Aber was ist dieser Plan Gottes? Um es direkt und ohne große Vermittlungen zu sagen: Mensch werden wollen, das heißt sich selbst ganz einem anderen, von einem selbst Verschiedenen mitteilen wollen. Gott will »sich realisieren«, indem er Mensch wird. Aber nicht nur das. Gleichzeitig will er auch den Menschen absolut realisieren. Und worin besteht die letzte Realisierung des Menschen? Sie besteht darin, Gott zu werden. Das heißt, sich selbst in der Hingabe an einen anderen, von einem selbst Verschiedenen voll zu realisieren. Nun wird der Mensch aber greifbar in Mann und Frau, im Weiblichen und im Männlichen. In Jesus Christus sieht der Mann

---

[1] Vgl.: *E. Schillebeeckx*, Maria – Moeder van de verlossing, Antwerpen 1955, 119ff; *R. Laurentin*, Kurzer Traktat der Marianischen Theologie, Regensburg 1959, 137–167; *A. Müller*, Das Zentralereignis, Marias Mutterwerdung, in: MySal III 2, 1969, 445–457; *K. H. Schelkle*, Die Mutter des Erlösers, Düsseldorf 1959; *G. Baraúna*, Die heiligste Jungfrau im Dienste des Heilsplanes, in: ders. (Hrsg.), De Ecclesia II, Freiburg 1966, 477–492; *R. Laurentin*, Bulletin sur Marie, Mère du Seigneur, in: Revue des sciences philosophiques et théologiques 60 (1976) 309–345; 451–500.

seine letzte Bestimmung verwirklicht, weil er ein Mann (der auch das Weibliche einschließt) ist, der vergöttlicht wurde. In Maria – so postulieren wir – konkretisiert sich die letzte Berufung der Frau, weil der Heilige Geist sie sich seit ihrer Aufnahme in den Himmel hypostatisch zu eigen gemacht hat. In einer göttlichen Sendung *ad extra* kommt der Heilige Geist, um sie zu erfassen und zur Mutter des fleischgewordenen Wortes zu machen. Der Göttliche zeugt den Göttlichen.

So wird ersichtlich, daß Maria das *medium* zur Verwirklichung des Projektes von Mann und Frau ist. Sie gebiert einen Menschen, der Gott ist (göttliche Mutterschaft), und einen Gott, der wirklicher Mensch ist (menschliche Mutterschaft). In ihrer Eigenschaft als Mutter steht Maria an dem Punkt, an dem sich das Projekt Gottes und das Projekt des Menschen schneiden. Die Wege kreuzen sich in ihr. Aus diesem Grund kommt ihr eine Bedeutung zu, die über sie selbst hinausgeht, eine Bedeutung für die Geschichte Gottes und die Geschichte der Menschen. Ihre Größe besteht im Dienst an den anderen, ihr Ruhm im Sich-Verbergen, damit andere ans Licht treten können.

In Maria begegnen wir einer echten menschlichen Mutterschaft, weil die Frucht ihres Leibes ein wirklicher Mensch ist, Jesus. Darüber hinaus kennt sie aber auch eine echte göttliche Mutterschaft, weil der Mensch, dem sie das Leben gibt, wirklich Gott ist. Die menschliche Mutterschaft webt ein Netz von Beziehungen zur Geschichte und zur Menschheit, das eigens hervorgehoben werden soll. Die göttliche Mutterschaft schafft ein anderes Netz, ein Netz von Beziehungen zu Gott und seiner Größe, das gleichfalls angemessen dargestellt werden muß. So erscheint Maria wirklich wie ein Scharnier, das die gesamte Heilsgeschichte, einschließlich Gottes und des Menschen, trägt und in dem sich das Ganze bewegt. Man kann an der *grundlegenden* Bedeutung Marias nicht vorbeigehen. Wer das dennoch tut, entleert das Christentum seiner Geschichtlichkeit. Man kann keinen fleischgewordenen Gott akzeptieren, ohne auch Maria zu akzeptieren, die ihm das menschliche Fleisch gegeben hat.

1. Die menschliche Mutterschaft Marias

Maria ist eine wirkliche Mutter mit allem, was menschliche Mutterschaft mit sich bringt. Ihrerseits bildet die Mutterschaft eine Form der Erzeugung des Lebens, denn Muttersein heißt Urheberin des

Lebens (*genitrix*) sein. Die Lebenserzeugung erfordert zwei Elemente: den elterlichen Erzeuger und das Erzeugnis. Im Falle des Menschen teilen sich zwei Geschlechter die erzeugende, elterliche Funktion: Vater und Mutter tragen beide zur Erzeugung des Kindes bei. Im besonderen Falle Jesu ist es aber nur Maria, anstelle des Mannes wirkt der Heilige Geist. Aus diesem Grund interessiert uns hier nur der Teil der weiblichen Lebenserzeugung. Wie trägt die Mutter zur Erzeugung des Kindes bei? Seitdem K. E. Baer 1826 das mütterliche Ei entdeckt hat, wissen wir, daß die Frau – anders als eine jahrhundertealte Tradition behauptete – eine äußerst aktive Rolle spielt. Durch sie und in ihr entsteht das Ei. Dieses ist aktiv. Bereits weithin determiniert, bestimmt es das neu erzeugte Wesen. Schwangerschaft, Ernährung, Entwicklung des Embryos und Geburt sind Teil der Mutterschaft. Dieser ganze Prozeß hat grundsätzlich eine biologische und physiologische Seite, die spontan ist, ihren eigenen Rhythmus hat und vom Bewußtsein weder gesteuert wird noch von ihm abhängt. Da es sich aber um eine menschliche Mutterschaft handelt, treten typisch menschliche Merkmale zutage. Die Mutter ist keine Gebärmaschine. Die biophysiologischen Abläufe vollziehen sich in einem menschlichen Klima, das von Geistigkeit, Gefühlen sowie bewußter und freier Mitwirkung getragen wird. Zwischen Mutter und Kind bauen sich Beziehungen auf, deren Tiefe und Dichte der männliche *logos* nicht erfassen und die nicht einmal der Tod zerschneiden kann. Außer ihrem natürlichen biophysiologischen Aspekt beinhaltet die Mutterschaft eine Dimension der Freiheit und der Bejahung. Die Mutter pflegt mit der Frucht ihres Leibes ein Verhältnis, das von Liebe, Annahme, Sorgfalt und Zärtlichkeit geprägt ist. In dieser Art von Beziehung kommen das spezifisch Menschliche und das Nicht-Zwangsläufige der Mutterschaft zum Vorschein, so daß die äußerst komplexen Bedingungen zwischen Mutter und Kind, deren Wurzeln bis ins Unbewußte hinabreichen, bewußt, geistig, unantastbar und unvergänglich werden.

Alle diese Dimensionen finden wir bei Maria, der Mutter Jesu, wieder. Zunächst einmal war die Mutterschaft für sie nichts Zwangsläufiges. Ihr *fiat,* mit dem sie die Einladung Gottes beantwortete, resultiert aus einer radikalen Freiheit, die sich dem Liebesplan Gottes hingibt. Am Anfang der neuen Geschichte Gottes mit den Menschen steht die Geste der Freiheit und nicht der Zwang der Gewalt. Grundsätzlich besteht das Merkmal des Neuwerdens immer in Freiheit, Liebe und Hingabe an den anderen. Wenn dies nicht mehr zutage tritt, fallen wir in die alten Schemata zurück; und das bedeutet, daß Gott noch nicht im Herzen der Menschen geboren ist. Marias Mutterschaft ist die Folge ihrer Zustimmung. Gottes Plan war, daß sein Werk nicht das Ergebnis seiner Allmacht – unter Ausschluß der menschlichen Freiheit – sein sollte; vielmehr sollte es aus der Freiheit des Menschen erwachsen. Aus diesem Grund »hat Gott in demselben Akt, in dem er auf den Mann verzichtete, der Frau bedürfen wollen«[2].

Maria stimmte Gott zu, weil sie glaubte (Lk 1,45), und weil sie glaubte, empfing sie. Sie beginnt, Mutter zu werden und Jesus das Leben zu schenken. Alle Prozesse, welche die Mutterschaft ausmachen, spielen sich in ihr ab: Eisprung, Befruchtung, Schwangerschaft und Geburt. Jesus erhält von Maria den genetischen und genotypischen Inhalt, das heißt das biologische Erbe, aber er erhält von ihr auch die psychologische Persönlichkeit. Bei Maria handelt es sich ja um eine jungfräuliche Empfängnis aus der Kraft des Heiligen Geistes. Es fehlen also die Merkmale, die sonst der männliche Samen einbrächte. Daraus folgt, daß zwischen Maria und Jesus auf der Ebene des Genotypischen, der Physis wie der Psychologie eine viel größere Nähe besteht als sonst zwischen Mutter und Kind.

Obwohl Jesus Mann ist, bezieht er die biologische und psychologische Grundbestimmung von seiner Mutter Maria. So fließt das Weibliche in einem ganz besonderen Ausmaß in die Konstituierung der konkreten Existenz Jesu ein. Da Jesus zugleich Gott ist, können wir auf eine unvermutete Vergöttlichung des Weiblichen schließen. Das Weibliche wird von Gott ergriffen, ja, es wird zum Vehikel der Erlösung der Menschen und der Selbstoffenbarung Gottes. Damit gewinnt das Weibliche auf dem Wege von Maria zu Jesus eine Dimension des Ewigen.

Die Mutterschaft muß für Maria überaus viel bedeutet haben. In ihr begegnet uns die ganze Weiblichkeit mit all ihrer Fülle. Die Mutterschaft bedeutet für die Frau viel mehr als für den Mann die Vaterschaft. Die Mutterschaft reicht bis an die geheimsten Wurzeln des Lebens und zeigt sich nach jeder Entbindung verwandelt und wiedergeboren. Obwohl Maria Mutter ist, bleibt sie zugleich Jungfrau. Sie überwindet die gesellschaftliche Geringschätzung der Jungfräulichkeit und bewahrt gleichzeitig die ganze Frische wie auch das Gefühl der Ganzheit und Integrität, das jede Jungfrauschaft auszeichnet.

Muttersein ist nicht nur eine Phase des Lebens. Mutter ist man das

[2] A. Manaranche, L'Esprit et la femme, Paris 1974, 160.

ganze Leben, wie man auch das ganze Leben Sohn bzw. Tochter ist. Das Kind zu begleiten, zu erziehen und an seinem Schicksal teilzuhaben sind Dimensionen jeder wirklich menschlichen Mutterschaft. Jesus wurde größer und reifer unter den Augen Josefs und vor allem Marias. Von ihnen lernte er, die ersten Wörter zu stammeln. Welch ein Glück: Der Sohn, der Gott ist, kann zu jemandem sagen: Meine Mama! Und die Mutter kann zu jemandem, der Gott ist, sagen: Mein liebes Kind! Liebe und Zärtlichkeit strömen in einer Weise hin und her, wie die Menschheit es noch nie gesehen hat. Von Josef und Maria lernt Jesus, zu beten und die Schrift zu lesen. Später werden die Jünger bezeugen, daß er nur Gutes auf Erden getan hat. Hinter der menschlichen Güte Jesu, hinter seinem außergewöhnlichen religiösen Einfühlungsvermögen und hinter seiner existentiellen Weisheit steht Maria mit ihrem Tugendleben; ihr ist es gelungen, dies alles in ihrem Sohn sich widerspiegeln zu lassen. Die Nähe zu Jesus, das familiäre Zusammenleben mit ihm, der Austausch von Meinungen und Kommentaren wie auch die Teilnahme an denselben Sorgen um Arbeit und Unterhalt bergen Geheimnisse, die nur ein Mutterherz zu verstehen und zu behalten imstande ist. Dieser ganze menschliche Reichtum ist in der menschlichen Mutterschaft Marias mit umgriffen.

Jeder Mensch, der geboren wird, steht in Verbindung mit der ganzen Menschheit, denn er ist Träger derselben menschlichen Natur. Jesus ist Bruder jedes Menschen. Er hat denselben Planeten bewohnt, dieselbe Luft geatmet, von demselben Wasser aus denselben Quellen getrunken, dieselbe Sonne betrachtet und sich von denselben Sternen bescheinen lassen. Dieselbe irdische Existenz mit all ihren körperlichen und geistigen Seiten, wie wir sie kennen, hat er getragen. Vor Gott bildet er zusammen mit uns ein und dieselbe Menschheit. Maria war es, die ihm diese ganze Konkretheit geschenkt hat. Sie hat uns Jesus für immer geboren. Wenn er als der Mensch par excellence – *ecce homo* – gilt, welche Würde kommt dann dieser Frau zu, die Jungfrau und Mutter ist! Und wenn wir bekennen, Jesus sei auch Gott, dann bleibt uns im Blick auf Maria nur, mit dem inspirierten Verfasser zu sagen: »Gesegnet bis du mehr als alle anderen Frauen!« (Lk 1,42), oder mit dem himmlischen Boten: »Sei gegrüßt, du Begnadete« (Lk 1,28). Maria ist nicht nur Mutter des Menschen Jesus, sie ist auch Mutter des Gottes Jesus. Maria ist das Medium, durch das Gott Fleisch wurde. Der ewige Sohn kam nicht mit einem lebendigen, fertigen, von Gott aus dem Nichts geschaffenen Körper zu Welt, sondern er wollte menschliches Fleisch, so wie die Menschen es haben, annehmen. So wurde er dem Fleisch nach wirklich unser Bruder. Maria stellte sich für dieses göttliche Unternehmen zur Verfügung und verband dadurch Jesus wie mit einer Nabelschnur mit allen Menschen.

2. Die göttliche Mutterschaft Marias

Die göttliche Mutterschaft Marias beruht – als göttliche Mutterschaft – auf zwei Polen. Der erste besteht darin, daß der Heilige Geist im Augenblick der Verkündigung über sie herabkam. Er nahm in ihr Wohnung, erfaßte sie und erhob sie zur Höhe der Göttlichkeit. Deshalb wird alles, was von ihr geboren werden wird, heilig sein und Sohn Gottes heißen, wie Lukas (1,35) sagt. Die Mutterschaft Marias ist göttlich, weil sie göttlich wurde. Der andere Pol besteht darin, daß Jesus wahrer Gott ist. Die menschliche Mutterschaft Marias – daß sie den Menschen Jesus zur Welt gebracht hat – bildet die Grundlage für ihre göttliche Mutterschaft, weil der von ihr geborene Mensch auch Gott ist. Deshalb hat der christliche Glaube Maria immer als Mutter Gottes bezeichnet. Das bedeutet: Die Person, deren Fleisch wirklich *im* und *vom* Schoß der Jungfrau Maria empfangen wurde, ist direkt und eigentlich, wirklich und wahrhaftig, ohne Symbol und Metapher die zweite Person der Dreifaltigkeit. Jesus ist wirklicher Mensch und wahrer Gott. Deshalb war er niemals nur Gott. Maria hat keinen Sohn empfangen, der später mit der zweiten Person der Dreifaltigkeit verbunden worden wäre. Sie hat ein Kind geboren, das vom ersten Augenblick seiner Empfängnis an persönlich Gott ist. Darum ist Maria die Mutter des inkarnierten Gottes.

Diese Feststellung ist unveränderliche Überzeugung des christlichen und katholischen Glaubens, so wie sie feierlich und verbindlich auf dem ökumenischen Konzil von Ephesus (431) zum Ausdruck kam. Um sie sachgerecht verstehen zu können, müssen wir uns mit einigen grundsätzlichen Einwänden auseinandersetzen.

a. Antwort auf einige Einwände

Ein Gegenargument lautet: Muttersein bedeutet, jemandem durch die Empfängnis seinen Ursprung geben. Aber wie kann Maria Gott seinen Ursprung geben, wenn er keinen Ursprung hat? Und wir antworten: Maria ist Mutter Gottes nicht in einem formal-reduplizierenden Sinn, das heißt insofern Gott Gott ist, sondern sie ist Mutter Gottes, insofern er *menschgewordener* Gott ist. Als Menschgewordener wird er empfangen und geboren. Der, der von Maria empfangen und geboren wird, ist wirklich Gott. Somit kann Johannes Damascenus die klassische Formel aufstellen: »Denn nicht einen bloßen Menschen gebar die heilige Jungfrau, sondern einen wahrhaftigen Gott, nicht einen nackten, sondern einen fleischbekleideten.«[3] Wer den Begriff der hypostatischen Union richtig versteht, kann Maria wahre Mutter des Menschen Jesus nennen, der von jeher Gott ist.

Ein weiterer Einwand: Maria hat nicht den ganzen Christus geboren, weil sie ja die zweite Person der Dreifaltigkeit, die ewig und präexistent ist, nicht zur Welt gebracht hat. Vielmehr hat sie nur einen Teil geboren, die menschliche und nicht die göttliche Natur. Unsere Antwort lautet: Maria ist im wahren und eigentlichen Sinn Mutter, wie alle Mütter es im Verhältnis zu ihren Kindern sind. Sie schenken ihnen nicht nur den Leib, während Gott ihnen die Seele und das Personsein gäbe. Vielmehr sind sie Mütter konkreter Menschen, die in diesen Körpern subsistieren und sich geschichtlich realisieren. Träger all dieser Komponenten ist letztlich nicht die Natur, sondern die Person. Um es deutlicher zu sagen: In einem eigentlichen Sinn sieht nicht das Auge, sondern *ich* (als Person) sehe. Wenn ich jemandem, der im Gesicht eine Wunde hat, die Wunde heile, dann heile ich nicht das Gesicht, sondern die Person. So ist es auch mit der göttlichen Mutterschaft Marias. Maria ist nicht nur Mutter des Körpers Jesu und auch nicht allein seiner menschlichen Natur. Maria ist Mutter Jesu, der eine göttliche Person ist, die Fleisch angenommen hat und Mensch geworden ist, das heißt, die subsistiert und existiert in der menschlichen und geschichtlichen Natur des Jesus von Nazaret und die *im* Schoß der Jungfrau Maria empfangen und *aus* ihm geboren wurde.

Die göttliche Mutterschaft Marias ergibt sich aus ihrer menschlichen und physischen Mutterschaft, durch die der ewige Sohn Mensch wird, sich in die Kette des Lebens einreiht und in der Geschichte Wurzeln schlägt. Sie findet zu ihrer eigentlichen Größe, wenn sie bejaht wird. Im Glauben hat Maria empfangen, betont die Tradition unermüdlich. Sie hat den Geist in ihrem Schoß ein neues Leben, das Leben Jesu, zeugen lassen. Ohne wahrscheinlich die ganze Tragweite abzuschätzen, sieht die Jungfrau hierin ein messianisches Werk, das die ganze Menschheit angeht. Sie spürt, daß sie in einen unmittelbaren Bezug zu Gott selbst wie zum Schicksal aller Men-

[3] De fide orthodoxa III, c. 12: »Non enim hominem nudum genuit Beata Virgo, sed Deum verum, non nudum, sed incarnatum.«

schen tritt. Aufgrund ihrer Mutterschaft stellt Maria eine Reihe von Beziehungen her, die im Folgenden beleuchtet werden sollen.[4]

b. Die verschiedenen in der Mutterschaft enthaltenen Beziehungen

Besondere Beziehung zur Dreifaltigkeit: Bei der Verkündigung kommen zwei göttliche Sendungen zum Tragen: Der Heilige Geist kommt über Maria herab, und das Wort beginnt mit Zustimmung Marias, in ihrem Schoß Mensch zu werden. So bauen sich Beziehungen auf, welche die Dreifaltigkeit insgesamt einbeziehen: Der Vater bleibt nicht unbeteiligt, insofern er den Sohn und den Heiligen Geist schickt und in beiden seine geheimnisvolle Anwesenheit wahrt. Marias Beziehung zum Sohn und zum Geist ist *real* und nicht bildlich, weil ihre Person mit der Sendung der beiden zu tun hat. Sie ist *bleibend* und nicht vorübergehend, weil das Muttersein etwas Bleibendes ist und eine ontologische definitive Verbindung mit dem Heiligen Geist hat. Sie ist etwas *Besonderes*, weil sie Maria in eine Dimension erhebt, die vorher niemand innehatte. In der Theologie gibt es einen Ausdruck, der eigentlich aus der Sakramentenlehre stammt und der diesen Sachverhalt beschreibt: *unvergänglicher Charakter* (*character indelebilis*). Gemeint sind die Kennzeichen, die Taufe, Firmung und Priesterweihe dem Glaubenden für immer einprägen. Sie bringen ihn in ein bleibendes, reales und spezielles Verhältnis zur Kirche. Etwas Ähnliches geschieht mit Maria in ihrem Verhältnis zum Sohn und zum Heiligen Geist und durch sie mit der Dreifaltigkeit insgesamt: Nur sie besitzt den Charakter als Mutter Gottes und der vom Heiligen Geist belebten Zeit.

Besondere Beziehung zum Vater. Aus der unergründlichen Tiefe seiner Substanz zeugt der Vater ewig den Sohn, und zusammen mit ihm haucht er den Heiligen Geist. Dieser trinitarische Prozeß ist ewig und bleibend gegenwärtig. Der Sohn, dessen Zeugung ewig ist, kennt noch eine andere, zeitliche Zeugung im Schoß Marias. Maria ist das Werkzeug, mittels dessen sich der ewige Sohn in das menschliche Fleisch und Blut hineinbegibt. Der Heilige Geist ist, innertrinitarisch betrachtet, die Gabe des Vaters und des Sohnes und bildet das Band

---

[4] Vgl. *H.-M. Manteau-Bonamy*, Maternité divine et incarnation, Paris 1949; *ders.*, La Sainte Vierge et le Saint-Esprit, Paris 1971; *A. Feuillet*, L'Esprit Saint et la Mère du Christ, in: Bulletin 25 (1968) 39–64; *M. Bordoni*, L'evento Cristo ed il ruolo di Maria nel farsi dell'evento, in: Sviluppi teologici postconciliari e mariologia, Rom 1977, 31–52; *L. Melotti*, Maria e la sua missione materna, Turin 1976; *G. A. Maloney*, Mary: the Womb of God, Denville, New York 1976.

171

der ewigen Gemeinschaft zwischen Vater und Sohn. Der Heilige Geist jedoch bringt keine weitere innertrinitarische Wirklichkeit hervor, mit ihm schließt sich der trinitarische Kreis. Da er aber von derselben göttlichen Natur ist, hat er auch an der Zeugungskraft Gottes teil. Aber seine Zeugungskraft zeigt sich nicht innerhalb der Dreifaltigkeit, sondern in der Schöpfung. Seine Großtat besteht darin, daß er sich Maria zu eigen macht, die lebensbegründende Kraft der Frau Maria annimmt und bewirkt, daß sie den Sohn Jesus gebiert. Alle Zeugungskraft, die innertrinitarisch dem Sohn und außertrinitarisch dem Heiligen Geist zuteil wird, stammt vom Vater. Auch Maria hat an ihr teil und steht somit in der Bewegung, die im Vater ihren Ursprung hat. Sie trägt in sich den Geist und den Sohn und mit ihnen das unauslotbare Geheimnis des Vaters.

Besondere Beziehung zum Sohn. Wie es eine doppelte Zeugung des Wortes gibt: eine ewige und eine zeitliche, so gibt es auch eine doppelte Sohnschaft: eine ewige durch den Vater und eine zeitliche durch Maria. Gleichwohl handelt es sich immer um denselben Sohn. Auf der einen Seite geht er aus dem Vater, auf der anderen Seite aus Maria hervor. Der Ort der Gegenwart, Wirkung und Realisierung dieser zeitlichen Sohnschaft ist die menschliche Natur, die von Maria stammt. Jesus hat viel von Maria. Sie hat sich in ihm gleichsam fortgesetzt und neugebildet. Und doch ist der, der ihr so nahe ist, weil er der Sohn ihres Schoßes ist, ihr auch so fern, weil er im Schoß des ewigen Vaters ist. Wenn sie einerseits den ewigen Sohn in der Zeit gebiert, dann wird sie andererseits in der Ewigkeit im Sohn gezeugt. Maria wurde geschaffen im Sohn, mit dem Sohn, für den Sohn und durch den Sohn. Tochter im Sohn ist sie. Zwischen beiden spannen sich Beziehungen, deren menschliche und göttliche Dichte die kühle Sprache der Theologie nicht zu beschreiben vermag.

Besondere Beziehung zum Heiligen Geist. Heilsgeschichtlich gesehen ist der Geist die Kraft, die die menschliche Realität des ewigen Sohnes im Schoße der Jungfrau Maria zeugt (Lk 1,35). Der lukanische Text läßt keinen Zweifel: Der Geist kommt über Maria, und sein Schatten bedeckt sie. So drückt sich die Bibel in der ihr eigenen Sprache aus, um die besondere Sendung der dritten Person der Dreifaltigkeit gegenüber Maria zu beschreiben. Daß der Geist kommt, bedeutet, daß er sich die menschliche Wirklichkeit Marias zu eigen macht, wie der Sohn die menschliche Wirklichkeit Jesu annimmt. Der Schatten ist ein Bild für die *schekina* Gottes im Tempel (seine reale und geheimnisvolle Gegenwart); Maria wird zum Tempel, zum Heiligtum, zur Wohnung und zum Tabernakel (alles Ausdrücke der Tradition) des Geistes, das heißt: Es geht um die Einwohnung der dritten Person im Leben Marias. Der Geist erhebt die lebengebende Kraft in Maria zu einer göttlichen Höhe. Deshalb ist das Kind, das sie zur Welt bringt, heilig und heißt Sohn Gottes. Gott-Mutter zeugt die Menschheit des ewigen Sohnes.

Wie eng die Beziehungen sind, die Maria mit dem sie überraschenden und in ihr einwohnenden Geist aufnimmt, vermag die Theologie nicht zu beschreiben. Wir sehen das Geheimnis und können nur schweigend vor ihm stehen.

Sicherlich bedeuten alle diese Relationen, die die Jungfrau von Nazaret mit dem Geheimnis der Dreifaltigkeit verbinden (und deren sie sich in dieser Begrifflichkeit gewiß nicht bewußt ist), für sie, daß sie ständig in heiterer und spontaner Betrachtung vor einem Geheimnis steht, das ihr auch ohne die Spitzfindigkeiten und Anstrengungen menschlichen Geistes zugänglich ist.

Besondere Beziehung zur hypostatischen Union. Durch ihre Mutterschaft hat Maria dem ewigen Sohn wirklich etwas gegeben: die menschliche Natur, die sie geboren und die Gott angenommen hat. Wenn Gott aber die menschliche Natur angenommen hat, dann hat er sich auch das Verhältnis des Geborenwerdens, das diese Natur kennzeichnet, zu eigen gemacht. So ist Maria als Mutter Jesu und Mutter Gottes unzertrennlich mit der hypostatischen Union verbunden. Das ewige Wort begibt sich in das Verhältnis einer realen und bleibenden Sohnschaft. Von Maria in der Zeit geboren, ist es mit ihr durch ein dauerndes Band für alle Ewigkeit verbunden. Dadurch übernimmt das ewige Wort also auch etwas von Maria. So wird das Weibliche verewigt und erlangt – im Rahmen des für ein Geschöpf Möglichen – eine göttliche Dimension: Die Natur, der die Mutter das Leben geschenkt hat, ist eben nicht bloß reine Natur (*nuda natura*), sondern eine menschliche Natur, die Gott gehört. Die hypostatische Union des Sohnes mit der menschlichen Natur geht an Maria nicht vorbei. Mittelbar, aber durchaus real wird sie mit in die hypostatische Union hineingenommen: Eine Beziehung, die von ihr ihren Ausgang nimmt – nämlich, daß sie Mutter ist –, geht durch Mitinbesitznahme in das Geheimnis der Inkarnation ein.

Besondere Beziehung zur neuen Menschheit. Unsere Überlegungen führen zu dem Schluß, daß weder Jesus noch Maria individualistisch verstanden werden können. Der eine wie die andere stellen den Neubeginn der Menschheit dar. Maria steht mithin in einem ganz engen Verhältnis zur erlösten Menschheit, die aus dem Glauben an Jesus, den neuen Adam und ihren Sohn, geboren wird. Alle, die sich an ihn binden, bilden mit ihm einen Leib und werden zu Söhnen und Töchtern im Sohn. Als Söhne und Töchter im Sohn haben sie an der Beziehung teil, die er unentwegt mit seiner Mutter unterhält. Aber auch Maria hat ihrerseits nicht nur Jesus das Leben gegeben, sondern dem Erlöser der Welt. Sie ist die Mutter dessen, der »das Volk von der Sünde befreien wird« (Mt 1,21). So hat sie mit der Geschichte zu tun, die ihr Sohn durch die Jahrhunderte hin haben wird. Alle sind bei der einen Bewegung, *fiat* zu sagen, dabei und werden in ihr mit-geboren. Mit Recht besingt der Glaube Maria als die Mutter aller Menschen (die erlöst werden müssen). Sie ist die geistige Mutter aller Erlösten. Der Geist, der in ihr den geschichtlichen Sohn gezeugt hat, zeugt in der Geschichte weiter die Söhne und die Töchter, die Brüder und Schwestern Jesu. So hat die Tradition Psalm 87 – der die messianische Zeit besingt, wenn alle Völker zum Volk Gottes gehören werden – ekklesiologisch und mariologisch verstanden. Jerusalem, von dem der Psalm spricht, ist die Kirche und in symbolischer Verdichtung Maria. So heißt es dort: »Leute aus Ägypten und Babel zähle ich zu denen, die mich kennen; auch von Leuten aus dem Philisterland, aus Tyrus und Kusch sagt man: Er ist dort geboren. Doch von Zion wird man sagen: Jeder ist dort geboren. Er, der Höchste hat Zion gegründet. Der Herr schreibt, wenn er die Völker verzeichnet: Er ist dort geboren. Und sie werden beim Reigentanz singen: All meine Quellen entspringen in dir« (Ps 87,4–7). Nur schwerlich wird man in tieferer und poetischer Weise von der universalen Mutterschaft Marias sprechen können als in der Sprache dieses Psalms.

Besondere Beziehung zur Kirche. Die Kirche bildet jenen Teil der Menschheit, welcher die Erlösung in Jesus Christus ausdrücklich angenommen hat (*communitas fidelium*). Maria steht in einem einzigartigen Verhältnis zu dieser Menschheit, die ihr Leben aus der Nachfolge ihres Sohnes und in der Kraft des Heiligen Geistes gestaltet. Wie sie Christus das Leben gegeben hat, so gibt sie nach wie vor den Christen das Leben, und zwar in der einen Kraft des Geistes, der in ihr wohnt. Somit feiern wir sie als die Mutter der Kirche. Aber nicht nur das. Die ganze Kirche ist als Gemeinschaft der Glaubenden und Volk auf dem Wege eingeladen, immer reiner und bestimmter aus der göttlichen Gnade zu leben und so die von Jesus für sie und für die Welt erwirkte Befreiung zu aktualisieren und das von Maria und Jesus begründete neue Sein Wirklichkeit werden zu lassen. Nur

Maria hat diese grundsätzliche Berufung der Kirche, der die Christen sonst nur in der Tendenz und mit mancherlei Widersprüchen nachkommen, voll verwirklicht. In ihr hat Gott bereits in der Geschichte gezeigt, was er von allen, daß heißt von seiner Kirche, will und was auf die Erlösten in der Herrlichkeit wartet. Maria ist als Archetyp damit nichts Statisches. Maria ist dynamisch, weckt neues Leben, hilft, die neue Menschheit zu schaffen, und will immer wieder Mutter sein und neue Söhne und Töchter gebären für die menschlich-göttliche Geschichte, die bereits auf der Erde begonnen hat und im Himmel zu ihrem Höhepunkt finden wird. Stets aufs neue wiederholt sie: *Fiat!* Immer wieder sagt sie uns: »Tut alles, was er euch sagt!« (Joh 2,5).

Der Geist, der sich in Maria spiritualisiert hat, spiritualisiert sich sozial noch immer in den Erlösten. Nachdem er sich einmal der Person Marias bemächtigt hat, hat er nie mehr die Welt verlassen. Nach wie vor ergreift er alle, die sich der erlösenden Gnade öffnen, und bildet mit ihnen einen mystische Person. Seine Zeugungskraft erstreckt sich über die Jahrhunderte: Indem er durch Maria und mit Maria Christus zeugt, zeugt er auch weiter durch die Kirche die Christen, die Brüder und Schwestern.

3. Die menschliche und göttliche Heiligkeit Marias

Dieses ganze Gefüge von Beziehungen, das die menschliche und göttliche Mutterschaft Marias beinhaltet und das sich auf die Dreifaltigkeit, die Spiritualisierung, die Inkarnation, die Menschheit und die Kirche erstreckt, macht Maria zu einer – im streng theologischen Sinn – unvergleichlichen Heiligen. *Heiligkeit* im ursprünglichen Verständnis ist weder eine moralische Qualität noch der Ertrag eines Lebens voller Gottesbegegnungen. Heilig ist alles, was Gott und was in die göttlich Sphäre gehört. In diesem ontologischen Sinn ist Maria ganz heilig, weil Gott sie sich erwählt hat, um in ihr und durch sie ohne vorherige Verdienste ihrerseits Großes zu tun (Lk 1,49). Die größte der Großtaten Gottes besteht darin, daß er sie zum Ort gemacht hat, an dem zwei göttliche Sendungen Wirklichkeit wurden: der Geist und der Sohn. Sie war das – ganz und gar offene – Gefäß, das den Geist und den Sohn aufnehmen konnte und es beiden möglich machte, das ewige Vorhaben Gottes: die Vermenschlichung Gottes und die Vergöttlichung des Menschen, zu realisieren. Der Geist nahm in ihr Wohnung und wirkte in ihr in der Weise, daß ohne das Dazutun eines Mannes ein menschliches und göttliches Leben entstand. In Hinblick und in Vorbereitung auf dieses Werk bewahrt Gott sie vor jeder Sünde. Dieses neue, reine und heilige Werk ist kein Ergebnis der menschlichen Geschichte, sondern Geschenk Gottes, der einen Strahl seiner Heiligkeit über die Welt ausgegossen hat. Marias Heiligkeit ist unabhängig von ihrem Willen, ihren Tugenden und ihren Anstrenungen, sie ist einzig der Initiative Gottes zu verdanken. Maria ist heilig, weil sie den Heiligen in ihrem Schoß getragen hat. Aber alles das ist nicht das Resultat einer menschlichen Willensanstrengung, sondern allein der gnadenhaften Verfügung Gottes.

Darüber hinaus ist Maria auch aufgrund persönlichen Verhaltens heilig, als Ertrag ihres Lebens in Treue zu Gott und als Gabe einer Errungenschaft. Aus der Tiefe des Herzens stimmte sie Gottes Plan mit ihr zu. Sie hat geglaubt (Lk 1,45) und ein Leben in Glauben, Gehorsam und Demut geführt (Lk 1,38). Ohne Vorbehalte hat sie sich hingegeben, was zeigt, daß sie ganz Gott gehört (Lk 1,38). Voll Entzücken über die Heiligkeit Marias sagt der Engel: »Du Begnadete!« (Lk 1, 28). Gott schenkte Maria die Möglichkeit, sich menschlich auf die heilsgeschichtliche Funktion vorzubereiten, die sie innehaben würde. Noch ehe sie in ihrem jungfräulichen Schoß empfangen hatte, hatte sie in ihrem jungfräulichen Herzen empfangen. Gott war bereits in ihrer Seele geboren worden. Deshalb konnte sie ihn in ihrem Leib empfangen.

Aus dieser göttlichen und menschlichen Heiligkeit Marias erwächst ihre eminente Würde, die sie über alle Geschöpfe erhebt und die sich nur mit der Würde Christi vergleichen läßt. Maria lebt diese Würde und Heiligkeit im Halbdunkel eines alltäglichen Lebens, zunächst in einem winzigen Dorf in Galiläa und dann in einer kleinen Stadt am See Gennesaret, Kafarnaum.[5] Die wertvollsten Schätze, die Menschen entdecken, finden sich in den dunklen Tiefen der Erde oder des Meeres. Gott handelt nicht anders: Im Kleinen verbirgt er das Große, im Dunklen das Durchsichtige und im Einfachen das Erhabene. Maria ist der Archetyp dieser Wahrheit.

[5] Vgl.: *E. Toniolo,* La santità personale di Maria nel contesto dell'antropologia cristiana oggi, in: Sviluppi teologici, 77–102.

X. Marias Auferweckung und Aufnahme in den Himmel

Wie war das Ende dieses absolut einzigartigen Geschöpfs namens Maria? Besonders seit dem 5. und 6. Jahrhundert zeigte der Glaube immer größeres Interesse für diese Frage. Nicht aus frivoler Neugierde, sondern aus Liebe. Was für ein Ende hat wohl die erfahren können, die wir als die beste Frucht der Schöpfung, als das vollkommene Werk des Geistes, als die Mutter Gottes verehren? Mit konsequenter und intuitiver Logik folgerte bald das gläubige Volk: Hier kann Ende nicht einfach Schluß und Abschluß bedeuten, sondern muß Steigerung, Höhepunkt und in ihrer letzten Sinnspitze erreichte Vollkommenheit bedeuten. Deshalb wird das Ende Marias nicht durch die Grenzen des Todes definiert. Maria durchbricht diese Barriere und erlangt die Fülle des auferstandenen Lebens. So verkündet der Glaube nach Jahrhunderten des tastenden Sichvorwärtsbewegens, daß Maria auferweckt und mit Leib und Seele in den Himmel aufgenommen sei.[1] Am 1. November 1950 verkündete und definierte Papst Pius XII. als unfehlbares Dogma, daß *»die unbefleckte, immer jungfräuliche Gottesmutter Maria nach Vollendung ihres irdischen Lebenslaufes mit Leib und Seele zur himmlischen Herrlichkeit aufgenommen worden ist«* (DS 3903/NR 487).

Wenn das Leben zum Leben und nicht zum Tod berufen ist, dann mußte die Mutter des Urhebers des Lebens, der Tempel, in dem der Ursprung aller Zeugung Wohnung genommen hat, mehr als irgend jemand sonst teilhaben am Geheimnis des Lebens.

1. Tod als Höhepunkt und Integration

Es wird diskutiert, ob Maria gestorben sei oder nicht. Deshalb sagt auch der Text des Dogmas mit Bedacht: »nach Vollendung ihres

---

[1] Vgl.: *S. M. Meo,* Riflessi del rinnovamento della escatologia sul mistero e la missione di Maria, in: Sviluppi teologici postconciliari e mariologia, Rom 1977, 103–127 (reiche Literatur!); *A. Müller,* Marias Lebensende und Verherrlichung, in: MySal III 2, 1969, 488–498; *L. Boff,* A ressurreição de Cristo. A nossa ressurreição na morte, Petrópolis ⁵1978; *K. Rahner,* Maria, Mutter des Herrn. Theologische Betrachtungen, Freiburg 1960.

irdischen Lebenslaufes«. Unsererseits gehen wir davon aus, daß Maria gestorben ist, denn nur so kann man wirklich von Auferstehung sprechen, weil ja nur ein Toter auferstehen kann. Maria starb nach dem natürlichen Gesetz des Todes; dieser gehört unabhängig von der Sünde zur Struktur des menschlichen Lebens. Die Sünde brachte die Enge und den Schrecken des Todes, nicht aber den Tod an sich. Konkret gesprochen heißt das: Der Mensch, der in der Situation des Todes lebt, hat Angst vor dem Tod und kann ihn nicht als Struktur seines sterblichen Lebens integrieren. Diese Angst und Unfähigkeit zur Integration sind Folge der Sünde. Aufgrund dieser verfallenen geschichtlichen Situation konnte die Schrift sagen, der (geschichtliche) Tod (so wie die Menschen ihn erfahren) sei wegen der Sünde in die Welt gekommen. Maria, die ja frei ist von jeder Sünde und vor jeder Sünde bewahrt blieb, vermochte es, den Tod als Teil des Lebens, so wie es von Gott geschaffen wurde, zu integrieren. Für sie ist der Tod kein Verhängnis und kein Verlust an Leben, sondern eine Chance und der Übergang zu einem volleren Leben in Gott. Der Tod ermöglicht uns Menschen einen höchsten Akt der Liebe und der Hingabe an einen Größeren, der uns zugleich transzendiert und in höchster Form realisiert. In diesem Sinne ist der Tod ein Gut, das Maria vollkommen integriert hat. Ohne Tod wäre Maria weniger, und es fehlte eine Perle in der Krone ihrer Glorie.

Überdies nahm Maria ganz und gar am Schicksal ihres Sohnes teil. Jesus hat uns durch sein Leben und Sterben befreit. Durch ihr Leben und Sterben war Maria an diesem umfassenden messianischen Werk beteiligt. Der Tod war weder Strafe noch Schrecken. Er war eine Form der Hingabe und der Opferliebe.

Wer ein solches Leben lebt, kann nicht im Tod bleiben. In solcher Sterblichkeit steckt ein Same, den der Tod nicht verschlingen kann. Der Tod setzt nur die verborgene Kraft dieses Samens frei und wird zum fruchtbringenden Dünger für sie. Im Tod bricht die ganze Dynamik des Lebens frühlingshaft hervor. Das ist Auferstehung, Auferweckung. Sie findet nicht erst nach dem Tode statt. Man kann also, wenn Maria gestorben ist, nicht sagen, ihre irdische Wirklichkeit sei der Verwesung preisgegeben worden. Im Tod tritt das Leben zutage, das in dem sterblichen Leben enthalten war. Deshalb ist die Jungfrau Maria im Augenblick ihres Todes auferstanden.

Auferstehung darf nicht als Wiederbelebung des Leichnams mißverstanden werden. Das hieße, der Struktur der Sterblichkeit verhaftet bleiben, eingesperrt in die Grenzen von Raum und Zeit, in die Zwänge von Lebensunterhalt und Lebenserhalt. Auferweckung bedeutet, daß eine andere *Form* des Lebens anbricht, befreit von den Bindungen an alles Irdische und teilhaftig des göttlichen Lebens. Deshalb muß Auferstehung beschrieben werden als Verherrlichung, als absolute Verwirklichung des Lebens, als Eschatologisierung der mit dem irdischen Leben gegebenen Möglichkeiten. Es geht um die Inthronisierung des Lebens in den letzt- und endgültigen Status im Reiche Gottes. Um menschliches Leben geht es. Maria bewahrt ihre persönliche und körperliche Identität. Jetzt aber lebt sie die letztgültige und definitive Form des Lebens, wie Gott es seit aller Ewigkeit vorgesehen hat.

Maria wurde mit *Leib und Seele* in den Himmel aufgenommen. Mit »Leib und Seele« soll hier nicht das anthropologische Schema dogmatisiert werden, mit dem der Westen in Anlehnung an die griechisch-römische Kultur das Phänomen des Menschen interpretiert. Vielmehr bedienen wir uns dieses Bezugsrahmens, der in der abendländischen Kultur die Dinge verständlich macht, um den ganzheitlichen und umfassenden Charakter der Verherrlichung Marias hervorzuheben. Nicht nur die Seele, das heißt unsere Innerlichkeit und Transzendenz, hat teil an der Fülle des Lebens im Gottesreich, sondern auch unsere Körperlichkeit, will sagen: unsere Verwurzelung in der Erde, unsere materielle und fleischliche Last, unser Bezug zu Kosmos und Geschichte. Die Frau weiß sich ganz in die absolute Realisierung eingetaucht.

Wir Christen betonen besonders die körperliche Verherrlichung Marias. Damit bekennen wir unseren Glauben daran, daß unser Leib eine absolute Bestimmung hat. Er ist stark und schwach, voller Leben und infiziert vom Virus des Todes. Deshalb verherrlichen ihn die einen bis zur Vergötzung, und die anderen hassen ihn bis zur Vernichtung. Im Körper fühlen wir die Dichte der Liebe, und im Körper leiden wir an der Gewalt des Schmerzes. In der Auferweckung und der Aufnahme in den Himmel wird der Körper von all seiner Zweideutigkeit befreit. Fortan ist er kein Anlaß mehr zur Gotteslästerung, sondern zum Segen. Er ist keine Mauer mehr, die uns von Gott, von den anderen und von der Welt trennt, sondern eine offene Tür, ja die Transparenz eines Kristalls. Er wird verwandelt ins Sakrament einer dichten und starken Begegnung mit der noch stärkeren und noch dichteren Wirklichkeit Gottes. Maria erlebt und genießt mit Leib und Seele, das heißt mit allen Fasern ihrer Existenz, diese unaussprechliche menschliche und göttliche Verwirklichung.

Solange Maria in dieser Welt lebte, war ihr Leib nur Vehikel von Gnade, Liebe, Verständnis und Güte, also kein Instrument von Sünde, Selbstbehauptungswillen und Zwietracht. Deshalb hat Gott ihren Körper in seiner Materialität, im Unterschied zu unserem Leib, wieder zu sich genommen und verherrlicht. Unser Leib ist auch Medium von Zwist und Verderben. Infolgedessen bleibt seine Materialität im Tode, da er ja ein Faktor des Todes war. Bei der Auferweckung werden wir unter Beibehalt unserer körperlichen Identität (unser persönliches Ich bewahrt immer einen Bezug zur Materialität der Welt) einen neuen materiellen Ausdruck erhalten. Maria bedurfte dieses neuen materiellen Ausdrucks nicht. Bei ihr war aufgrund der Anwesenheit des Heiligen Geistes immer alles rein und heilig. Die Auferweckung hat dies alles bekräftigt und zu seiner höchsten Fülle und Vollendung geführt.

2. Was bedeutet die Aufnahme in den Himmel für Maria?

Wie haben wir uns den auferweckten und in die himmlische Herrlichkeit inthronisierten Leib Marias vorzustellen? Was bedeutet es für Maria, jetzt vom Heiligen Geist erfüllt und bei ihrem Sohn anwesend zu sein? Was ergibt sich an transzendenter Bedeutung für das Weibliche, wenn es nunmehr in die Dreifaltigkeit hineingenommen ist?

Wir rühren hier an Fragen, deren Beantwortung dem religiösen Vorstellungsvermögen anheimgegeben ist. Paulus, der die Gnade hatte, die Konturen des neuen Himmels und der neuen Erde zu erahnen, bekennt: Kein Auge hat je gesehen, kein Ohr hat je gehört, und kein Herz hat je gespürt, was Gott für die bereithält, die ihn lieben (vgl. 1 Kor 2,9). So muß der Verstand schweigen, und die Phantasie darf mit Recht reden. Alles, was wir auf der Erde an Gutem, Angenehmem, Großem, Tiefem, Liebevollem, Innerlichem und Wahrem erfahren haben, wird mit seiner höchsten Potenz im Himmel Wirklichkeit werden. Das Herz kann in einer durch niemanden mehr bedrohten Liebe ausruhen, und das Leben nährt sich an der Quelle der Ewigkeit. Maria genießt diese radikale Menschwerdung in ihrer weiblichen Gestalt auf eine besondere und einzigartige Weise, denn sie allein war und ist die Mutter Gottes und der lebendige Tempel des Heiligen Geistes.

Die Aufnahme in den Himmel bedeutet für Maria das endgültige Zusammensein mit ihrem Sohn, der ihr in die Herrlichkeit vorangegangen ist. Maria und Sohn leben in einer unvorstellbaren Liebe und

Gemeinschaft. An seine Göttlichkeit braucht sie nicht mehr gegen allen Anschein zu glauben. Jetzt sieht sie die Wirklichkeit der Sohnschaft und ihrer göttlichen Mutterschaft, wie sie ist.

Ebenso begegnet Maria dem ewigen und einziggeborenen Sohn des Vaters. Die Beziehungen, von denen wir im Abschnitt über die göttliche und menschliche Mutterschaft handelten, werden jetzt transparent für sie. Sic cntdeckt, daß sie mit hineingenommen ist in die Dreifaltigkeit, vermittels des Heiligen Geistes, der sie befruchtet und sich zu eigen gemacht hat, wie auch des Sohnes, dem sie das Leben geschenkt hat. In einem unsagbaren Licht wird ihr klarwerden, was die ewige Zeugung des Sohnes bedeutet, den sie in der Zeit geboren hat und mit dem sie fortan für immer unzertrennlich verbunden sein wird. Sie wird verstehen, was es heißt, Tochter zu sein in ihrem Sohn, in dem ja jede göttliche und menschliche Kindschaft ihren Ursprung nimmt. Alles, was ihr Bewußtsein bisher nicht wahrgenommen hat, geht ihr auf: Daß sie mit der ganzen Menschheit in Verbindung und mit der Kirche in Gemeinschaft steht.

Sie jubelt darüber, daß der endgültige Sinn der Weiblichkeit, den sie selbst realisiert und den sie als in Gott verankert entdeckt, offenkundig geworden ist. Die Aufnahme in den Himmel markiert den Moment, von dem an Maria als Frau in ganzer Fülle in einer unaussprechlichen hypostatischen Union mit Gott Heiligem Geist lebt, womit ihre endgültige Daseinssituation definiert ist. In ihrem eschatologischen Zustand ist Maria nunmehr, obwohl sie ihre geschaffene menschliche Natur behält, die aber untrennbar und unvermischt mit dem Geist vereint ist, voll und ganz vergöttlicht. Was dieses kulminierende Ereignis bedeutet, haben wir bereits betrachtet: die endgültige Heimkehr des Weiblichen zu Gott und den »Gewinn« Gottes für seine »Realisierung«.

3. Was bedeutet die Aufnahme Marias in den Himmel für uns?

Marias Auferweckung und Aufnahme in den Himmel ermöglichen eine Mystik der Gegenwart der Jungfrau und Mutter in Geschichte und Kirche. Die Mariologie läuft Gefahr, bloße Erinnerung an eine ferne Vergangenheit zu werden, die nur eine ermüdende Erforschung der Quellen in Schrift und Überlieferung für den Glauben aktualisieren kann. Unsere Liebe Frau wird zu einer Idee und einem abstrakten Prinzip, mit dem wir uns ein heilsgeschichtliches System schaffen. Marias Auferstehung und Aufnahme in den Himmel korrigieren eine derartige mögliche Verirrung. Maria lebt nach wie vor mit der Präsenz einer Lebenden in der Welt und in der Kirche. Sie ist nicht abwesend, sondern nur unsichtbar für unsere körperlichen Augen. Sie ist real, wenn auch unbeschreibbar, wirksam, wenn auch phänomenologisch nicht wahrnehmbar zugegen. Das Verhältnis des Gläubigen zu ihr beruht nicht nur auf der Erinnerung an ihre Person und an ihr Werk, sondern bezieht sich unmittelbar auch auf ihre lebendige und auferweckte Person. Nur denen, die ein reines Herz haben, ist es gegeben zu verstehen, wie innerlich, zart, mütterlich und warm das Verhältnis zu unserer heiligsten Mutter, der Jungfrau Maria sein kann.

Die auferstandene und in den Himmel aufgenommene Maria konkretisiert auf besondere Weise unser eigenes Ziel in der Herrlichkeit, besonders was die weibliche Dimension unserer Existenz anbelangt. So sagt das Zweite Vaticanum: »Die Mutter Jesu, im Himmel schon mit Leib und Seele verherrlicht, [ist] Bild und Anfang der in der kommenden Weltzeit zu vollendenden Kirche« (*Lumen gentium,* 68). Das bedeutet: Maria lebt schon jetzt mit Leib und Seele, was auch wir erleben werden, wenn wir in den Himmel kommen. Solange wir unterwegs sind, wirkt sie wie ein Bild auf uns, das uns konkret an unsere Zukunft erinnert. Mehr noch: Sie ist die kostbarste Frucht (der Anbeginn) der ganzen menschlichen Ernte, die auch ihrerseits zur Verklärung berufen ist und schon jetzt auferweckt im Himmel lebt. Alle, die im Herrn sind (2 Kor 5,17), sind bereits mit ihm auferstanden im Himmel. Unsere Gemeinschaft im auferweckten Leib des Herrn ist so radikal und so wahr, daß der Tod ihr nichts anhaben kann. Deshalb glauben wir, daß wir schon im Tod auferstehen. Wir gelangen mit Leib und Seele voll realisiert in den Himmel. Unsere Liebe Frau verwirklicht wie Christus diese Wahrheit in unvergleichlicher, einzigartiger und ganz eigener Weise. In der Gefolgschaft des auferweckten Christus und der in den Himmel aufgenommenen Maria haben auch wir teil an der Auferweckung. So schreibt ein Theologe: »Ist Maria das personale Vor- und Urbild der Kirche in der Herrlichkeit, dann ist damit das Vorhandensein des einen und gleichen Zustandes der verherrlichten Kirche in Maria und in den Auserwählten vollauf bestätigt ... Wir können mit gutem Grund für die übrigen Mitglieder der himmlischen Kirche eine Ähnlichkeit mit dem Zustand Marias annehmen... In dieser Weise betrachtet, stellt Marias leibliche Aufnahme in den Himmel in denkbar klarster Weise den gegenwärtigen Zustand der himmlischen Kirche dar, deren

›Personwerdung‹ sie ist. Sie ist keine Personifizierung eines künftigen Zustandes der himmlischen Kirche, sondern der personale Ausdruck des gegenwärtigen Zustandes der Gemeinschaft, die die himmlische Kirche bildet.«[2]

Mit jedem Menschen, der im Herrn stirbt, geschieht – wenn auch in je eigener Dichte – das, was mit Maria in erhabener, unnachahmbarer und nur mit Christus vergleichbarer Weise geschah: Auferweckung und Erhebung in den Himmel. Von dort aus der Herrlichkeit und zugleich gegenwärtig in unserer Mitte erstrahlt sie wie ein Licht. das dem Menschen in seiner weiblichen Dimension den wahren Weg zeigt. In den Anfechtungen der gegenwärtigen Zeit erheben wir den Blick zum Himmel und beten: »Sei gegrüßt, Maria, unser Leben, unsere Wonne und unsere Hoffnung, sei gegrüßt!«

4. Was bedeutet die Aufnahme Marias in den Himmel für Gott?

Daß Maria in den Himmel aufgenommen wurde, ist nicht nur für sie und für uns bedeutsam, sondern betrifft auch Gott.[3] Er ist der Hauptpol der Beziehung in den Geschehnissen und Geheimnissen um Maria. Über die eigentlich *theo*-logischen Implikationen der Mariologie haben wir schon nachgedacht. So brauchen wie sie hier nur in Erinnerung zu rufen. Daß Gott Maria in den Himmel aufnimmt, ermöglicht ihm ein tieferes Verhältnis zu ihr. In der Herrlichkeit ist sie das Subjekt, das imstande ist, die persönliche und absolute Mitteilung Gottes anzunehmen. Da es um eine eschatologische, das heißt absolut vollkommene Beziehung geht, heißt das, daß Gott jetzt vermittels des Heiligen Geistes, der sie sich seit der Verkündigung zu seinem lebendigen Tempel gemacht hat, seine endgültige Gemeinschaft mit Maria eingeht. Jetzt im endzeitlichen Reich gelangt diese hypostatische Union zur Fülle ihres Ausdrucks, ohne Verschmelzung, Spaltung und Zerstörung Marias. Gott als ewiges Leben findet in einem ständigen Prozeß der Selbstverwirklichung im Weiblichen, das in Maria und durch Maria in einem Höchstmaß konkretisiert wird, eine neue Ausdrucksform für sein Gott-Sein. Indem sich Gott Heiliger Geist im anderen, von ihm Verschiedenen (Maria) »reali-

---

[2] *D. Flanagan*, Eschatologie und Aufnahme Marias in den Himmel, in: Concilium 5 (1969) 60–66, hier 64–65.

[3] Vgl.: *J. E. Burns*, God as Woman, Woman as God, New York 1973; *R. Kress*, Whither Womankind? The Humanity of Woman, Abbey St. Meinrad, Ind., 1975; *A. M. Greeley*, Maria. Über die weibliche Dimension Gottes, Graz/Wien/Köln 1979.

siert«, realisiert er auch diesen anderen, weil er ja gedacht und gewollt wurde, um den Advent und die volle Parusie Gottes im Geschöpf zu ermöglichen.

Schöpfer und Geschöpf, Weiblichkeit (die aber auch das Männliche mit einschließt) und Heiliger Geist bilden von jetzt ab die endzeitliche Geschichte, die Geschichte der höchsten Synthese, der absoluten Heimkehr und der endlich wiedererlangten und gelebten, von Vermischung freien Einheit im Reich Gottes durch alle Jahrhunderte der Ewigkeit. Das Weibliche gewinnt seine endgültige Ewigkeitsdimension.

Eine neue Geschichte erfordert eine neue Sprache. Aber die gibt es nicht. So verstummt also unsere Geschwätzigkeit mit ihren Worten aus der alten Welt. Allein reines Denken aus reinem Glauben vermag die unsagbare Reinheit des Geheimnisses der Dreifaltigkeit zu erahnen, das das unauslotbare Geheimnis von Mann und Frau in sich birgt. Im Himmel ist Gott ein weiteres Mal in Maria Fleisch geworden und hat Wohnung unter den erlösten Menschen genommen. Und im Glauben haben wir seine Herrlichkeit gesehen, die Herrlichkeit des vom Heiligen Geist belebten Heiligtums, voll der Gnade und Verherrlichung im Himmel.

XI. Die Solidarität und universale Mittlerschaft Marias

Mit den Themen der Auferweckung Marias und ihrer Aufnahme in den Himmel hätten wir unserer Überlegungen abschließen können, denn damit haben wir das Höchste gesagt, was vom Geheimnis der Mutter Gottes und unserer Mutter überhaupt zu ergründen ist. In ihr machen wir – in Ableitung von Christus – das letzte Ziel aus, zu dem wir berufen sind: es Gott zu ermöglichen, sich inkarnatorisch im Männlichen und auch im Weiblichen zu verwirklichen. Gleichwohl führt uns unsere Reflexion noch zu einer anderen Frage, zur Frage der Solidarität Marias mit allen Menschen und ihrer universalen Mittlerschaft auf dem Weg zu diesem gemeinsamen Ziel.[1]

Die Frömmigkeit verehrt Maria intuitiv als die Mittlerin aller Gnaden und als unsere Fürsprecherin. Die Theologie hat sich während der letzten zwanzig, dreißig Jahre ernsthaft bemüht, die solchen Ausdrücken anhaftenden Zweideutigkeiten zu klären. Insbesondere hat sie gezeigt, wie sich die einzige Mittlerschaft Jesu Christi (1 Tim 2,5) zur Mittlerschaft Marias und der übrigen Menschen verhält. Die Schwierigkeiten liegen weniger auf theologischer und ökumenischer Ebene als vielmehr im Bereich der Philosophie. Geht es doch darum, sachgerecht zu verdeutlichen, worin das Proprium des Menschen besteht und von welcher Art die Beziehung ist, die die Menschen untereinander und alle gemeinsam zu Gott herstellen. Wenn diese Frage geklärt ist, sind viele Schwierigkeiten, insonderheit solche, die die lutherische Theologie stellt, behoben. Wir werden sehen, daß die Formen, in denen die Theologie von der Solidarität und der universalen Mittlerschaft Marias spricht, berechtigt sind und ihren Wert haben. Diese Mittlerschaft ist nicht exklusiv, sondern inklusiv. Sie verstärkt und maximalisiert eine Struktur, die alle Menschen umfaßt.

[1] Vgl.: *R. Laurentin,* Le titre de corédemptrice. Étude historique, Paris/Rom 1951; *G. Baraúna,* De natura corredemptionis marianae in theologia hodierna (1921–1958), Rom 1960; *ders.,* Die heilige Jungfrau im Dienste des Heilsplanes, in: ders. (Hrsg.), De ecclesia II, Freiburg 1966, 477–492; *A. Müller,* Maria und die Erlösung, in: MySal III 2, 1969, 499–504. Siehe auch die ganze Nummer der »Ephemerides Mariologicae« von 1976 mit ca. 300 Seiten: The Mediation of Mary Once More.

1. Anthropologische und ontologische Grundlage der Mittlerschaft

Kein Mensch ist, so wie er uns konkret begegnet, ein frei umherschwirrendes Atom. Seine Existenz ist in der materiellen und körperlichen Infrastruktur verwurzelt, erstreckt sich ins gesellschaftliche Gewebe hinein und trägt in sich die geschichtliche Last der Vergangenheit. Niemals ist der Mensch nur das Ergebnis der Natur, sondern immer auch der Kultur. Das heißt: Er tritt uns entgegen einerseits als schon fertig und andererseits als noch unfertig. Wir sagen, der Mensch sei nie nur Individuum, sondern immer sei er Person. Unter Person verstehen wir den besonderen Charakter des Menschen, insofern er sich als Fähigkeit zu unbegrenzter Gemeinschaft und zur Produktion von Symbolen erweist, mit denen er der Welt und seiner Arbeit an ihr Bedeutung gibt. Auf spezifisch menschlicher Ebene ist Mensch-Sein immer sozial, immer ist der Mensch *homo socius*. Mit anderen Worten: Das *Ich* läßt sich nicht vom *Wir* abkoppeln. Rein abstrakt kann man das machen, wenn man seine Rede systematisch anlegen will. Im konkreten Leben jedoch ist das *Ich* immer eingewoben in das *Wir,* weil das Ich in einem Körper inkarniert ist, der in der Welt wie im gesellschaftlichen Schichtengefüge seine Wurzeln hat und am Los des ihn umgebenden Umfeldes teilhat. Die Nichtreduzierbarkeit der Person als Geheimnis eines Bewußtseins darf dennoch nicht als eine unantastbare Größe verstanden werden, die mit nichts etwas zu tun hätte und frei wäre von den Verpflichtungen, die uns an die Wirklichkeit binden. Die Nichtreduzierbarkeit der Person heißt nicht, daß diese von allen Beziehungen frei wäre, sondern heißt, daß sie zu unerschöpflicher Gemeinschaft fähig ist, so daß kein Mensch auf *diese* oder *jene* Art von Bindungen festgelegt werden kann. Die Person kann Bindungen transzendieren, weil sie offen dafür ist, andere und andersartige einzugehen. Sie ist frei gegenüber bestimmten Situationen und Strukturierungen, aber nicht frei, überhaupt keine Beziehungen aufzunehmen. Zur Zurüstung des Menschen gehören die Fähigkeit und die Notwendigkeit der Gemeinschaft.

Diese Struktur des Menschen läßt die Tiefe der Solidarität erahnen, die zwischen allen herrscht. Einzeln versprengte Inseln gibt es nicht. Alle sind durch das Wasser miteinander verbunden. Alle haben am Los aller teil. Wir atmen nicht nur dieselbe Luft, bewohnen nicht nur dieselbe Erde und sehen über uns nicht nur denselben Himmel, sondern haben vor allem auch teil an derselben menschlichen Natur (die aber nicht als abstrakte, starre Größe zu verstehen ist, sondern als anthropologische Konstante: Offenheit für die Welt, Fähigkeit, jedwedes Datum zu übersteigen, symbolische Handlungen zu tun, usf.) und beeinflussen ihre kulturellen Ausdrucksformen, wie wir auch selbst von ihnen beeinflußt werden. Allerdings ist diese Solidarität nichts Voluntaristisches, und sie kommt nicht zustande, weil wir sie wollten. Solidarität gibt es unabhängig von unseren Entscheidungen. Sie ist ein anthropologisches Datum. Die Freiheit bestimmt die Art und Weise und die Qualität unserer Beziehungen, aber nicht ihr Faktum.

Vor diesem Hintergrund haben wir das Thema Mittlerschaft und Vermittlung zu betrachten. Unter Vermittlung verstehen wir die Bindungen, die Menschen einander näherbringen und einen. Vermittlung ist für den Menschen etwas *Protoprimäres,* das grundsätzlich nicht erst geschaffen zu werden braucht, sondern präexistent ist und nur anerkannt zu werden braucht. Menschen leben durch Vermittlungen, weil sie alles, was sie tun, unterlassen oder anstreben, in Gemeinschaft und Solidarität mit allen tun. Damit beeinflussen sie stets das ganze Beziehungsnetz und stehen auch selbst unter dem Einfluß des Bezugsrahmens, der sie umgibt. Das aber gilt nicht nur für Kultur, Geschichte und kollektive Entwicklung, sondern auch für das Geistig-Geistliche. Deshalb sagen wir, alle hätten in Adam gesündigt und alle seien wir in Jesus Christus erlöst worden. Im Credo bekennen wir unseren Glauben an die Gemeinschaft der Heiligen und anerkennen mithin, daß alles Gute, das in der Welt getan wird, alles Aufbauende, das menschliche Geister zuwege bringen, und alles Wachsen in Richtung auf den anderen und auf Gott nicht an die Grenzen der Person gebunden bleibt, sondern alle erfaßt und bis in den Himmel reicht.

In diesem Sinne tragen wir alle Verantwortung füreinander. Was wir sind, wie auch die Einrichtungen, die wir schaffen, einschließlich der Institution der Sprache, der Kodifizierung unserer Verhaltensweisen und der Gesten, sind Vermittlungen, durch die wir zueinander kommen, Segen oder Fluch mitteilen, das Leben befruchten oder absterben lassen. So wird deutlich: Vermittlung und Mittlerschaft dürfen nicht als etwas verstanden werden, das »zwischen« zwei oder mehreren Wesen, die es zu einen gälte, angesiedelt wäre. Das setzte nämlich voraus, daß sie voneinander getrennt wären oder unverbunden nebeneinander ständen. Mit unseren Überlegungen wollten wir klarstellen, daß zwischen den Menschen immer ein Geflecht von

Beziehungen besteht, das sie miteinander verbunden sein läßt. Dieses Verknüpftsein gehört aber zum Wesen des Menschen. So sind die Menschen auf allen Ebenen ihrer Existenz, vom Körperlichen bis zum Übernatürlichen, durch Vermittlungen miteinander verwoben.

2. Allein das Christus- und Pneumageheimnis ist die Grundlage für die Mittlerschaft Marias

Die Perspektive, die wir uns erarbeitet haben, hilft uns nun, die Mittlerschaft Jesu und Marias zu verstehen. Je mehr jemand durch die Dichte seines Lebens, durch seine Liebe, Güte und Ehrlichkeit an die eigentlichen Wurzeln der Existenz herankommt, desto mehr findet er zur Gemeinschaft mit den Mitmenschen, und desto mehr wird er zum Vermittler von Sinn und Gnaden aller Art. Treffend hat einmal ein geistlicher Meister formuliert: *Wenn Du in deinem Raum allein bist und dabei einen wahren Gedanken hast, wird man dich auch Tausende von Kilometern entfernt hören.* Das Gute kennt keine Schranken und die Wahrheit keine Mauern. Wenn sie einmal geboren sind, nehmen sie insgeheim ihren Weg zu den Herzen aller Gerechten und Guten. Die beste Form, bei allen Menschen zu sein und mit ihnen in Gemeinschaft zu leben, besteht darin, dem Leben, dem Bruder und Gott gegenüber die entsprechende Haltung einzunehmen.

Jesus Christus tat nur Gutes in dieser Welt, ohne einen Anflug von Lug und Trug. Er lebte die Reinheit des Lebens ebenso radikal, wie Gott sie sich vorgestellt hatte. Es gelang ihm, weil es Ausdruck nicht nur seines Willens, sondern der inkarnierten Gegenwart Gottes in seiner menschlichen Natur war. Zugleich Gott und Mensch, ist er wirklich der absolute Mittler (vgl. 1 Tim 2,5). So sehr ist er mit dem Geheimnis der Schöpfung verbunden, daß alles in ihm, durch ihn, mit ihm und für ihn gedacht und geschaffen wurde (vgl. Joh 1,3; Kol 1,16–17). Er wirkt in der Wurzel jedes Seins. Deshalb muß alle menschliche Solidarität und Gemeinschaft ontologisch als von der radikalen Solidarität und Gemeinschaft ermöglicht verstanden werden, die er gegenüber allem Sein hat.

Die alleinige Mittlerschaft Christi macht Vermittlungen seitens seiner Brüder und Schwestern nicht überflüssig, vielmehr begründet und durchdringt sie sie und gibt ihnen ihre Existenzberechtigung. Die Mittlerschaft Christi muß in zwei Richtungen gedacht werden. Erstens hat Gott Christus zum Prinzip aller Vermittlung, Mittlerschaft, Solidarität und Gemeinschaft gemacht. Das Christusgeheimnis durchdringt Schöpfung und Menschheit und bewirkt, daß sie in ihrer realen und objektiven (ontologischen) Ordnung anonym christifiziert werden. Alles, was sich als Offenheit, Gemeinschaft und Solidarität darstellt, ist Konkretion der alleinigen Mittlerschaft und Gemeinschaft, die das Christusgeheimnis ist. Wenn man zweitens den Zusammenhang jetzt von unten nach oben betrachtet, dann verlängert, radikalisiert und vollendet Christus die Kette der Vermittlungen, die Menschen untereinander praktizieren, und erhebt sie zu ihrer endgültigen Vollkommenheit in Gott. In beiden Richtungen erscheint Christus als der Mittler *par excellence,* als der realisierte Idealtypus, von dem her alle anderen Formen von Vermittlung verständlich werden. Diese geben sich als partizipierte Ausdrucksformen seiner Mittlerschaft, aber auch als auf sie hin ausgerichtet zu erkennen, so daß sich Christi Mittlerschaft als Quelle und Ziel erweist.

In Verbindung mit Jesus Christus war keiner näher bei den Menschen als Maria, weil ja ihr Leben absolut lauter war und sie selbst vor jeder Sünde bewahrt geblieben ist.

Nun müssen wir uns Maria und Jesus als Momente ein und desselben Geheimnisses der erlösenden Selbstmitteilung Gottes denken. Gott hat uns durch seinen Geist erlöst, den er zu Maria sandte, und durch sie zum Weiblichen und zu der heiligen Gemeinschaft, in der er bis zur Vollendung der Zeiten wohnt. Er hat uns erlöst auch durch die Mittlerschaft seines Sohnes, der sich im Schoß Marias inkarnierte und durch ihn in allem Männlichen (das jeder Mann und jede Frau in sich trägt) sowie in der Kirche, die sein Leib ist. Natürlich darf man dieses eine Geheimnis nicht aufspalten; trotzdem gilt es, Momente in seiner Verwirklichung zu unterscheiden, die sich über die gesamte Breite der menschlichen Realität erstreckt. Maria ist Mittlerin in Gemeinschaft mit Jesus; der Geist, der sich in Maria spiritualisiert, ist gemeinsam mit dem Sohn, der sich in Jesus inkarniert hat, der Mittler. Die Liturgie bringt diesen Zusammenhang in allen Gebeten zum Ausdruck, die sie stets dadurch beschließt, daß sie die Mittlerschaft des Sohnes mit der des Geistes verbindet und im Vater gemeinsam ruhen läßt (». . . durch unseren Herrn Jesus Christus in der Einheit des Heiligen Geistes . . .«). In marianischen Liturgien werden Schrifttexte, in denen von der Weisheit als ewiger Größe gesprochen wird, auf Maria bezogen: »Der Herr hat mich geschaffen im Anfang seiner Wege, vor seinen Werken in der Urzeit . . .« (Spr 8,22–35). Solch einen Text auf Maria anzuwenden hat nur dann Sinn, wenn man ihr einen Platz im ewigen Heilsplan Gottes einräumt – als Gefäß, von dem Gott in seiner Liebe will, daß es seine ganze Selbstmitteilung in der Person des Heiligen Geistes aufnimmt. So eignet der ganzen Erlösung, wie wir bereits zuvor betont haben, eine weibliche, jungfräuliche und mütterliche Dimension. Die Mittlerschaft Jesu umfaßt das Weibliche, wie die Mittlerschaft Marias auch das Männliche beinhaltet.

Die Verkürzung der Mittlerschaft einzig und allein auf Jesus Christus engt das Verständnis vom Geheimnis Gottes wie vom Menschen ein. Das beinahe neurotische Bemühen, mit Maria nichts zu tun haben zu wollen, wie es nicht wenige aus der Reformation hervorgegangene christliche Bekenntnisse in der Geschichte an den Tag gelegt haben, erklärt sich aus den kulturellen Verhältnissen der modernen Welt, die zutiefst von der Tendenz zur Vermännlichung geprägt ist. Die Moderne definiert sich selbst als logozentrisch. Indem sie der Rationalität und der Macht des Begriffs den Vorrang einräumt, drängt sie das Weibliche an den Rand – und damit alle Seiten der menschlichen Wirklichkeit, die es mit Zärtlichkeit, Symbolik und Leidenschaft zu tun haben.[2] Aus diesem Grund ist unsere moderne Kultur rigide, grausam, nekrophil und ohne Hoffnung. Das ist der Preis für die Verdrängung des Weiblichen. Im weiblichen Prinzip wohnt die Humanisierung des Lebens und sprudelt die Quelle der Moral, die Verzicht auf den Willen zur Macht, Lauterkeit, Selbstopfer und Schutz der Schwachen und ungerecht Behandelten einbegreift. Die großen christlichen Mystiker und Weisen, die weibliche Sensibilität und Zärtlichkeit gegenüber Natur und Menschen pflegten, nahmen ihre Kraft aus der Verehrung der *Theotokos,* der jungfräulichen Mutter Gottes. Bekannt ist insbesondere die Gestalt des Franz von Assisi, der den Beinamen *Stella matutina* trug, alle Geschöpfe Brüder und Schwestern nannte, allen Lebewesen mit größter Zuwendung begegnete und einen liebenswürdigen Humanismus ausstrahlte, wie ihn das Abendland nie wieder gesehen hat, so daß er sogar den Tod als Schwester besingen konnte *(mortem cantando suscepit)*. Die Quelle für diese zutiefst weibliche Art war seine zärtliche Frömmigkeit gegenüber der Jungfrau Maria.

Die Mutter Gottes, die auch unsere Mutter ist, wird archetypisch als die große Mutter Erde dargestellt, die uns ernährt, beherbergt und Quelle allen Lebens ist. Der Mensch fühlt sich nicht erlöst, wenn er

---

[2] Vgl.: *P. Evdokimov,* Die Frau und das Heil der Welt, München 1960, 168–170.

sich nicht mit der Erde versöhnt. Das ist der Grund, weshalb die irdische und himmlische Freude in Verbindung steht mit Maria, wie zahlreiche liturgische Texte belegen. Vermittels des (vergöttlichten) Weiblichen integriert der Mensch seine Schattenseiten und findet die Wärme des Geheimnisses wieder, das alle umarmt.

Das *Ja* Marias zum Vorhaben Gottes, Mensch zu werden, verband sie endgültig mit der gesamten Menschheit. Ihr kommt eine einzigartige Funktion in der Heilsgeschichte zu: Ihr *fiat* machte es möglich, daß Gott die menschliche Natur annahm. Das Fleisch Gottes, durch das er unser Bruder wurde, ist Fleisch, das er von Maria erhielt. Dies sind keine zufälligen Dinge, und sie verlieren sich nicht in der Vergangenheit, sondern bilden für die Geschichte Marias wie für die Geschichte Gottes selbst definitive Ereignisse. Sie haben Ewigkeitswert. Das *Amen* Marias hallt durch die Jahrhunderte wider und bleibt gültig für alle Ewigkeit. Als Auferweckte und in den Himmel Aufgenommene gibt Maria auch weiterhin ihre Antwort und will auch weiterhin, was Gott immer gewollt und eines Tages in der Geschichte geoffenbart hat: die Erlösung durch die Inkarnation seines Sohnes, der von der Jungfrau Maria geboren wurde sowie durch die Spiritualisierung seines Geistes in Maria.

Maria vertrat die ganze Menschheit, weil sie mit der ganzen Menschheit verbunden war. Jetzt gestaltet sie diese Einheit noch intensiver. Kein Geschöpf ist irgendeinem Menschen näher und verbundener als Maria in Gemeinschaft mit ihrem Sohn. Deshalb können wir sie als Mittlerin und Fürsprecherin anrufen. Im Himmel begleitet sie den Weg ihrer Brüder und Schwestern. Keiner fühlt sich vollauf glücklich, wenn er nicht seine Geschwister glücklich sieht oder ihnen zumindest Glück wünschen kann. Selbst im Stand der absoluten Verherrlichung in Gott ist Maria – wie auch ihrem Sohn Jesus – noch nicht alle Herrlichkeit und alles Glück zuteil geworden, die, ihr zwar verheißen, doch noch ausstehen. Sie werden erst bei der Vollendung der Geschichte vollständig sein, wenn alle Gerechten ins Reich Gottes gelangen werden. Dann wird sich der Kreis der Solidarität und der Gemeinschaft der Erlösten schließen. Bis dahin wird es noch Zukunft geben, und das Schicksal jedes einzelnen ist noch offen. Maria tritt für uns ein beim Vater, bei ihrem Sohn und beim Geist, mit dem sie innig verbunden ist; denn sie hat solidarisch teil an unserem Ziel, das in gewisser Weise ja auch ihr Ziel, das Ziel des Geistes und das Ziel Christi ist. Ihre Bestimmung in der Herrlichkeit ist nämlich auch unsere Bestimmung. Ihre einzigartige Situation der

Nähe zum dreifaltigen Gott hat die menschliche Natur schon mit in ihre Endverfaßtheit hineingenommen. Dieses gnadenvolle Geschehen vermittelt uns Gnade über Gnade, damit die größtmögliche Zahl von Menschen ins ewige Reich Gottes finden kann, wo sich Maria bereits jetzt aufhält.

3. Wie sich Maria konkret solidarisierte

Wir hatten bisher auf ontologischer Ebene (auf der es um die Struktur von Sein und Bewußtsein geht) Marias Solidarität und Mittlerschaft betrachtet. Nun gilt es zu fragen, wie sie dies konkret in ihrer persönlichen Geschichte verwirklicht hat. Informationen gibt es nur wenige. Trotzdem sind sie ausreichend, um festzustellen, daß Maria Menschen in ganz greifbaren Situationen ihren Dienst und ihre Solidarität angeboten hat. Zunächst einmal ist da auf das *Ja* zu verweisen, das sie Gott aus freien Stücken gab und durch das sie sich bereit erklärte, Mutter des Messias und Tempel des Heiligen Geistes zu werden. So solidarisierte sie sich mit der ganzen Menschheit, die sich nach Befreiung sehnte. Sie repräsentiert und vereint in sich die Offenheit für Gott, die es in der Menschheit gibt und immer gegeben hat. Ihr *fiat* verbindet sie mit der Form der Inkarnation, in der es um die Befreiung der Menschen geht und die fortan und für immer eine weibliche und mariale Dimension haben wird. In Maria findet das Weibliche Eingang in Gott.

Mit dem Besuch ihrer Verwandten Elisabet zeigt sie, wie Solidarität im Alltag aussehen kann: Durch die Infrastruktur der Grundbedürfnisse verbindet sie Menschen miteinander, sie kann aber auch zur Trägerin von Gnade und von echter Gotteserfahrung werden, wie man den Worten Elisabets und dem Jubellied Marias (vgl. Lk 1,39–56) entnehmen kann.

Aus dem Magnifikat spricht die ganze Solidarität Marias mit den Unterdrückten der Erde. Maria ist die starke und befreiende Frau, die Gott mit seiner Gerechtigkeit gegen die Ungerechten dieser Welt anruft und die ihn bittet, zugunsten der Kleinen und Hungernden einzugreifen. Sie weiß, auf welcher Seite Gott steht, denn er hat ein Gespür für die Demütigung des Armen (was der ursprüngliche Sinn von Lk 1,48 ist: »Er hat auf die Niedrigkeit seiner Magd geschaut«). Weil der Mächtige die Armen befreit, deshalb preist sie seine Großtaten (Lk 1,49).

Dadurch, daß sie Jesus in einem Stall zwischen Tieren zur Welt bringt, solidarisiert sie sich konkret mit allen, die kein Dach über dem Kopf haben und auf der Straße sterben, das heißt mit all den Randexistenzen, für die es nie »einen Platz in der Herberge gibt« (Lk 2,7). Erlösung geschieht im allgemeinen nicht durch spektakuläre Unternehmen und wortreiche Reden, sondern durch Taten der Solidarität mit dem bescheidenen und bisweilen erbarmungslosen Schicksal der Menschen. Ungeachtet der Frage, ob die Perikopen von der Flucht nach Ägypten historisch sind oder nicht, lassen sie doch das Motiv der Solidarität erkennen. Jede Flucht bringt Unsicherheit und Angst, Ungewißheit und Risiko, Entbehrung jeder Art und Hunger mit sich. Maria teilt das Los aller Flüchtlinge und Verfolgten der Geschichte. Der Glaube trägt sie, gibt ihr aber keine besonderen Garantien; deshalb flieht sie. Wenn sie einen entfremdeten Glauben gehabt hätte, der den Menschen davon entbindet, alles zu tun, was in seiner Möglichkeit steht, dann wäre sie nicht geflohen. Dann hätte sie argumentiert, Gott müsse doch seinen und ihren Sohn schützen. Ich bleibe hier und damit basta! Aber so hat Maria weder gedacht noch gehandelt. Sie war sich der Todesgefahr bewußt, in der sie wie ihr Sohn sich befanden. Deshalb tat sie, was alle täten: Sie flieht und wartet darauf, daß sich die Zeiten wieder ändern. Der Glaube durchweht alles, aber er entbindet den Menschen nicht davon, den Kopf zu gebrauchen und sich anzustrengen.

Maria bringt ihren Glauben in Form der zeitgenössischen Volksfrömmigkeit zum Ausdruck: Mit ihrem Mann, dem Kind, den Verwandten und Freunden geht sie nach Jerusalem auf Wallfahrt. Plötzlich ist der Sohn verschwunden. Die Eltern machen sich Sorgen. Wie alle Mütter stellt sich Maria vor, ihrem Sohn sei das Schlimmste zugestoßen. »Kind, wie konntest du uns das antun? Dein Vater und ich haben dich voll Angst gesucht« (Lk 2,48). Unüberhörbar ein Anflug von Tadel, der aus besorgter Liebe herrührt, sich aber schon wieder beruhigt. Maria blieb von nichts verschont, was zahllosen Müttern das Herz zerreißt. Sie mußte wachsen, um den Auftrag ihres Sohnes zu verstehen. Voller Sorge geht sie mit Verwandten auf die Suche nach ihm (Mk 3,32). Einige aus der Verwandtschaft sagen untereinander: »Er ist von Sinnen« (Mk 3,21). Am Los aller, die auf der Suche sind und nicht aus Wissen, sondern aus Glauben und inmitten von Anfechtungen zum Erlöser der Welt stehen, hat Maria teil.

In Kana mischt sie sich unter eine lustige Hochzeitsgesellschaft und ist betreten, als der Wein ausgeht. Besorgt versucht sie, das Problem

193

zu lösen. Den Leuten in der Küche fühlt sie sich solidarisch verbunden. Auf ihre Bitte hin tut Jesus sein erstes Wunder (Joh 2,1–11).

Die Jerusalemer Kirche überliefert uns die Erzählung von dem Zusammentreffen Marias mit Jesus auf dem Weg zum Kalvarienberg. Alle waren frustriert geflohen. Maria nicht. Sie begleitet ihren Sohn, leidet mit ihm, macht ihm Mut und wird zur Miterlöserin. Ohnmächtig erlebt sie die Kreuzigung ihres Sohnes mit, und ihr Herz wird wie von sieben Schwertern durchbohrt. Mit ihrem Sohn bietet sie sich in Solidarität mit allen Menschen dem Erbarmen Gottes an. Hier unter dem Kreuz und in dem Augenblick, in dem wir erlöst werden, gebiert sie uns als ihre Kinder.

Als die apostolische Kirche am Pfingsttag geboren wird, ist Maria zugegen. In Tod und Auferstehung erweist sie ihre Solidarität. So begründet sie den Prozeß des Glaubens mit, der sich über die Jahrhunderte hin erstrecken wird und die Kirche konstituiert, die ihrerseits die Sache Jesu zu den Menschen bringt, bis er kommt. Der Geist, der in ihr wohnt, nimmt jetzt in der Kirche seine Wohnung.

Auch in der Herrlichkeit hat sie die Menschen niemals im Stich gelassen. Dadurch, daß das Volk Gottes ihr Leben, ihre Tugenden, ihre Sendung und ihre Geheimnisse ununterbrochen verehrt, hat sie sich seinem Herzen tief eingeprägt. Ihre Erscheinungen in der Geschichte zeigen uns, wie mütterlich sie um die Menschen und ihre Bedürfnisse besorgt ist. Als die in den Himmel Aufgenommene tritt sie unablässig für ihre Kinder ein und zieht das in allen Menschen wohnende Weibliche zur endzeitlichen Vergöttlichung hin.

Jetzt an der Quelle allen Lebens und aller Gnade erreicht sie jeden einzelnen und übt so ihre universale Mittlerschaft aus – freilich nicht von außerhalb, sondern aus dem Geheimnis jeder menschlichen, weiblichen wie männlichen Existenz heraus.

Was Maria unter uns an Solidarität praktiziert hat, zeigt, daß sie ihre Solidarität vor allem dort erweist, wo Menschen in Not geraten sind, wo das Drama des Leidens den Sinn des Lebens zu zerstören droht, und wo Entscheidungen getroffen werden, die die Zukunft bestimmen. Vom Himmel her ist sie nach wie vor auch jetzt noch in solchen Situationen solidarisch zugegen – und zwar mit noch größerer Intensität zugegen, bis daß die Schöpfung endlich bei Gott angekommen sein wird. *Et tunc erit finis!*

XII. Maria – Prophetin und Befreierin

Eine Form der Mittlerschaft Marias, wie wir sie im vorausgehenden Kapitel betrachtet haben, gewinnt in einem Glaubenskontext, in dem – wie in Lateinamerika – Menschen in unterdrückerischen Verhältnissen leben, besondere Bedeutung. Die Gründungsurkunden unseres Glaubens schildern uns eine Maria, die mit dem Leiden ihrer Brüder und Schwestern solidarisch ist. Dieser Aspekt erweist sich für Christen, die im Befreiungsprozeß engagiert sind, als besonders wichtig.

Bekanntlich besteht einer der charakteristischsten und schönsten Züge der lateinamerikanischen Frömmigkeit in ihrer marianischen Prägung. Maria nimmt teil an den Leiden und an den Freuden unseres Volkes. Zahlreiche Orte und zahllose Kirchen tragen den Namen Marias oder heißen nach einem ihrer Feste. Allerdings geben in dieser Art von Frömmigkeit mehr Verehrung und Kult den Ton an als Nachfolge und Nachahmung des Lebens und der Tugenden Marias.

In den letzten Jahren indes breitet sich zunehmend eine andere Art von Frömmigkeit aus, die deutlich auf die Nachfolge Marias abzielt. In Basisgemeinden wie in Gruppen, welche auch die politische Dimension des Glaubens bedenken und praktizieren, schätzt man vor allem die anklagenden, ansagenden, prophetischen und befreienden Züge Marias,[1] so wie sie in ihrem Loblied, im *Magnifikat*,[2] zum Ausdruck kommen. Dieser Aspekt ist in der marianischen Tradition

---

[1] Diesbezügliche Texte finden sich bei: *H. Goldstein* (Hrsg.), Tage zwischen Tod und Auferstehung. Geistliches Jahrbuch aus Lateinamerika, Düsseldorf 1984, 34, 39–40, 49, 99–100, 135–136, 173–174, 181–182, 183, 193, 242, 256–257; siehe auch: *H. Goldstein*, Anwältin der Befreiung. Mariologische Neuansätze in Lateinamerika, in: Diakonia 12 (1981) 396–402 (Anm. des Übersetzers).

[2] Vgl. die Spezialliteratur zum Magnifikat: *M.-J. Lagrange*, Evangile selon Saint Luc, Paris ⁴1927 (ausführlichste Kommentare); *V. Hamp*, Der alttestamentliche Hintergrund des Magnificat, in: Biblische Beiträge 2 (1952) 17 f; *Th. Dehau*, Magnificat, in: Vie spirituelle 19 (1948) 5–16; *J. Guillet*, Le Magnificat, in: Maison-Dieu 38 (1954) 60 f; *R. Laurentin*, Struktur und Theologie der Lukanischen Kindheitsgeschichte, Stuttgart 1967; *J. Coppens*, La mère du Sauveur à la lumière de la théologie vétérotestamentaire, in: Ephemerides theologicae Lovanienses 31 (1955) 16 f; *A. Gelin*, La vocation de Marie d'après le Nouveau Testament, in: Vie spirituelle 91 (1954) 115–123; *A. G. Hebert*, La Vierge Marie, Fille de Sion, ebd. 85 (1951) 127–139; *G. T. Forestell*, Old Testament

bisher kaum angesprochen worden, obwohl er doch auch mit dem Weiblichen zu tun hat. Das Bild, das in der Frömmigkeit – unterstützt von der Theologie – vorherrschte, war das der milden, süßen, frommen, demütigen und ganz auf Jesus und die heilige Familie ausgerichteten Jungfrau und Mutter.

Hätte man sich auch in einer Ständegesellschaft, in welcher das Christentum als männlich bestimmte und alle Kräfte zusammenschweißende Ideologie diente, überhaupt vorstellen können, Maria sei ethisch empört gewesen und habe Gott darum gebeten, die Hochmütigen zunichte zu machen, die Mächtigen vom Thron zu stoßen und die Reichen mit leeren Händen ausgehen zu lassen, damit die Demütigen erhoben und die Hungernden mit Gütern überhäuft würden? Im Rahmen einer christlichen Ideologie, die die historische Situation bestimmte, hielt man derartige prophetische Aussagen, die im übrigen eher den Männern als den Frauen zuständen, entweder nicht für relevant, oder man spiritualisierte sie in der Weise, daß man sie die privilegierte Position der Christen erhärten sah, oder man ließ sie nur für die anderen gelten, für die Juden, die Heiden oder die bösen Machtinhaber. Auf keinen Fall hatten sie mit Kirche und Christen etwas zu tun. So wurde das Magnifikat über Jahrhunderte hinweg seines kritischen und eindeutig befreienden Inhalts entleert. Erst in unseren Tagen ersteht ein Bild von Maria als Prophetin und als mutiger und starker Frau, die für die messianische Befreiung der Armen aus allen geschichtlichen und gesellschaftlichen Ungerechtigkeiten eintritt. Der Ort, an dem dieses Bild wächst, ist das Herz unseres geschundenen und unterdrückten Volkes, dessen Sehnsucht nach Partizipation (Mitsprache, Mitbestimmung) und Befreiung gewaltig ist.

Background of the Magnificat, in: Marian Studies 12 (1961) 205–244; *J. McHugh*, The Mother of Jesus in NT, New York 1975, 73–79; *J. Moltmann*, Freude an der Revolution Gottes, in: Die Sprache der Befreiung, München ²1975, 120–129; *V. Vogels*, Le Magnificat, Marie et Israel, in: Eglise et Théologie 6 (1975) 279–296; *A. Grillmeier*, Maria Prophetin. Eine Studie zur patristischen Mariologie, in: Mit ihm und in ihm, Freiburg 1975, 198–218; *L. Schottroff*, Das Magnificat und die älteste Tradition über Jesus von Nazaret, in: Evangelische Theologie 38 (1978) 298–313; *X. Pikaza*, El Magnificat, canto de liberación. Dios salva a los pequeños, in: Misión Abierta 69 (1976) 230–247; *P. Schmidt*, Maria in der Sicht des Magnificat, in: Geist und Leben 46 (1973) 417–430; *R. Schnackenburg*, Das Magnificat, seine Spiritualität und Theologie, ebd. 38 (1965) 342–357.

1. Die gegenwärtige Lage der Unterdrückung als hermeneutischer Ort der Befreiung

Das Bild Marias als Prophetin und Befreierin erwächst aus der theologischen Betrachtung unserer Lage der Gefangenschaft und der Unterdrückung. Mit Augen von heute lesen wir die christlichen Schriften von gestern (von vor annähernd 2000 Jahren). In unseren Augen liegen Fragen, Erwartungen und Interessen, die sich aus unserer Wirklichkeit ergeben. Mit in dieser Weise eingestimmten Augen lesen wir nun die biblischen Texte, die von Maria sprechen. Die heiligen Texte ihrerseits richten an uns ihre Botschaft, die ihr Wortlaut in sich trägt. Doch unsere interesseneingestimmten Augen erfassen aus der Gesamtfülle der Schrifttexte insbesondere jene, die für unsere Situation am meisten zu sagen haben. Solche Texte unterstreichen wir sozusagen mit Rotstift, und am Rande des Kontextes vermerken wir: Besonders wichtig! Natürlich liegt uns an allen Texten, und wir bemühen uns, die Gesamtfülle der in den Gründungsurkunden unseres Glaubens enthaltene Botschaft zu beherzigen. Trotzdem läßt uns die Situation unserer Zeit mit ihren Dringlichkeiten und Prioritäten bestimmte Texte und Kontexte wichtiger als andere erscheinen. In ihnen vernehmen wir eine Stimme, die sich direkt an unsere heutigen Ohren wendet. Der Sinn, der früher galt, gewinnt heute eine neue Aktualität. Wir empfangen einen Sinn, der sich aus den Texten ergibt, und wir schaffen einen neuen Sinn, wie er aus dem Kontext unserer Geschichte widerhallt.

Der Sinn der Bibel kann also, wie man sieht, nicht ausschließlich in der Vergangenheit fixiert und eingefroren werden. In der Schrift steckt eine Fülle möglicher Bedeutungen, die sich erst in der Begegnung mit neuen gesellschaftlich-geschichtlichen Konstellationen erschließen. Wir sind also in einen hermeneutischen Zirkel eingespannt: Wir lesen die heiligen Texte mit unseren modernen Augen und interpretieren sie damit schon im Akt des Lesens; ihrerseits senden die Texte die Botschaft in Richtung unseres geschichtlich situierten Gehörs, werden auf der Welle unserer Zeit empfangen und erhalten damit eine entsprechende Interpretation. So herrscht also immer ein Wechselverhältnis. Die Schrift erweist sich mithin nicht als ein Reservoir toten Wassers, das alle möglichen Sinnelemente enthält, sondern als eine Quelle lebendigen Wassers, aus der je nach den Bedingungen der Zeit, unter denen Menschen leben, leiden und nach Sinn suchen, neue Sinnaspekte hervorsprudeln.

Der hermeneutische Zirkel ist keineswegs ein *circulus vitiosus*, ein Teufelskreis der Interpretation, der den ursprünglichen Sinn der Schrift entstellt. Er ist ein *circulus virtuosus*, eine Kunst, die den Reichtum der möglichen Bedeutungen zutage fördert. Diese sind in den Texten zwar bereits enthalten, werden aber erst durch Anfragen aus den jeweiligen gesellschaftlich-geschichtlichen Verhältnissen gehoben. So stellt sich uns unsere gegenwärtige Lage, die wir als gesellschaftliche und politische Unterdrückung diagnostizieren, als ein hermeneutischer Ort dar, der uns ganz besonders befähigt, das *Magnifikat* zu lesen und seine Botschaft zu hören. Das Loblied Marias entstand unter Bedingungen, die den unseren ähneln. Deshalb klingt es uns so nah und gegenwartsbezogen. Zwar waren die Fakten, welche die Situation damals ausmachten, anders, aber die Art der Beziehungen zwischen den Fakten wie auch der Geist, aus dem die Jungfrau handelte und auf sie reagierte, waren offensichtlich vergleichbar. Wie durch einen Zauber ist Maria unsere Zeitgenossin.

Die Situation, in der wir in Lateinamerika leben, betrifft die große Mehrheit unserer Brüder und Schwestern. Die Klagen unseres südamerikanischen Ijob steigen bis zum Herzen unseres Gottes empor. Die lateinamerikanischen Armen fordern menschenwürdige Behandlung, Grundrechte, gerechte soziale Verhältnisse sowie Mechanismen, der Partizipation, die allen mehr Mitsprache, Mitbestimmung und Anteil am gesellschaftlichen und wirtschaftlichen Leben ermöglichen. Kleine Eliten, welche Macht, Wissen und Reichtum in Händen haben, kontrollieren das Schicksal ganzer Völker. Sie setzen ihre Interessen durch und verteidigen ihre Privilegien selbst mit Waffengewalt. Den christlichen Glauben samt seiner Gedankenwelt und seinen religiösen Symbolen instrumentalisieren sie für ihr egoistisches Anliegen. Aber dieser interne Kolonialismus – so muß der ganze Prozeß genannt werden – ist nichts anderes als die Reproduktion *en miniature* des großen neokolonialen Systems in der westlichen Welt. Die Nationen der Metropolen im nordatlantischen Raum haben um sich einen Gürtel von Satellitenländern, die sie ausbeuten und beherrschen und die damit für den beschleunigten Fortschritt der reichen Völker sorgen. Das Ganze aber ist ein böser Fortschritt, weil er sich von dem Blut von Millionen von Brüdern und Schwestern nährt.

Vor diesem Hintergrund erhebt sich der Schrei des unterdrückten Volkes, das nach Befreiung verlangt. Die armen Lazarusse von heute klopfen eindringlich an die Türen der reichen Prasser unserer Tage. Nur eines wollen sie: Menschen werden, endlich keine Nichtmenschen mehr sein, nichts als Menschen werden. Die Kirchen haben ihren messianischen Auftrag begriffen, solidarisch zu sein und denen ihre Stimme zu leihen, die weder Stimme noch Chance haben. Am eigenen Fleisch spüren sie das bittere Leiden ihres Volkes.

Diese negativen sozialen Gegebenheiten betrachten nun die Kirchen mit den Augen des Glaubens. Wir sprechen nicht mehr einfach von strukturellen Ungerechtigkeiten, sondern von einer wirklichen kollektiven Situation der Sünde. Wir lassen es nicht mehr dabei bewenden, die Diagnose der Gesellschaft als trostlos zu bezeichnen, sondern wir prangern die Lage als Widerspruch zum Heilsplan an, den Gott mit der Geschichte hat. Dabei halten wir die Befreiung nicht nur für einen globalen Gesellschaftsprozeß, sondern für eine Form der Konkretisierung und Vorwegnahme der absoluten Befreiung in Jesus Christus.

In diesem Resonanzkörper erklingt nun das prophetische Lied der Jungfrau Maria mit all den kritischen, prophetischen, subversiven und befreienden Tönen, die es enthält. Maria hat nicht einfach offene Ohren für die Botschaft von oben, sondern ein Ohr, das offen ist für Gott, und ein Ohr, das offen ist für die Notschreie ihres unterdrückten jüdischen Volkes. Sie ist eine Frau von echter Treue wie alle großen Propheten, die in ein und derselben Bewegung, in der sie treu zu Gott sind, auch treu zu den Bedürfnissen des Volkes stehen. Die Treue zum einen impliziert die Treue zum anderen; denn wer taub ist für das Seufzen der Armen, ist auch stumm vor Gott. Maria erhebt ihre Stimme und redet: Sie lobt Gott und tritt für das Volk ein, sie preist das Erbarmen Gottes und bittet den Herrn, sich als Befreier der Gedemütigten und Hungernden zu erweisen.

2. Maria als Vorbild für die Befreiungssehnsüchte der Unterdrückten

Die befreiende Dimension an Maria wurde feierlich von Paul VI. in seiner Enzyklika *Marialis Cultus* (1974) hervorgehoben. Es sei uns gestattet, hier den Hauptabschnitt wiederzugeben, weil er die richtige Hermeneutik (Methode zur Interpretation) bietet, welche die Botschaft von gestern in das Heute unseres Glaubens hinein aktualisiert: »Was wir in der vom Heiligen Geist inspirierten Bibel unter Berücksichtigung der heutigen wissenschaftlichen Erkenntnisse und der heutigen Lebensbedingungen lesen, wird uns dahin führen, Maria als *Vorbild* anzuerkennen, *das den Wünschen des modernen Menschen entspricht.* Wir wollen das an einigen Beispielen erklären. Die moderne Frau, die in der Gesellschaft ihre Verantwortung wahrnehmen will, ... wird mit freudiger Überraschung feststellen, daß Maria trotz ihrer vollen Hingabe an den Willen Gottes keineswegs eine passive Frau war, die achtlos an den Dingen dieser Welt vorbeiging und andere davon abhielt, in einer abwegigen Religiosität befangen, sondern eine Frau, die nicht zögerte zu verkünden, daß Gott der Anwalt der Kleinen und Unterdrückten sei, der die Mächtigen dieser Welt vom Thron stürzt (vgl. Lk 1,51–53); sie wird Maria sehen ›als hervorragende Vertreterin der Demütigen und Armen Gottes‹ (*Lumen gentium, 55*), als eine starke Frau, die Armut und Leiden, Flucht und Verbannung mitmachte (vgl. Mt 2,13–23): Situationen, die der Aufmerksamkeit dessen nicht entgehen können, der im Geist des Evangeliums die *befreienden Kräfte* des einzelnen wie in der menschlichen Gesellschaft fördern will ... Dieses Beispiel besagt eindeutig, daß die Gestalt der Jungfrau bestimmte tiefe Sehnsüchte der Menschen unserer Zeit nicht enttäuscht, sondern ihnen ein *vollkommenes* Vorbild bietet, wie sie Jünger des Herrn sein können: engagiert am Aufbau der irdischen und zeitlichen Stadt und zugleich mit aller Kraft unterwegs in Richtung auf die himmlische und ewige Stadt, bemüht um Gerechtigkeit zur Befreiung der Unterdrückten und um Liebesdienste zur Unterstützung der Notleidenden, vor allem aber wirksam die Liebe bezeugend, die Christus in den Herzen aufbaut« (Nr. 37).

Mehr an Deutlichkeit ist von einem offiziellen Text nicht zu erwarten. Maria wird als die befreiende Frau geschildert. Sie setzt die Linie der heldenhaften Frauen des Alten Testaments fort, die für die Gerechtigkeit Gottes und der Menschen eingetreten waren, wie Debora (Ri 4–5) oder Judit (Jdt 13,20; 15,9). Um den Befreiungsgehalt des *Magnifikat* besser zu verstehen, müssen wir das Lied in seinem geschichtlich-geistigen Zusammenhang betrachten.[3]

---

[3] Zum Ursprung des Magnifikat sind gegenwärtig drei Theorien im Umlauf. Die erste – traditionelle – geht davon aus, Maria selbst habe das Lied anläßlich ihres Besuches bei ihrer Kusine Elisabet verfaßt, so wie es in Lk 1,46–56 vorliegt. Nur noch wenige Autoren vertreten diese Ansicht. Die zweite – modernere – behauptet, das Magnifikat sei eine literarische Komposition des Evangelisten Lukas, welche dieser Maria in den Mund gelegt habe, um sie zu erhöhen und seligzupreisen. Die dritte – jüngste – Theorie besagt, Lukas habe einen ihm vorliegenden Text verarbeitet. Ursprünglich sei das Magnifikat ein judenchristlicher Hymnus über das Befreiungswerk Gottes zugunsten der Kleinen und Armen gewesen. Die Urgemeinde oder der Evangelist Lukas hätten – da sie Maria als privilegierte Vertreterin der Armen und Kleinen angesehen und die Großtaten Gottes, die er an ihr getan habe, bewundert hätten – sich das Lied zu eigen

a. Der geistige Kontext des Magnifikat

Der Hymnus der Jungfrau ist in derselben Atmosphäre angesiedelt und wird in demselben Geist gesungen, in dem bzw. in der auch die Befreiungsbotschaft des Messias ihren Ort hat. Er präludiert der Ansage des Gottesreiches, die das Kernstück der Verkündigung ihres Sohnes Jesus sein wird. Zugleich bedeutet er die Krönung aller Erwartungen des Alten Testaments.[4]

Der Messias wird kommen und die Herrschaft (die neue Ordnung) Gottes eröffnen. In dieser neuen Ordnung wird den Verarmten Gerechtigkeit lächeln, den Geschundenen Recht erblühen und der gesamten Schöpfung sich endgültig Frieden anbieten. Der Messias wird mit den Armen, ungerecht Behandelten und Gedemütigten beginnen. Ihre Lage ist eine Herausforderung für seine messianische Macht. Deshalb dürfen sie sich glücklich fühlen, weil ihnen als ersten das Reich Gottes zuteil wird (vgl. Lk 6,20; 4,18–21).

Der Gott dieses Reiches ist grundsätzlich *heilig*. Heilig ist der, der unser gesamtes Denk- und Vorstellungsvermögen übersteigt, der, der ganz anders ist und vor dem wir – wie Mose vor dem brennenden Dornbusch (Ex 3,5) – auf die Knie fallen, die Schuhe ausziehen und dem wir nur mit größter Hochachtung näher treten. Mit einem in solcher Weise heiligem Gott ist nicht zu spielen. Er ist das, was wir in unserem Leben absolut ernst nehmen. Er ist das *tremendum:* Wenn er nicht eingriffe, müßten wir sterben, wenn wir seine Herrlichkeit sehen.

Dieser heilige Gott ist auch ein barmherziger Gott. Das menschliche Drama läßt ihn nicht kalt. Er hört die Schreie der Zertretenen und hat ein Herz für die Elenden. Er ergreift Partei für die Armen und nimmt Wohnung bei ihnen. Gott liebt die Welt, weil sie aus seinem allmächtigen Wort hervorgegangen ist. Aber er protestiert gegen sie,

---

gemacht, den Vers 48 (»Denn auf die Niedrigkeit seiner Magd hat er geschaut. Siehe, von nun an preisen mich selig alle Geschlechter.«) eingefügt und alles Maria zugeschrieben. Viele Mariologen neigen heute zu dieser These.

[4] *G. T. Forestell,* Old Testament Background, weist minutiös nach, daß das Magnifikat auf der spirituellen Linie der Armen Jahwes *(anawim)* liegt. Diese gefielen sich nicht in ihrem Elend; im Gegenteil: sie sehnten sich nach Gerechtigkeit, die sie aus ihrer unmenschlichen Lage herausbringen sollte; mit einem Wort: sie hofften auf Befreiung. Die Propheten, die Psalmen wie auch die nachexilische Literatur sprechen sehr klar die Überzeugung aus, das Heilshandeln Gottes und seines Messias beständen vor allem in der Befreiung und Erhöhung der Armen und ungerecht Behandelten (225–235: The piety of the poor). Vgl. auch: *J. Dupont,* Les Béatitudes II, Paris 1969, 19–90; *A. George,* La pobreza en el Antiguo Testamento, in: La pobreza evangélica hoy, Bogotá 1971, 11–26; *J. Dupont,* Los pobres y la pobreza en los evangelios y en los hechos, ebd. 27–44.

weil die Menschen ihr eine Gestalt von vielfältiger Ungerechtigkeit und Unterdrückung aufgezwungen haben. Das alles mißfällt ihm. Seine Herrschaft wird dem ein Ende setzen. Das ist das *fascinosum:* Wir spüren seine befreiende Nähe.

Ein Beispiel für die Barmherzigkeit Gottes findet sich in der Geschichte Hannas, der Mutter des Propheten Samuel (1 Sam 1–2). Hanna ist unfruchtbar. Ihre Konkurrentin Peninna hat nur Spott und Hohn für sie. Deshalb weint sie bitter und kann vor Traurigkeit nicht essen. Mit verweinten Augen betet sie: »Herr der Heere, wenn du das Elend deiner Magd wirklich ansiehst, wenn du an mich denkst und deine Magd nicht vergißt und deiner Magd einen männlichen Nachkommen schenkst, dann will ich ihn für sein ganzes Leben dem Herrn überlassen . . .« (1,11). Und Gott erhörte die Bitte der Trostlosen. Sie brachte Samuel zur Welt und weitere drei Söhne sowie zwei Töchter (1 Sam 2,21). Bei der Darstellung ihres Erstgeborenen im Tempel stimmt Hanna ein Lied an, an das sich Maria mit ihrem Gesang anlehnt. Die Parallelen sind so überraschend, daß wir es nicht unterlassen können, sie in einer Synopse aufzuzeigen[5]:

Marias Magnifikat *(Lk 1,46–55)*	*Hannas Magnifikat* *(1 Sam 2,1–10)*
Meine Seele preist die Größe des Herrn, und mein Geist jubelt über Gott, meinen Retter. Denn auf die Niedrigkeit seiner Magd hat er geschaut.	Mein Herz ist voll Freude über den Herrn, große Kraft gibt mir der Herr. Weit öffnet sich mein Mund gegen meine Feinde, denn ich freue mich über deine Hilfe.
Siehe, von nun an preisen mich selig alle Geschlechter. Denn der Herr hat Großes an mir getan. Heilig ist sein Name.	Niemand ist heilig, nur der Herr; denn außer dir gibt es keinen Gott; Keiner ist ein Fels wie unser Gott. Redet nicht immer so vermessen, kein freches Wort komme aus eurem Mund;
Er erbarmt sich von Geschlecht zu Geschlecht über alle, die ihn fürchten. Er vollbringt mit seinem Arm machtvolle Taten: Er zerstreut, die im Herzen voll Hochmut sind;	denn der Herr ist ein wissender Gott, und bei ihm werden die Taten geprüft.

[5] Vgl. *E. Schillebeeckx*, Maria – Moeder van de verlossing, Antwerpen 1955, 28 ff.

er stürzt die Mächtigen vom Thron und erhöht die Niedrigen.

Der Bogen der Helden wird zerbrochen, die Wankenden aber gürten sich mit Kraft.

Die Hungernden beschenkt er mit seinen Gaben
und läßt die Reichen leer ausgehen.

Die Satten verdingen sich um Brot, doch die Hungrigen können feiern für immer.

Er nimmt sich seines Knechtes Israel an

Die Unfruchtbare bekommt sieben Kinder, doch die Kinderreiche welkt dahin.
Der Herr macht tot und lebendig, er führt zum Totenreich hinab und führt auch herauf.
Der Herr macht arm und macht reich, er erniedrigt und erhöht.

und denkt an sein Erbarmen,

Den Schwachen hebt er empor aus dem Staub und erhöht den Armen, der im Schmutz liegt; er gibt ihm einen Sitz bei den Edlen, einen Ehrenplatz weist er ihm zu.

das er unseren Vätern verheißen hat,

Ja, dem Herrn gehören die Pfeiler der Erde; auf sie hat er den Erdkreis gegründet.
Er behütet die Schritte seiner Frommen, doch die Frevler verstummen in der Finsternis; denn der Mensch ist nicht stark aus eigener Kraft.
Wer gegen den Herrn streitet, wird zerbrechen, der Höchste läßt es donnern am Himmel. Der Herr hält Gericht bis an die Grenzen der Erde.

Abraham und seinen Nachkommen auf ewig.

Seinem König gebe er Kraft und erhöhe die Macht seines Gesalbten.

Offensichtlich spricht aus beiden Texten, aus dem von Hanna wie aus dem von Maria, ein und derselbe Geist. Einerseits die bedrückte Situation (unfruchtbare Magd: Hanna; Jungfräulichkeit, die im Judentum genauso viel bedeutet wie Unfruchtbarkeit: Maria) sowie die Willkür und die Übergriffe seitens der Großen, Mächtigen und Reichen und andererseits das Erbarmen Gottes, der eingreift und die ungerechten Verhältnisse umkehrt, indem er die Kleinen erhöht und den Hungernden den Hunger stillt. Das geistige Umfeld ist das des Messias und seines besonderen Wirkens. Dieses besteht ja gerade darin, die alte Ordnung, in der menschliche Macht und Selbstbehauptung den Sieg davontragen, in eine neue Ordnung umzugestalten, in der sich die Geister scheiden und den ungerecht Behandelten Gerechtigkeit widerfährt.

b. Der Aspekt der Befreiung in Marias Magnifikat

Den Hintergrund des *Magnifikat* bildet die Tragik dieser Welt, weil sie in ihrer vorfindlichen Ordnung dem Plan widerspricht, den Gott mit der Gesellschaft und mit den Menschen hat. Aber der Herr beschließt, durch seinen Messias einzugreifen und ein neues Verhältnis zu allen Dingen herzustellen. Ganz Israel, ja die ganze Menschheit sehnt sich nach dem Augenblick, in dem die Erlösung kommen soll. Maria versteht: In ihrem Schoß ist nunmehr der Anfang allen Heilwerdens und aller Befreiung getan. Ihr geht es wie Jesus, als er verkündet: »Die Zeit ist erfüllt, das Reich Gottes ist nahe! Kehrt um und glaubt an das Evangelium« (Mk 1,15), und begeistert durch ganz Galiläa wandert.

Voll inneren Jubels stimmt Maria ihr Lob- und Freudenlied an. Ihre Freude ist nicht grundlos, sie hat messianische Gründe.[6] Gott hat sich als Erlöser erwiesen (Lk 1,47) und auf die Niedrigkeit seiner Magd geschaut (1,48).[7] Was er an ihr getan hat, ist modellhaft für das, was er an allen tun wird. Wie Hanna für ganz Israel stand, so repräsentiert Maria nicht nur Israel, sondern die ganze Menschheit. Deshalb kann sie singen: Alle Geschlechter preisen mich von nun an selig (1,48 b).

---

[6] Die Einladung zu Lob, Freude und Erhebung im ersten Vers des Magnifikat (»Meine Seele erhebt den Herrn«) erinnert an das im Alten Testament häufig vorkommende Thema der Erlösung der Bedrängten und der Wiederherstellung Zions. Allerdings dachte man sich die Wiederherstellung Zions als die Befreiung des bedrängten und gedemütigten Restes Israels. Die Termini »erheben« und »sich freuen« *(megalýnein)* verbindet die Septuaginta mit den Motiven der persönlichen und nationalen Befreiung (Ps 57,10–11; 34,3–4; 69,30–31.36–37; Ps 9; 31,8). Das Magnifikat der Maria hat diesen auf Befreiung bezogenen Hintergrund des Alten Testaments.

[7] Der Vers 48 (»Er hat auf die Niedrigkeit seiner Magd geschaut«) muß richtig, das heißt gegen eine gängige spirituelle und moralisierende Richtung und im befreienden und sozialen Sinn, der in ihm steckt, gedeutet werden. Vgl. dazu: *E. A. Ryan,* Historical Notes on Luke 1,48, in: Marian Studies 3 (1952) 228–235. Das »Schauen« Gottes bedeutet im Alten Testament, daß Gott »Mitleid« hat angesichts der Bedrängnis, in der die Menschen als einzelne (Ps 13,4; 25,16; 69,17–18; 119,132) oder als Volk (Ex 14,24; Ri 6,14; Lev 26,9; 1 Kön 9,16) leben. Der Ausdruck »Niedrigkeit« (griechisch: *tapeínosis*) besagt in der Sprache des Alten Testaments vor allem die Situation des Armen in Unterdrückung, Unglück, Bedrängnis und Demütigung – entweder persönlicher (Hagar: Gen 16,11; Lea: Gen 29,32; Jakob: Gen 31,42; Josef: Gen 41,52; Hanna: 1 Sam 1,11; David: 2 Kön 16,12; Ester: Est 4,8) oder nationaler Art (Bedrängnis des Volkes in Ägypten: Dtn 26,7; in der Zeit Sauls: 1 Kön 9,16; bei der Nachfolge Jerobeams II in Israel: 2 Kön 14,26; Neh 9,9; Jdt 6,19; 16,13). Der Ausdruck findet sich häufig in den Psalmen, gerade in Klagen und Gebeten der Armen und Unterdrückten (Ps 10,14; 22,27; 25,18; 31,8; 119,50.92.153; 136,23). Diese bedrückende Lage weckt die Hoffnung auf Befreiung, die man vom kommenden Messias erwartet. Zugleich ermöglicht diese positive und materiell ungünstige Bedingung eine Geisteshaltung (geistige Kindschaft, geistige Armut) der Offenheit, der Hingabe an Gott, des Vertrau-

Gott ist heilig, er ist der ganz Andere, der in einem unzugänglichen Licht wohnt (1,49). Dennoch thront er nicht in erhabener Distanz, unerreichbar für die schmerzerfüllten Schreie seiner Kinder. Deshalb hebt die Jungfrau Gottes Erbarmen hervor, das von Geschlecht zu Geschlecht reicht (1,50). Aus seinem strahlenden Dunkel kam er in das dunkle Licht der Menschen herab. Gott läßt sich auf den Konflikt ein: Gegen die Mächtigen und Macher der Geschichte, wie sie sie zur Feier ihrer eigenen Größe in den Büchern erzählen lassen, macht er sich die Sache der Besiegten und der Randexistenzen zu eigen.

Gott behält sich sein Erbarmen aber nicht erst für das Ende der Zeiten vor. Er duldet es nicht, daß die Wunde offenbleibt und endlos blutet. Deshalb kleidet er seine Barmherzigkeit in geschichtliche Formen und läßt sie konkret werden in Initiativen, die das Kräftespiel verändern. Die Stolzen, Mächtigen und Reichen haben nicht das letzte Wort, wie sie immer vorgeben. Gottes Gerechtigkeit ist schon in der Geschichte dabei, über sie ihr Urteil zu fällen. Sie werden ihrer Macht beraubt, in ihrem Stolz entlarvt und mit leeren Händen davongeschickt werden (1,51–53). Das Reich Gottes segnet die Ordnung dieser Welt, in der die Arrivierten allein das Sagen haben, keineswegs ab. Das Reich Gottes bedeutet Protest gegen die Ordnung *dieser* Welt. Seine Gerechtigkeit ist eine andere Gerechtigkeit. Gott hat unseren Vätern das Versprechen, ja die Gewißheit dieser neuen Welt gegeben. Jetzt beginnt sich alles zu erfüllen (1,55).

Die Art und Weise dieser Erfüllung hat unleugbar einen revolutionären Stil. So schockierend solch eine Feststellung auch in den Ohren einer Kirche klingen mag, die durch Ausgewogenheit und politische Klugheit glänzt, wir kommen um sie nicht herum, weil ja die Jungfrau selbst betont: »Er stürzt die Mächtigen vom Thron und erhöht die Niedrigen. Die Hungernden beschenkt er mit seinen Gaben und läßt die Reichen leer ausgehen« (1,52–53). Nicht anders als Maria beteten auch sonst Frauen im Alten Testament. Beim Auszug aus Ägypten sang Mirjam: »Singet dem Herrn ein Lied, denn er ist hoch erhaben! Rosse und Wagen warf er ins Meer« (Ex 15,20–21). Als Hanna in

---

ens, der Disponibilität gegenüber dem Handeln Gottes, der vertrauensvollen Überantwortung in der Erwartung der Befreiungstat Gottes. Diese Haltung ist eine notwendige Bedingung dafür, um in das Reich Gottes zu kommen, und ist das Gegenteil von Stolz, Selbstsicherheit, Verschlossenheit in sich selbst und ausschließlichem Vertrauen auf die eigenen Kräfte auf dem Weg zu Befreiung. Vgl.: *A. Gelin,* Die Armen – Sein Volk, Mainz ³1957. Maria lebt in solch einer Situation positiver Demütigung, was bewirkt, daß sie auch in einer Haltung der Demut (vertrauensvoller Hingabe an Gott) lebt – disponibel und offen, die Befreiungstat Gottes zu akzeptieren.

ihrer Not von Gott erhört worden war, betete sie: »Der Bogen der Helden wird zerbrochen, die Wankenden aber gürten sich mit Kraft« (1 Sam 2,4). Nachdem Judit dem Holofernes den Kopf abgeschlagen hatte, verkündete sie dem Volk: »Lobt Gott, ja, lobt ihn! Lobt Gott! Er hat dem Haus Israel sein Erbarmen nicht entzogen, sondern er hat in dieser Nacht unsere Feinde durch meine Hand vernichtend getroffen« (Jdt 13,14).

Der Gott der Bibel ist kein Götze, der die Tempel oder die Herrgottswinkel in unseren Häusern schmückt, sondern ein lebendiger Gott, dessen wahrer Name Gerechtigkeit, Heiligkeit und Erbarmen gegen die ist, die ungerecht unterdrückt werden. Er ist ein Gott, der Partei ergreift für Lazarus, der im Gleichnis im Schoße Abrahams ruht, gegen den reichen Prasser, der in der Hölle schmachtet (Lk 16,19–31), der die Armen, die nach Gerechtigkeit Hungernden und Dürstenden, die Verfolgten, die Verfluchten und Ermordeten seligpreist und der die Reichen, Satten, Genießer und Schmeichler mit einem schrecklichen »Wehe euch!« schilt (Lk 6,20–26).

Aber was ist das für ein Gott, der Partei ergreift? Hat Jesus nicht gesagt: »Gott läßt seine Sonne aufgehen über Bösen und Guten, er läßt regnen über Gerechte und Ungerechte« (Mt 5,45), und »er ist gütig gegen die Undankbaren und Bösen« (Lk 6,35)? Ein Gott, der niemanden diskriminiert? Unsere Antwort ist ein eindeutiges Ja: Gott liebt alle, und in seiner Barmherzigkeit umarmt er alle, weil alle seine Kinder sind. Allerdings gibt es folgsame und rebellische, gute und böse Kinder. In einer solchermaßen widersprüchlichen und entmenschlichten Welt, in der es unbestreitbar Unterdrückte und Unterdrücker gibt, ist die *Form,* wie Gott die Menschen liebt, unterschiedlich. Auch Jesus behandelt die Armen und Kranken, die Pharisäer, die Zöllner und Herodes nicht nach demselben Schema. Die Armen nennt er selig, die Pharisäer übertünchte Gräber und Herodes einen Fuchs. Den Zöllnern wie Zachäus zeigt er, daß ihr Reichtum auf Ungerechtigkeit beruht, wie sie sich ihn erschlichen haben. Das heißt: Die Befreiung, die alle erfahren sollen, kommt auf unterschiedlichen Wegen, weil ja auch die Formen der Unterdrückung unterschiedlich sind. So erhöht Gott die Kleinen und läßt den Armen Gerechtigkeit widerfahren, indem er gegen die Unterdrücker auftritt, die mit ihren gewinnsüchtigen und egoistischen Verhaltensweisen die Menschen demütigen und in Verarmung stürzen. Die, die Hochmut in ihren Herzen tragen, zerstreut er, damit sie – bekehrt und befreit von ihrem lächerlichen Selbstbehauptungstrieb – freie und gehorsame Kinder

Gottes sowie Brüder und Schwestern aller Menschen werden können. Nur so werden sie den Weg ins Gottesreich finden. Die Mächtigen stürzt er vom Thron, damit sie aufhören, die Macht für die eigenen Interessen zu nutzen, damit sie dem Wohl aller dienen und dadurch in den Stand versetzt werden, der Erlösung teilhaftig zu werden. Die Art und Weise, wie Gott ihnen die Chance des Heils eröffnet, besteht darin, ihnen ihre Macht zu entziehen. Die Reichen läßt er leer ausgehen, damit sie – befreit von den Akkumulations- und Gewinnmechanismen, die sie gegenüber den anderen seelenlos machen – ihre Menschlichkeit wiederfinden und sich auf den Weg zum Reiche Gottes machen.

Die Befreiung Gottes kommt auf dem Weg der Umkehr. Ohne Umkehr wird sich an Ungerechtigkeit und Spaltung in der Welt nichts ändern. Zwar vollzieht sich die Befreiung je nach Situation auf verschiedene Weise, aber immer hebt sie auf ein und dasselbe Ziel ab: Alle sollen Kinder Gottes, Brüder und Schwestern untereinander, freie Herren über die Güter dieser Welt und Bürger des Reiches Gottes werden. Aber die Verhältnisse werden sich nicht ändern, wenn ein Geist des Revanchismus zum Zuge kommt und die Unterdrückten an die Stelle der Unterdrücker und die Verarmten an die Stelle der Ausbeuter treten. Sie werden sich nur dann ändern, wenn sich alle bekehren, so daß es weder Reiche noch Arme im Sinne antagonistischer Klassen mehr gibt, weder Unterdrückte noch Unterdrücker, sondern alle Brüder und Schwestern untereinander sind und im selben Haus des Vaters wohnen.

Zum Reich Gottes innerhalb der Geschichte wird es also nur gegen das Reich dieser Welt kommen, das auf Reichtum allein für einige, auf gesellschaftlichen Beziehungen der Unterdrückung sowie auf dem Vorrecht des Stärksten beruht. Zwischen dem Projekt Gottes und dem Projekt des Sünders ist keine Versöhnung möglich. Nur die Umkehr, die einen Standortwechsel im Denken, im Handeln und in der Organisation der Beziehungen der Menschen untereinander wie auch zu den Gütern der Erde bedeutet, öffnet den Weg zur Versöhnung und Frieden. Umkehr ist also der Anbruch des Reiches Gottes, dessen Kommen die Jungfrau Maria besingt und über dessen Advent sie jubelt. Gott hat in dieser Zeit sein Erbarmen gezeigt, das heißt, er hat beschlossen, zugunsten derer einzugreifen, die am meisten dessen bedürfen, was Reich Gottes bedeutet.

Nun kommt es auf den Inhalt dieses göttlichen Erbarmens an. Er ist konkret und geschichtsbezogen, nichts Spiritualisierendes ist an ihm. Die Mächtigen sind mächtig, die Hungernden leiden Hunger, und die Kleinen werden handgreiflich gedemütigt. Die griechischen Ausdrücke *tapeinós* (Lk 1,52) und *tapéinosis,* die uns in Marias Lied begegnen, beziehen sich auf die Situation von Menschen, denen es am Lebensnotwendigen fehlt (Lev 19,10; 23,22; Dtn 15,11; 24,12; Jes 10,2; Jer 22,16) und die von den Reichen ausgebeutet werden, obwohl Gott und das Gesetz das verbieten (Ex 22,21–24; Dtn 24,12–17; Lev 19,13; 23,22). Der Klasse der Gedemütigten wird als erster der Segen des Reiches Gottes, wenn es kommt, zuteil. Deshalb entspricht Gott ihrem Beten, ihrem Hoffen und ihren Klagen, wie es die Psalmen immer wieder schildern.

Maria ist in einer Linie mit diesen Armen zu sehen, zu denen auch Hanna gehörte. Sie erkennt, daß Gott der Allmächtige durch das, was er in ihrem Leben getan hat (Lk 1,48–49), ihre (1,48) wie auch die Rufe ganz Israels (1,54) erhört hat. Endlich hat Gott die Armut seiner Magd beachtet und sich seines Knechtes Israel (1,54) angenommen. Damit hat das endgültige Reich Gottes angefangen. Und darum kann Maria sich freuen und ihr Jubel- und Preislied anstimmen.

Die Vergeistlichung, der das *Magnifikat* im Rahmen einer privatisierenden und verinnerlichten Spiritualität unterzogen wurde, führte dazu, daß ihm sein gesamter befreiender und für diese gefallene Welt subversiver Gehalt, den es ja eindeutig enthält, genommen wurde. Die Trennung zwischen Materie und Geist, die dem Christentum größtes Unheil gebracht hat, ist biblischem Denken fremd. Das Heil wird immer als *menschlich,* das heißt als umfassendes und ganzheitliches Heil dargestellt, das Materie und Geist umgreift, das Verhältnis des Menschen zu Gott wie auch sein Verhältnis zu Mitmensch und Welt. Gottes Handeln erstreckt sich nicht nur auf Ausschnitte der Wirklichkeit. Alles ist betroffen, weil alles befreit werden muß.

Max Thurian, protestantischer Mönch in Taizé und großer Meister der Spiritualität in unserer Zeit, schrieb 1963, als man noch kaum auf die befreiende Dimension der christlichen Botschaft achtete, die später für die lateinamerikanische Befreiungstheologie so wichtig wurde, in einem Kommentar zum *Magnifikat:* »Politische und soziale Gerechtigkeit, Rechtsgleichheit und Gütergemeinschaft sind die Zeichen des Erbarmens des Messias-Königs, das seine Mutter und Magd besingt. So wird das Evangelium vom ewigen Heil auch zum Evangelium der menschlichen Befreiung. Maria, die erste Christin, ist auch die erste ›Revolutionärin‹ in der neuen Ordnung.«[8]

[8] *M. Thurian,* Maria, Mainz/Kassel 1965 (Paris 1963), 110.

3. Erweise dich als Mutter der Befreiung!

Das Bild Marias, das uns aus dem Magnifikat entgegentritt, rechtfertigt voll und ganz die Feststellung Pauls VI., Maria sei keine passiv untergebene Frau mit einer entfremdeten Religiosität. Maria ist die starke und mutige Frau, die Gottes Gerechtigkeit über die Unterdrücker der Armen anruft, eine engagierte Frau, die Partei ergreift. Gott kämpft nicht auf beiden Seiten. Nicht alles gilt auf dieser Welt. Gott und Maria treten auf die Seite derer, die in ihrer Würde wieder anerkannt werden wollen und denen endlich Gerechtigkeit widerfahren muß. Nur so wird das Reich Gottes in dieser Welt vorweggenommene Wirklichkeit und konkrete Geschichte.

Maria nimmt also den geschichtlichen Konflikt als unvermeidlich an. Versöhnung ist nur dann echt, wenn sie durch den Prozeß der Umkehr geht, und diesen gibt es nicht ohne Konflikte. Aber die Konfliktgeladenheit der Geschichte verstellt nicht den Horizont der Hoffnung und verdunkelt nicht die Anwesenheit der Freude. Es ist bezeichnend, daß Maria ihr Lied singt und freudig aufjubelt trotz der sozialen Widersprüche, die sie selbst nennt. Der Konflikt wird weder hypostasiert noch ontologisiert, sondern in seiner geschichtlichen Ausdrucksform begriffen als Konkretisierung unterschiedlicher menschlicher Interessen: Die einen handeln dem Projekt Gottes mit der Welt zuwider, die anderen treten in seinen Dienst; die einen leben in Sünde, die anderen in Gnade.

Christen in der Nachfolge Jesu und Marias können sich den Widersprüchen der Gesellschaft nicht entziehen. Eine vermeintlich neutrale Position steht ihnen nicht zu, weil es diese nicht gibt und weil sich hinter ihr nur eine Option für die Mächtigen dieser Welt verbergen würde, gegenüber denen sich – so Marias Gebet – ja die Macht Gottes zeigen soll (Lk 1,51). Für platonische Liebe ist kein Platz, weil sie unwirksam ist. Solidarische Liebe mit denen, die leiden, tut not. Gemeinsam leiden! Auf intelligente Liebe kommt es an, die sich um konkrete Schritte der Befreiung bemüht in Richtung auf mehr Gerechtigkeit und weniger ungerechte Verhältnisse unter den Menschen.

Bei diesem Befreiungsengagement machen wir Christen die bittere Erfahrung, daß der ganze Prozeß nur langsam vonstatten geht und daß die Unterdrückungen fortbestehen. Ohne den Mut zu verlieren, müssen wir uns dem Gebet der Jungfrau anschließen, Gott möge seine Gerechtigkeit in Vermittlungen, die unser Leistungsvermögen übersteigen, zeigen und Wirklichkeit werden lassen. Sollte die Gemeinde der Gläubigen bei all der Unterdrückung, die auf unserem Volk lastet, nicht mit Maria beten: »Herr, vollbringe mit deinem Arm machtvolle Taten: Zerstreue, die im Herzen voll Hochmut sind, stürze die Mächtigen vom Thron, erhöhe die Niedrigen, beschenke die Hungernden mit deinen Gaben und laß die Reichen leer ausgehen«?

Abschließend wollen wir uns das Gebet zu eigen machen, das Dom Hélder Câmara an Unsere Liebe Frau von der Befreiung gerichtet hat:

»Maria, Mutter Christi und Mutter der Kirche!

Wenn wir uns für Evangelisierungsauftrags rüsten, den wir fortzuführen, auszuweiten und zu intensivieren haben, dann denken wir an dich.

Insbesondere aber denken wir an dich, weil du eine so herrliche Danksagung gesprochen,

ein so wunderbares Lied gesungen hast,

als deine Kusine Elisabet, die Mutter Johannes des Täufers, dich öffentlich als die glücklichste aller Frauen pries.

Aber du hast dich auf deinem Gück nicht ausgeruht,

sondern hast an die ganze Menschheit gedacht.

An alle hast du gedacht.

Dabei hast du dich eindeutig für die Armen entschieden,

wie es später auch dein Sohn tat.

Was ist das an dir, in deinen Worten und in deiner Stimme,

daß du im Magnifikat verkündigen kannst

die Entmachtung der Mächtigen

und die Erhöhung der Demütigen,

die Sättigung der Hungernden

und die Entleerung der Reichen,

und daß es niemand wagt, dich als subversiv zu beurteilen

oder mit mißtrauischen Augen zu betrachten?

Leih uns deine Stimme, sing mit uns!

Bitte deinen Sohn, daß sich in uns allen die Pläne des Vaters voll verwirklichen.«[9]

[9] Serviço de Documentação 7 (1976) 784; deutsch in: *H. Goldstein* (Hrsg.), Tage zwischen Tod und Auferstehung, 183. Vgl.: *C. Mesters,* Maria, Mutter Jesu, Neukirchen-Vluyn/Düsseldorf 1985 (Petrópolis 1977); *M. Autran,* Maria, mãe do povo de Deus na América latina, in: Convergência 11 (1978) 538–547; *N. Zevallos,* Maria en la religiosidad popular latino-americana, in: CLAR 15 (1977) 1–7; *J. Asiain,* Maria hoy? Buenos Aires 1973, 35–52.

Fünfter Teil: Die Mythologie
Maria – Tempel des Geistes, die neue Eva

XIII. Der Mythos im Konflikt der Interpretationen

Wir haben uns schon mit der – äußerst dürftigen – *Geschichte* Marias von Nazaret beschäftigt. Ebenso haben wir unser Augenmerk auf die *Theologie* gerichtet, die über die rein historiographischen Fakten hinausgeht und Maria, Unsere Liebe Frau, in ihrem Verhältnis zu den großen Geheimnissen Gottes, zu den Fragen der Menschen und zum Heilsplan des Geheimnisses versteht. Auf dieser Ebene begegnen wir einer Größe, die sich unter der brüchigen Decke der Geschichtlichkeit verbirgt. Doch handelt es sich nicht um zwei Realitäten: Die Theologie will die Geschichte erklären. Das *theologische* Bild, das wir von Maria, Unserer Lieben Frau, haben, gründet auf dem Bild der Maria der *Geschichte* und muß es erhellen. Dabei geht es nicht darum, ihre schlichte und wenig messianische Herkunft zu mystifizieren, sondern darum, die Größe des Kleinen gerade als des Kleinen und die Tiefe der Demut gerade als der Demut herauszuarbeiten.

Die Geschichtsschreibung berichtet – nahezu nichts. Die Theologie deutet – mit Hilfe von Begriffen. Damit kann sich der Mensch nicht zufrieden geben. Er will mehr. Das Leben will Konkretion und Dichte, will feiern und erhöhen. Um zu feiern, reicht es nicht, ein Protokoll zu hören, zu wissen und den Verstand zu betätigen. Das Herz will sich öffnen, die Begeisterung sich zeigen und der Jubel erschallen. Lob und Begeisterung bewegen sich in der Sprache der Großzügigkeit, der Erhöhung und der Überbietung. Hochherziger Überschwang gehört zum Wesen des Festes. Auf dieser Ebene begegnen uns das Bild, das Symbol, der Mythos und der Archetyp. Keine dieser Größen erfindet die Wirklichkeit, sie bereichern und rühmen sie vielmehr. In Geschichtswissenschaft und Theologie spricht die Vernunft (der Logos), im Symbol das Herz (das Pathos). Alle drei sind verschiedene Zugänge zur Wirklichkeit: Die Geschichte erzählt, die Vernunft sucht nach Erklärungen, und das Symbol entziffert den Sinn. Jeder Zugang hat seine eigene Logik und seine eigene Grammatik samt seiner eigenen Syntax. Man darf die verschiedenen Sprachen mit ihren besonderen Regeln nicht miteinander vermengen. Jede Sprache erzählt und singt auf ihre Weise und in den Grenzen ihrer

Möglichkeit von derselben Person, von Maria. So kommt es darauf an, den besonderen Klang dieser Sprachen wahrzunehmen, um den gesamten Reichtum dieser einzigartigen Frau zu erfassen.

1. Das Symbol schafft und sagt die Wirklichkeit neu

Wir möchten uns jetzt der symbolischen Mariologie zuwenden, die am fruchtbarsten ist. Das Symbol (der Mythos, das Bild) schafft und sagt die Wirklichkeit auf der Ebene der Phantasie neu. Hier tritt die archetypische Last unseres persönlichen und kollektiven Unbewußten, das im Schlaf wie im wachen Zustand den menschlichen Geist bewohnt, in Tätigkeit. Die Erfahrung des Wertes, des Sinnes für das menschliche Leben und der Begeisterung für die Gestalt Marias will sich zeigen. Die Sprache ist die der Idealisierung und Eschatologisierung. Der Liebhaber ist hingerissen von den Vorzügen seiner Vielgeliebten, die Mutter besingt die Intelligenz ihres Sohnes, und der Patriot preist, wenn er in der Ferne ist, die Schönheiten seiner Heimat. Man denke nur an Don Quichote und seine Dulcinea, an Juca Mulato und seine unmögliche Liebe oder an Casimiro de Abreu in Portugal und seine Gedichte voller Heimweh nach der mütterlichen Umgebung. Bilder tauchen auf, die stark an das Unbewußte appellieren und voll existentieller Bedeutung sind. Aber sie verfälschen die Wirklichkeit nicht, sondern bringen die Realität des Gefühls und die Erfahrung des Herzens zum Ausdruck. In diesem Symbolkontext, der die geschichtliche Wirklichkeit (auf einer anderen Ebene) neu schafft und neu sagt, wollen die Formulierungen aufgefaßt und verstanden werden. Andernfalls nähme die Vernunft Anstoß daran, und die Theologie (die ja unter den Bedingungen der analytischen Vernunft arbeitet) finge an, Unzulänglichkeiten des Ausdrucks als Häresien anzuprangern und repressiv zu werden.

Das Symbol und der Mythos bilden also eine legitime Form, die transzendente Bedeutung Marias auszudrücken. Das hat weder mit primitiver Altertümlichkeit zu tun, die lediglich für weniger intelligente, nur auf diese Weise erreichbare und überzeugbare Köpfe gälte, noch bedeutet es einen Niedergang der Vernunft, die den Einschüchterungen der Phantasie unterlegen wäre, noch ist in ihm die ungeordnete Irrationalität des Unbewußten am Werk. Vielmehr handelt es sich um einen anderen Zugang zur Wirklichkeit und zum Geheimnis Marias, der seine (keineswegs irrationale, sondern auf andere Weise rationale) Logik besitzt, seine Ziele hat, und dem es vielleicht besser, weil dichter und umfassender als anderen Zugängen gelingt, seine Botschaft zu vermitteln. Wer je in Wirklichkeiten eingetaucht ist, die ihn mit ihrer Tragweite nicht unberührt lassen, wie die Liebe, die Selbstoffenbarung eines Menschen gegenüber einem anderen Menschen, eine wichtige Entscheidung, eine Krankheit oder der Tod eines lieben Menschen, weiß, daß Begriffe unzureichend und Protokolle kalt sind. Allein Farben, Bilder und Symbole vermögen das für den Menschen letztlich Wichtige angemessen auszudrücken. So ist es auch mit der symbolischen Mariologie. Sie macht das Herzstück der Marientheologie aus. In ihr wird das *Theo*-Logische der Theologie sichtbar.

Die symbolische Mariologie ist voll von Analogien, Typen und Antitypen, Anspielungen und Hinweisen, die zukünftige Realitäten vorwegnehmen. Der symbolische und mythische Diskurs ist nämlich so strukturiert, daß, wer eine Sache sieht, gleich auch an eine andere denkt. Wer zum Beispiel von Eva, der Mutter aller Lebenden, spricht, denkt sogleich auch an Maria, die Mutter aller Lebenden des Neubeginns in der geläuterten Schöpfung. Wer von der Arche der Sintflut hört, vom Tempel Gottes, von der Wolke des Elija, von Debora und Judit, fühlt sich in Gedanken sofort auch zu Maria versetzt, weil sie die Bedeutung all dieser Wirklichkeiten in höchster Form realisiert.

In diesem Zusammenhang treten aus den archäologischen Tiefen des urmenschlichen Unbewußten Archetypen hervor, die insbesondere mit der Mutter und der Mutter Erde in Verbindung stehen. So singt die Kirche in der Liturgie des Advents: »Die Erde lasse unseren Gott hervorsprießen, damit er uns den Himmel öffne.« Und in einem alten Hymnus heißt es: »Maria, die du die gesegnete Erde bist, die reine, die schöne, die liebenswerte, der Ewige hat dich erwählt, damit du uns in deinem Schoß den göttlichen Samen bringst.« Es gibt Bilder, in denen Maria in einem verschlossenen Blumen- und Rosengarten dargestellt wird. Archetypisch ist der Garten Sinnbild für den Körper der Frau. Hier indes ist er Symbol für Maria, die in einem Paradies, aus dem niemand mehr vertrieben wird, weil alles rein und unschuldig ist, neues Leben gebiert.

Zahllos sind die Attribute, mit denen Menschen die Herrlichkeit Marias beschreiben. Man kann sagen, alles, was menschlicher Geist an Großem, Schönem, Liebenswürdigem, Gütigem und Erhabenem ersinnen konnte, sei auf Maria bezogen worden. Besonders mit dem großen syrischen Dichter Ephrem († 373) konnte sich der Prozeß frei entfalten. Aber schon vorher hatte Hippolyt (gegen 218) in seiner berühmten Anaphore Maria als Mutter und Jungfrau verehrt. Und die bekannte Antiphon *Sub tuum praesidium* (Unter deinen Schutz und Schirm) ist durch einen koptischen Papyrus aus dem 3. Jahrhundert belegt, ehe sie in die römische und ambrosianische (mailändische) Liturgie eingeht. Sie ist das älteste Gebet zur Jungfrau Maria. Als das Konzil von Ephesus (431), auf dem die göttliche Mutterschaft Marias definiert wurde, zu Ende ging, lag bereits ein ganze Mariensymbolik vor. Die folgenden Jahrhunderte setzten die Entwicklung nur bis zu Ende fort. Zum Abschluß des Konzils sprach ein unbekannter Theologe folgendes Gebet:

> »Wir grüßen dich, Maria,
> Mutter Gottes,
> Schatz, der die Verehrung der ganzen Welt verdient,
> Licht, das niemals erlischt . . .
> Tempel, der niemals verfällt,
> die du jenen beherbergst, der sich nicht umschließen läßt.
> Mutter und Jungfrau . . .
> durch dich wird die Dreifaltigkeit geheiligt,
> durch dich das Kreuz in der ganzen Welt verehrt . . .
> durch dich wird den Glaubenden die heilige Taufe,
> durch dich das Öl der Freude zuteil,
> durch dich werden die Kirchen in der ganzen Welt gegründet,
> durch dich die Völker zur Umkehr geführt.«[1]

Wie wir es zuvor mit dem Weiblichen gehandhabt haben, so müssen wir auch hier erst die Kategorie des Mythos präzisieren, wenn dieser uns bei der Verdeutlichung des Mariengeheimnisses helfen soll. Aus diesem Grund müssen wir zunächst noch einige analytisch-philosophische Schritte tun, um dann das Ganze auf die Mariologie anwenden zu können.

2. Aktualität des Mythos

Nach dem Zweiten Weltkrieg war der Mythos insbesondere in Exegese, Theologie und Humanwissenschaften ein großes Thema.[2] Die

---

[1] *E. Schwartz* (Hrsg.), Acta conciliorum Oecumenicorum 1/I, Fasc. 8, 104.
[2] Vgl.: *Th. A. O'Meara*, Marian Theology and the Contemporary Problem of Myth, in: Marian Studies 15 (1964) 127–156; *R. Laurentin*, Foi et mythe en théologie mariale, in: Nouvelle Revue Théologique 89 (1967) 281–307; *ders.*, Mythe et dogme dans les

Diskussion hat noch nichts an Aktualität eingebüßt und wird sie gewiß auch nicht einbüßen, weil der Mythos nicht nur ein Stück der Vergangenheit ist, das es zu entmythologisieren gälte, sondern auch ein Element der Gegenwart, insofern unsere mythogenetische Fähigkeit unentwegt neue Mythen schafft: Mythen in der Werbung, in der Kunst, in der wissenschaftlichen Fiktion, in der Comic-Literatur und in Trickfilmen oder auch wissenschaftliche Mythen in der theoretischen Physik, in der Soziologie usf. (Der Mann und die Frau, Batman, wissenschaftliche Fiktionen in Romanen und Filmen.)

Noch 1952 schrieb Mircea Eliade, der große Fachmann in der Mythenforschung: ». . . man nähert sich heute dem rechten Verständnis eines Sachverhalts, den das 19. Jh. nicht einmal zu ahnen fähig gewesen war, daß nämlich das Symbol, der Mythos, das Bild, die Substanz des geistigen Lebens mitformen, daß man sie alle zwar fälschen, verstümmeln, entwerten kann, daß man sie aber nie ausrotten wird . . .

Man sah die Mythen ihrem Niedergang, man sah die Symbole der Säkularisierung verfallen: doch niemals verschwinden Mythen und Symbole, nicht einmal innerhalb der am radikalsten positivistisch denkenden Zivilisation, derjenigen des 19. Jahrhunderts. Die Symbole, die Mythen, kommen aus einer allzu weiten Ferne, als daß sie sterben könnten: sie bilden einen Teil des Menschseins und es bleibt unmöglich, daß sie irgendeinmal gar nicht mehr auffindbar wären in einer das menschliche Dasein im Weltall wesentlich betreffenden Situation.«[3]

Unsere Zeit tut also nichts anderes, als die Mythen auszutauschen

apocryphes, in: De primordiis cultus mariani (Acta congressus mariologici-mariani in Lusitania, anno 1967 celebrati), Rom 1970, Bd. IV, 13–29; *J. R. Geiselmann,* Marienmythus und Marienglaube, in: Maria in Glauben und Frömmigkeit, Rottenburg 1954, 39–91; *A. Marques dos Santos,* Maria, in: Quaternio (1973) 49–60; *N. da Silveira,* Deus-Mãe, ebd. (1975) 87–103; *J. Guitton,* Mythe et mystère de Maria, in: De primordiis cultus mariani, 1–12 (der ganze Band – 494 Seiten – beschäftigt sich mit dem Thema); *J. Falgás,* Maria, la Mujer. Un estudio cintifico de su personalidad, Madrid 1966; *H. Unterste,* Der Archetyp des Weiblichen in der christlichen Kultur, in: Theologische Aspekte der Tiefenpsychologie von C. G. Jung, Düsseldorf 1977, 124–129; *A. Weiser,* Mythos im Neuen Testament unter Berücksichtigung der Mariologie, in: J. J. Brosch/H. M. Köster (Hrsg.), Mythos und Glaube, Essen 1972; *M. Schmaus,* Die dogmatische Wertung des Verhältnisses von Mythos und Mariologie, ebd.; *A. M. Greely,* Maria. Über die weibliche Dimension Gottes, Graz/Wien/Köln 1979; *M. Stone,* When God was a woman, New York/London 1976. Bei der Wertung des Mythos stützen wir uns vor allem auf die Arbeiten von *R. Laurentin.*
[3] *M. Eliade,* Ewige Bilder und Sinnbilder. Vom unvergänglichen menschlichen Seelenraum, Freiburg 1958, 10, 26.

und somit dieser Dimension der Erkenntnis gerecht zu werden, ohne die wir zu keiner menschlichen oder transzendenten Bedeutung fänden.

Seit den Tagen der Bibel läßt sich in der theologischen Tradition folgende doppelte Tendenz beobachten: Einerseits ist eine Kraft der Entmythologisierung am Werk, wie der Jahwist, die Propheten, Duns Scotus, Ockham und die Modernen, und andererseits schafft eine ganze Bewegung neue Symbole und Mythen, durch die die Bedeutung des Glaubens in einem kulturellen Rahmen ihren Ort findet. Selbst unsere Zeit, die die Mythologie der räumlichen Sprache in der Theologie (transzendent – immanent, Himmel – Erde, oben – unten, Himmelfahrt, Aufnahme in den Himmel, Abstieg, Inkarnation usf.) einer radikalen Kritik unterzieht, weiß doch andererseits Kategorien zu schätzen, die nicht minder mythologisch sind, wie etwa »Tiefe« und »Grund«.

a. Die Wiederentdeckung des Mythos

Der Mythos, den das vergangene Jahrhundert mit seiner bedingungslosen Rationalität beseitigen wollte, erfreut sich heute einer täglich größeren Wertschätzung. Nicht einfach im chronologischen Sinn ist er ursprünglich, sondern auch in dem Sinn, daß er bis an die tiefsten Schichten der menschlichen Kenntnis vom gegenwärtigen Menschen reicht, und zwar sowohl in der Sprache als auch in der Gesellschaft als auch in der Psyche. Nach René Laurentin[4] stehen sich heute zwei Tendenzen gegenüber, eine begründende und eine reduzierende.

Die *begründende Hermeneutik* des Mythos besagt: Von seiner ätiologischen (den Ursprung von Welt und Menschen erklärenden) Funktion befreit, weist der Mythos über sich selbst hinaus. Er begründet den Sinn der Existenz in ihrem Verhältnis zu einer transzendenten Bedeutung, zu Leben und Tod, zu Gott usf. Der Mythos ist bezeugende Sprache der Transzendenz, und in diesem Sinne ist er unersetzlich.

Lucien Levy-Brühl, Mircea Eliade, Carl Gustav Jung und Paul Ricœur sind die repräsentativsten Namen dieser Richtung.

Die zweite Strömung besteht in der *reduzierenden Hermeneutik*. Vertreten wird sie durch die Positivisten des vorigen Jahrhunderts, aber auch durch den modernen Positivismus, vor allem in der Linguistik. Demnach ist der Mythos ein für allemal überholt; er ist der

---

[4] *R. Laurentin,* Foi et mythe en théologie mariale, 283–285.

Anzeiger für eine primitive Mentalität, von deren trügerischen Illusionen wir uns befreien müssen. Der Strukturalismus maß dem Mythos und dem wilden Denken einen enormen Wert bei, obgleich er ihn reduktiv verstand. Das Ideal des Strukturalismus ist die Fortsetzung der Forderungen des 19. Jahrhunderts nach Wissenschaftlichkeit: Es soll eine Wissenschaft von Mensch und Gesellschaft begründet werden, die möglichst objektiv und frei von jedem Subjektivismus ist. Der Strukturalismus versucht, die gesamte Wirklichkeit auf ihre strukturellen Grundelemente, die die sichtbaren Strukturen erklären, zu reduzieren. Jacobson wandte dies auf die Sprache, Lévi-Strauss auf die Ethnologie, Lacan auf die Psychologie, Althusser auf die marxistisch ausgerichtete Soziologie und Foucault auf die Philosophie an. Alles, was auf der Ebene des Sichtbaren und Bewußten geschieht, ist nichts anderes als die Extrojektion eherner unsichtbarer Tiefenstrukturen, die die Wirklichkeit erklären, artikulieren und organisieren. Es gibt keine Freiheit, und die Vorstellung, der Mensch sei Schöpfer seiner selbst, ist eine Illusion. Der Mensch ist schlicht das Produkt verborgener Strukturen. Dasselbe gilt für Gott, Seele, ewiges Leben usw. Aus diesem Verständnis sagt Foucault, der Mensch sei eine Erfindung, von deren Archäologie unser Denken zum Glück das junge Entstehungsdatum und vielleicht das nahe Ende wisse.[5] Nach dem Tod Gottes wird jetzt der Tod des Menschen verkündet. Auf der letzten Seite seiner *Tristes tropiques* schreibt Claude Lévi-Strauss, die Welt habe die Geburt des Menschen erlebt; die Welt habe vor dem Menschen existiert; dieser sei entstanden, um die Strukturen der Welt zu zerstören; aber die Welt werde den Untergang des Menschen erleben, wie sie sein Auftauchen erlebt habe. Dieses reduktive Verständnis des Mythos war eine große Herausforderung für die Theologie. Dabei ging es nicht mehr nur darum, wie Bultmann es noch wollte, den verborgenen Sinn des Mythos aufzudecken, sondern darum, die Möglichkeit überhaupt von Glauben, Freiheit, Existenz Gottes und Theologie zu retten. Die Theologie hat die begründende Hermeneutik des Mythos übernommen, aber zu der reduzierenden Form, wie sie im Strukturalismus formuliert wurde, kann sie niemals ja sagen. Der Strukturalismus kann als Methode nützlich und für Exegese und theologischen Diskurs gültig sein, niemals aber als umfassende Philosophie, die die letzte Wirklichkeit von Welt, Mensch und Gott definieren will.

[5] *M. Foucault*, Die Ordnung der Dinge. Eine Archäologie der Humanwissenschaften, Frankfurt 1974.

b. Mythos als Weg zur Wirklichkeit

Entscheidend bei all diesen Richtungen ist die Frage, was unter Mythos zu verstehen sei. Für Bultmann ist der Mythos eine Vorstellungsweise, nach der das, was nicht von dieser Welt ist, als von dieser Welt stammend erscheint, die Transzendenz Gottes als räumliches Entfernt-Sein zum Beispiel.[6] Für Lévi-Strauss ist der Mythos eine »Bedeutungsmatrix«[7]. Es gibt positive und negative Bedeutungen. Laurentin verzichtet auf Definitionen und begnügt sich mit einer Beschreibung: »Mythisches Denken zeichnet sich im Gegensatz zum abstrakten rationalen Denken durch lebendige dynamische Vorstellungen aus, die voll von Bildern, Handlungen und Gedanken sind, vermittels deren sich der Mensch seines Verhältnisses zur Welt und zu seiner Bestimmung bewußt wird.«[8]

Der Mythos ist weder ein *a priori* noch ein *a posteriori*. Gilbert Durand, einem großen französischen Anthropologen, zufolge ist der Mythos das Ergebnis jenes »unablässigen Austausches, der auf der Ebene der Vorstellungskraft zwischen den subjektiven und assimilierenden Regungen (den Fähigkeiten zu assimilieren) und den objektiven Einschüchterungen aus Kosmos und Gesellschaft stattfindet. Der Mythos kennt also zwei Quellen, eine innere und eine äußere. Mit anderen Worten: Der Mensch besitzt gewisse Raster, Archetypen oder symbolische Darstellungen; diese nehmen Inhalte, die ihm von außen zukommen, auf und schaffen so die Mythen und die geschichtlich-konkreten Symbole.«[9] Unsererseits denken wir, die Frage des Mythos könne nicht als ein Thema im Rahmen des Logos oder der Rationalität angegangen werden, weil sie so immer als eine unzulängliche und primitive Form des Denkens erscheint. Der Mythos hat eine breitere Grundlage. Er ist eine andere Art zu denken als die der Vernunft, ein anderer Weg zur Wirklichkeit und somit eine eigene Art und Weise, menschliche Erfahrungen umfassend zu begreifen. Es gibt einen Zugang zur Wirklichkeit über den *Logos,* und sein Hilfsmittel ist der Begriff, der durch Abstrahieren vom Konkreten das Eigentliche der Dinge zu erfassen versucht. Ein anderer Zugang zur Wirklichkeit führt über das *Pathos,* und dessen Werkzeug sind Bild und Symbol. Hier bejaht der Mensch die Dinge, indem er sich vital als Teil

---

[6] Vgl.: *R. Bultmann,* in: Kerygma und Mythos I, Hamburg ⁵1967, 17.
[7] *C. Lévi-Strauss,* Das Rohe und das Gekochte, Frankfurt 1971, 310.
[8] *R. Laurentin,* Foi et mythe en théologie mariale, 287.
[9] Vgl.: *G. Durand,* Les structures anthropologiques de l'imaginaire, Paris/Brüssel/Montreal 1963, 31 (zitiert nach: *R. Laurentin,* Foi et mythe en théologie mariale, 287).

der Wirklichkeit fühlt, und er erfaßt sie mit emotionaler Sympathie, in einem Akt, der ihn ganz in die Gegenwart der lebendigen Realität stellt. Hier geht der Mensch nicht auf Distanz, abstrahiert nicht und definiert nicht, sondern gibt sich hinein, stimmt zu und lebt mit den Dingen zusammen. Sein Erkennen ist ein »liebevolles Erkennen«, wie die Mystiker (Johannes vom Kreuz) sagen würden, ein Erkennen, das Liebe im johanneischen Sinn des Wortes ist. Liebe aber beinhaltet ein Sich-Nähern, das immer tiefer wird, so daß für die Alten, die diese Art, zu sein und zu verstehen, dichter erfuhren als wir, *Erkennen* ein interpersonales Geschehen war, das Menschen, die sich bisher fremd und fern waren und keine Kommunikation untereinander hatten, miteinander verschmolz. Nun gilt dies aber nicht nur für den interpersonalen Bereich, sondern ebenso für die Gegenstände der Natur. Der Mythos erwächst also aus einer Atmosphäre der liebevollen, nahtlosen Symbiose des Menschen mit seiner Umgebung, so daß das, was im Horizont des Logos als Gegensatz (Subjekt – Objekt) erscheint, sich gegenseitig durchdringt. Erkennen ist in diesem Verständnis keine Herrschaft über die Welt, kein Über-der-Welt-Stehen, sondern eine Form, in tiefer Verbindung mit der Welt zu stehen, in offener und wohlwollender Brüderlichkeit mit ihr zu leben. Bilder und Symbole sind die Vehikel dieses Erkennens: Symbole und Bilder als solche sind schillernd und offen für eine Vielfalt von eher einschließenden als ausschließenden Bedeutungen. Der Mythos ist das organisierte Zueinander, das Gewebe verschiedener Symbole und Bilder, das insgesamt einen Sinn ergibt.

Die Grundlage des Mythos bildet also eine bestimmte Praxis, eine bestimmte Art und Weise, in der Welt zu sein. Sie zeigt sich in einer entsprechenden Form, zu fühlen und die Wirklichkeit, alle Wirklichkeiten, einschließlich der höchsten Wirklichkeit, die Gott ist, zu bejahen.

Auch heute noch wird diese Daseinsweise gelebt. In der Regel bildet sie das Ambiente des *vécu,* des im Alltag und in den Primärbezügen unter den Menschen Erlebten und Gelebten.

Besonders bei Kindern ist das zu beobachten, weil Kinder sich ganz in der Welt des Mythos bewegen. Da spielt ein Kind. Plötzlich stößt es mit dem Kopf gegen die Tischkante. Es fühlt sich von dem Tisch angegriffen und beginnt zu weinen. Mit der Hand schlägt es den Tisch und beschimpft ihn als ungezogen und böse. Es weint herzerweichend, bis die Mutter kommt. Diese erkennt sofort die Situation. Zusammen mit dem Kind schlägt auch sie den Tisch und nennt ihn dumm, frech und unartig, weil er ihrem Schätzchen Böses getan habe. Das Kind, das das alles miterlebt, ist im Nu versöhnt. Der Tisch hat seine Strafe.

Hier haben wir es mit mythischem Verhalten zu tun: Die Dinge sind belebt und bewohnen den Raum des Menschen. Auch der Diskurs ist von Lebewesen und nicht von Begriffen, vom Pathos und nicht vom Logos bevölkert. Nicht nur Kinder, die ja noch nicht das begriffliche und logische Instrumentarium beherrschen, bringen Mythen hervor, sondern auch Große und Erwachsene in ihrer Art, wie sie die Wirklichkeit erleben, sich bewegen lassen, fühlen und urteilen. Dichtung, Kunst und jede Form von Kreativität artikulieren systematisch mythisches Denken. Dichter, Sänger, Künstler sprechen mit dem Meer, ermahnen es und fluchen es an – wie Mütter, die es als reißende Wölfin beschimpfen, weil es ihnen ihre Kinder genommen hat, und es anflehen, ihnen die Leichen zurückzugeben. Für einen Bewohner des Binnenlandes, der zum ersten Mal das Meer sieht, sich ihm ehrfurchtsvoll nähert und es in einer Mischung aus Neugierde und Angst mit der Hand berührt, ist es wie ein lebendes Wesen, und deshalb sagt er auch: »Das Meer ist wie ein lebendes Tier!« Wenn ein Bewohner von Aragón das wilde und rebellische Meer zum ersten Mal sieht, sagt er: »¡Casada te quisiera ver: ya estarías bien mansica! – Verheiratet müßtest du sein, und du wärst erheblich ruhiger!«

Das ganze Tiefenuniversum des menschlichen Lebens mit seinen Dimensionen wie Liebe, Freundschaft, Beziehung und letztem Sinn von Leben und Tod – alles Aspekte, die uns existentiell berühren – drücken wir vorrangig in symbolischem und mythischem Vokabular und nicht so sehr mit Begriffen der trockenen, analytischen Rationalität aus.

Insbesondere Erfahrungen und Konflikte, die mit den Eltern zu tun haben, die ihrerseits ja primäre und strukturierende Realitäten des menschlichen Lebens sind, bringen wir in symbolischen und mythischen Komplexen zum Ausdruck.

In diesem Zusammenhang wird uns klar, was wir schon bei der Annäherung an das Thema vermuteten: Der lebendige Glaube der Christen erfährt Maria mehr in der symbolisch-mythischen als in der logisch-begrifflichen Welt. Die Vorstellung von Maria als Jungfrau, Gottesmutter, Braut des Geistes usf. weckt eine unendliche Zahl von Mythen, die ihren Ausdruck finden in Symbolen und Bildern aus den archäologischen Tiefenschichten unserer Psyche.

XIV. Maria in der Sprache der Mythen

Vielleicht tun wir gut daran, in einem ersten Schritt eine Liste der marianischen Symbole zu erstellen. Anhand der *Polyanthea mariana,* herausgegeben 1683 von Ippolito Marracci und dann noch einmal 1862 von Joseph Bourassé, ist René Laurentin ihnen schon einmal nachgegangen. Hier finden wir alle Titel der Jungfrau Maria zusammengetragen.

Zunächst haben wir es mit den vier Elementen zu tun, die für die Psyche von fundamentaler Wichtigkeit sind, wie Gaston Bachelard in verschiedenen seiner Schriften (*Psychanalyse du feu; La terre et ses rêveries* usw.) nachgewiesen hat: Erde, Wasser, Feuer und Luft mit der ganzen Palette von kombinierten Symbolen. Erde und Wasser sind die Sinnbilder, die am häufigsten auf Maria angewandt werden.

Sakralgegenstände (insbesondere aus unserer jüdisch-christlichen Tradition): Tabernakel (Bundeszelt), Bundeslade, Tempel, Altar. Maria realisiert die endgültige Bedeutung dieser Gegenstände. Vorherrschend sind die Sinnbilder des Wohnens (Tempel, Tabernakel, Lade), wie sie sich in Lk 1–2 und Offb 12 finden.

Tier- und Pflanzenwelt: Taube, ja sogar Elefant. Besonders häufig begegnen uns Anspielungen auf Blumen: Lilie, Rose, geschlossener Jasmin usf.

Weibliche und mütterliche Symbole: Die Tradition sieht diese beiden großen Realisierungsmöglichkeiten der Frau in Maria konkretisiert. In erster Linie ist sie die unberührte, erhabene und für die Anwandlung der menschlichen Schwäche unerreichbare Jungfrau, frei von der Sünde und der Welt. Allerdings begegnet uns in der Mariendichtung wesentlich häufiger das Thema Mutter: *mulier, femina, mater* und *genitrix.* Der diesen Begriffen – Frau, Weib, Mutter und Gebärerin – zugrunde liegende Archetyp ist der der von Lebenskraft erfüllten Frau, die auf der Höhe allen Lebens ist, in der der ganze Kosmos widerhallt und deren Berufung es ist, zu gebären, zu schützen, zu nähren und Geborgenheit zu geben. Es geht um das innere Fruchtbringen des verborgenen und zarten Geheimnisses des Lebens. Das Thema der jungfräulichen Mutter, die unter ihrem

Mantel die Kinder schützt, haftet tief in der Psyche und kommt der Erfahrung von Verlassenheit und von Suchen nach Wärme, an der das menschliche Leben ja nicht gerade reich ist, entgegen.

Die Symbole der Mutterschaft stehen in engster Verbindung mit den Sinnbildern der Erde (*Magna Mater*) und des Wasser (Lebensprinzip *par excellence*).[1]

Aus den Frauen der Bibel, die als Typen für Maria gelten, werden häufig genannt: Sulamit, Judit, Rebekka und Eva.

1. Heidnische Mythologie und Maria: die vergleichende Religionsgeschichte

Die hoheitliche Titulierung, die alle numinosen Attribute des Weiblichen auf Maria bezieht, bringt uns in große Nähe zur heidnischen und insbesondere zu der uns am besten bekannten griechischen Mythologie. Dort begegnet uns gleichfalls eine bunte Palette von Göttinnen unter allen möglichen Namen. Als das Christentum in dieser Landschaft heimisch wurde, wird es natürlich von dorther nicht unbeeinflußt geblieben sein. Heiden, die ihre Göttinnen und Jungfrauen verehrten, werden nach ihrer Bekehrung die heidnischen Namen gegen den Marias ausgetauscht haben. Nicht selten behielten sie die Form des Ritus und die Gestalt der Göttin oder der Jungfrau bei und tauschten lediglich den Namen aus. So ist zum Beispiel bekannt, daß im 5. Jahrhundert ein Artemistempel in Ephesus (den schon Paulus kannte; vgl. Apg 19,23–40) in ein Marienheiligtum umgewandelt wurde. Die berühmte Kathedrale von Chartres, die ebenfalls der Jungfrau Maria geweiht ist, wurde an der Stelle eine Tempels errichtet, an der die Kelten die Virgo paritura verehrten und zu der sie wallfahrteten. In einem Keller der Kathedrale wird die Statue noch aufbewahrt. In Rom wurde die Kirche Santa Maria Antiqua auf den Mauern des Tempels der Vesta Mater erbaut; Santa Maria auf dem Kapitol steht an der Stelle, die zuvor der Juno geweiht war. Auf der Akropolis baute man die Kirche der Jungfrau und Mutter Gottes an der Stelle des Tempels der Pallas Athene. Die Madonna del Granato in Paestum (im italienischen Kampanien) ist ganz und gar ein Ersatz für den alten Kult der Göttin Hera Argiva. Diese Göttin, die wahrscheinlich von den Argonauten (deshalb Argiva) nach Paestum gebracht worden war, wurde auf einem Thron sitzend

---

[1] *M. Eliade,* Die Religionen und das Heilige. Elemente der Religionsgeschichte, Darmstadt 1976, S. 271–298 (VII. Kap.: Die Erde, die Frau und die Fruchtbarkeit)

dargestellt, mit einem männlichen Kind auf dem linken Arm und einem Fruchtbarkeitssymbol in der rechten Hand. Hera wird immer mit dem liebenswürdigen Gesicht einer hochherzigen und fruchtbaren Mutter dargestellt, ohne jedes Zeichen strotzender Sexualität, profaner oder unzüchtiger Liebe. Eher schon bringt sie den Sinn des *hierós gámos*, der Liebe und der heiligen Fruchtbarkeit, zum Ausdruck. In Samos, wo sie sehr verehrt wurde, gab es folgenden Ritus: Nach der mythischen Hochzeit mit dem Himmelsgott wurde ihre Statue in heiliges Wasser getaucht. Kraft dieses Ritus, so glaubte man, erlangte Hera ihre Jungfräulichkeit wieder. So war sie im Lauf eines Jahres Jungfrau, Gattin, Mutter und wieder Jungfrau.[2]

Bis in die Einzelheiten hinein stimmt die heutige Figur der Madonna del Granato in Paestum mit der antiken Hera Argiva überein, bis in das geheimnisvolle Melodrama hinein, das die Fruchtbarkeit versinnbildlicht. Die eine hat schlicht die andere ersetzt. Und das ist ja auch verständlich: Denn als die Heiden, die in so lauterer Form Hera mit ihren ausschließlich positiven Attributen verehrten, zum Christentum fanden, entdeckten sie in allen verehrungswürdigen und heiligen Dingen der Vergangenheit Vorbereitungen, Vorhersagen und Vorwegnahmen der Wahrheit, die ihnen nunmehr zuteil geworden war. In Hera erblickten sie die unbekannte Jungfrau und Mutter – die, die uns den Heiland brachte. Die heidnische Göttin war ein Symbol für das Eigentliche, für Maria. Wir dürfen ja nicht vergessen, daß nicht Christen Römer wurden und die römische Kultur übernahmen, sondern daß Römer Christen wurden und ihren ganzen Frömmigkeitsreichtum mit in das Christentum hineinnahmen.

Gleichwohl müssen wir uns die Erkenntnisse vergegenwärtigen, zu denen Fachleute auf dem Gebiet der Begegnung zwischen griechischer Mythologie und christlichem Glauben (Karl Prümm, Jean Daniélou) kamen:

a. Die Kirchenväter zeigten angesichts des Kultes mütterlicher Göttinnen immer eine ausgesprochene Strenge. Ihr Mißtrauen ist einer der Gründe dafür, daß sich die Marienverehrung erst relativ spät verbreitete, nachdem Märtyrer- und Bekennerkult bereits bekannt waren.

b. Nicht wenige Kirchenväter prangern die Verunreinigung der Marienverehrung durch den heidnischen Göttinnenkult an, insbesondere was das Verhältnis zwischen Montanisten und »Kollyridia-

[2] Vgl.: *G. Cardaropoli*, Il culto della B. Vergine in relazione al culto delle dee pagane, in: De primordiis cultus mariani IV, 99–106.

nern« angeht, die (aus Phrygien stammend) als große Verehrer der Kybele bekannt waren. So schreibt Epiphanius: »Andere, die die Jungfrau verehren wollen, haben sie in ihrem Wahnsinn an die Stelle Gottes gesetzt.«[3]

c. Zwischen der Mythologie und dem, was wir über Maria sagen, herrscht ein beachtlicher Unterschied. Die Mythologie preist das Symbolische, Faszinierende und Archetypische und komponiert die Dimension des Traumhaften und Phantastischen. Kybele hat nie existiert, und Hera ist keine arme, namenlose, einfache Frau aus dem Volk, die Gott einladen wollte, am Erlösungswerk teilzunehmen. In den heidnischen Kulten werden Jungfrauen gefeiert, die vermittels geschlechtlich-genitaler Beziehungen mit dem Gott Mutter werden; es findet also eine echte Besamung im direkten Sinn des Wortes statt. Bei Maria, so glauben wir, war kein Mann beteiligt; eine göttliche Kraft (*dýnamis*), der Heilige Geist, wirkte in ihr, erfaßte sie und machte sie zu ihrem, seinem lebendigen und substantiellen Tempel; und Maria entdeckte, daß sie schwanger war. So das Zeugnis der Evangelien. Bei Maria herrscht also eine unleugbare historische Dichte.

Trotz dieses Befundes, den es festzuhalten gilt, müssen wir sagen, daß Maria aufgrund der Großtaten, die Gott an ihr gewirkt hat, einen grandiosen Appell an die Kräfte des kollektiven Unbewußten darstellt. Nun ist dieses Unbewußte nicht leer, sondern wird von Archetypen bevölkert, die als Reaktionsformen aus den Tiefen der Psyche, aus den guten und schlechten Erfahrungen resultieren, welche die Menschheit mit Vater und Mutter, mit der Obrigkeit, mit Sonne und Mond usf. gemacht hat, das heißt aus den Grundrealitäten der Existenz. Diese Archetypen werden durch geschichtliche Realitäten geweckt, die sie inhaltlich füllen und auf die Ebene des Bewußtseins emporsteigen lassen. Aufgrund ihrer historischen Dichte hat Maria nahezu alle weiblichen Archetypen unserer inneren Archäologie auf sich vereint.

2. Maria und die begründende Kraft des Mythos: die Exegese

Die vergleichende Religionsgeschichte meinte, in der Mariologie eine Reproduktion und eine wenn auch besondere, so doch im Grunde gleichbedeutende Version der heidnischen Mythen zu erkennen. Der

---

[3] Vgl.: Panarion 78, 23 (PG 42, 736 B).

Mythos sei primitive Erdichtung, und in der Mariologie stecke mithin nichts, was es zu erhalten gelte. Anders aber denkt zum Beispiel Rudolf Bultmann.[4] Bultmann wertet die Mythen positiv, weil er in ihnen das Vehikel einer transzendenten Bedeutung und ein Werkzeug Gottes erblickt. Nicht um den Mythos zu liquidieren, sondern um den in ihm enthaltenen Logos herauszuarbeiten, entwickelte er die Entmythologisierung. Mit anderen Worten: Es geht darum, den transzendenten Sinn zu entziffern, der sich in die mythische Rede gekleidet hat. Nicht der Inhalt ist mythisch, sondern nur das Kommunikationsinstrument. Bultmann will unter Wahrung der inhaltlichen Füllung den primitiven, mythischen Diskurs durch eine andere, rationale und kritische Rede ersetzen. So berechtigt dieses Ansinnen insgesamt auch ist, so muß es doch um seine Grenzen und seine Reichweite wissen und nicht als Mythos ausgeben, was Wirklichkeit ist, und als Wirklichkeit, was Mythos ist. In unserem Falle zum Beispiel meint Bultmann, die jungfräuliche Empfängnis entbehre des geschichtlichen Inhalts; sie sei rein mythologische Rede und wolle folgenden Gehalt mitteilen: Jesus von Nazaret transzendiert Geschichte und Natur, kann nicht mit rein menschlichen Kategorien erfaßt werden und hat eine göttliche Dimension.[5]

Bultmann zufolge ist dieser Mythos hellenistischer Herkunft und geht nicht auf ältere Quellen zurück. Die älteste Theologie anerkannte Jesus noch nicht als Gott und sah folglich auch keinen Sinn darin, seine Transzendenz gegenüber der Geschichte sowie seine göttliche Geburt hervorzuheben. Das Ganze ist ein Produkt griechischer Mentalität und Mythologie, in der es an jungfräulichen und mütterlichen Göttinnen nicht fehlt. Bultmann führt weiter aus:

Wir haben es (bei der jungfräulichen Geburt Jesu) mit einer einzigartigen Verbindung von Geschichte und Mythos zu tun. Das Neue Testament verkündet: Dieser Jesus, dessen Vater und dessen Mutter den Zeitgenossen genau bekannt sind (vgl. Jo 6,42), ist zugleich der präexistente Sohn Gottes. Diese Verbindung zwischen Mythos und Geschichte bietet eine Reihe von Schwierigkeiten, die an gewissen Unsicherheiten im Material des Neuen Testamentes festgestellt werden kann. Die Lehre von der Präexistenz Christi, so wie Paulus

---

[4] Vgl.: *R. Bultmann*, in: Kerygma und Mythos I, Hamburg ⁵1967, 22f; *ders.*, Geschichte der synoptischen Tradition, Göttingen 1958, 331 –332; *ders.*, Theologie des Neuen Testaments, Tübingen 1958, § 12; § 15.

[5] Vgl.: *ders.*, in: Kerygma und Mythos I, 41.

und Johannes sie überliefern, läßt sich nur schwer vereinbaren mit der Legende von der Jungfrauengeburt bei Matthäus und Lukas.[6]

In der Distanz vom Neuen Testament bleiben diese Aussagen des Protoevangeliums ohne jeden Widerhall und geraten schlicht in Vergessenheit. Und das mit Grund, handelt es sich doch um eine Sprache, die den Glauben an Jesus als an ein von Gott stammendes Wesen, das der Erlöser sei, zu entfalten suchte. Die jungfräuliche Geburt Jesu, so Bultmann, habe heute weder für das Verständnis des Fundaments unseres Glaubens noch für unsere Glaubensentscheidungen Bedeutung.[7] Solch eine Sprache, fährt er fort, verständen unsere Zeitgenossen nur noch schwerlich. Um zum Glauben an Jesus als den Erlöser zu finden, brauchten sie andere Sprachfiguren, die besser in unseren Verstehenshorizont paßten.

Bultmann verfolgt ein pastorales Anliegen: Es gilt, den Inhalt des Mythos zu verkünden, der selbst nicht mythologisch ist: Jesus ist der gegenwärtige Gott, der heilsstiftend den Menschen heimsucht. Jedoch meinen wir, Bultmann bezeichne als Mythos, was die Gemeinden des Lukas und des Matthäus wie die gesamte Tradition als *magnalia Dei* betrachtet haben, als ein Ereignis, das ein *explicandum* (etwas, dessen Sinn es zu erklären, zu interpretieren gilt) und kein *explicatum* ist (etwas, das durch die zeitgenössische Mythologie bereits erklärt ist).

3. Maria und die Archetypen: die Tiefenpsychologie

Mehr noch als Religionsgeschichte und entmythologisierende Exegese zeigte die Tiefenpsychologie ein lebhaftes Interesse an der Mariologie. Maria war für sie ein Artikulationspol der großen Motive der psychischen Archäologie der Menschheit. Doch bevor wir uns der Frage nach dem Weiblichen und seinen mythologischen und historischen Variationen sowie seiner möglichen Verbindung zu Maria zuwenden, sollten wir erst noch das Problem des Matriarchats ansprechen.[8] Denn aus dem Matriarchat stammen die hauptsächlichen Analysematerialien für eine Psychologie des Weiblichen.

---

[6] Vgl.: ebd.
[7] Vgl.: ebd.
[8] Vgl.: *J. J. Bachofen,* Mutterrecht und Urreligion, Stuttgart 1954; *E. Fromm,* Die Bedeutung des Mutterrechts für die Gegenwart (1970), in: Analytische Sozialpsychologie und Gesellschaftstheorie, Frankfurt 1970; *A. E. Jensen,* Gab es eine mutterrechtliche Kultur? in: Studium Generale 3 (1950) 418–433; *L. Vannicelli,* La donna nella luce dell'etnologia, in: Problema sociale feminile, Mailand 1945, 23–58; *ders.,* Matriarcato,

a. Matriarchat: Vor-Herrschaft der Frau

Unter Matriarchat versteht man jene soziale Einrichtung, in der die Zugehörigkeit zur Gruppe, zum Namen und zum Eigentum über die mütterliche Linie läuft und in der die Frau in Sachen Gesellschaft, Familie und Religion die Entscheidungsgewalt innehat. Ja, man spricht von einer Gynäkokratie. Der Begriff stammt von Johann J. Bachofen (1861–1948), der das Phänomen systematisch untersucht und die Theorie des Matriarchats entwickelt hat, die heute noch heftig diskutiert wird. Einige halten sie für widerlegt und weigern sich, die Existenz einer matriarchalen Ära anzunehmen,[9] andere betrachten sie als unwiderlegbar, und zwar nicht so sehr aufgrund von archäologischen, ikonographischen und ähnlichen Belegen, sondern vor allem aufgrund der Symbolik des Unbewußten, die sich in Träumen, Mythen und antiken Darstellungen zeigt.

Völker mit matriarchalen Merkmalen sind folgende: die Irokesen und Huronen im Westen der USA, die Hopi und Zuni im Südwesten der USA, die Nayar und Khasi in Indien, die Mikronesier auf der Insel Palau, die Miang-kabau-Malayen auf Sumatra, die Tuareg in der Sahara, die Bororó in Brasilien, die Chibcha in Kolumbien und die Tchambuli in Neuguinea. Bei diesen Völkern läßt sich noch heute das Fortbestehen einer matriarchalen Ära belegen, die höchstwahrscheinlich im ganzen Mittelmeerraum der patriarchalen Zeit vorangegangen ist.

Als Kennzeichen der matriarchalen Ordnung lassen sich folgende Elemente benennen: Die Frau ist das Haupt der Familie; die Ehe ist uxorilokal (der Mannn zieht der Frau nach), der Wohnort des Paares ist matrilokal (es lebt bei der Mutter der Frau oder innerhalb der Familie der Frau), die Verwandtschaft bestimmt sich nach der Linie der Mutter und ihrer weiblichen Vorfahren, das Erbe wie auch Titel, Herkunft, Privilegien und Funktionen folgen der mütterlichen Linie. Der Gatte ist gegenüber den Kindern wie ein Fremder, es gilt die Onkelherrschaft (der Bruder der Frau hat mehr über die Kinder zu sagen als der Gatte, obgleich dieser als Vater respektiert wird). In

in: Enciclopedia Cattolica, Città del Vaticano 1952, 402–407; *J. Haekel,* Mutterrecht, in: LThK VII, 1962, 712–714; *M.* und *M. Vaertung,* Die weibliche Eigenart im Männerstaat und die männliche Eigenart im Frauenstaat, Karlsruhe 1921. Gegen das Matriarchat sprechen sich zum Beispiel aus: *F. Héretier,* Die Frau in den ideologischen Systemen, in: E. Sullerot (Hrsg.), Die Wirklichkeit der Frau, München 1979, 482–492; *M. Stone,* When God was a Woman, New York/London 1976 (das vollständigste Buch zu dem Thema, obwohl es keine theoretische Perspektive entwickelt).

[9] Vgl.: *J. Haekel,* Mutterrecht, 712.

Sachen Politik, Wirtschaft, Recht und Krieg ist die Frau die Entscheidende. Es herrscht Polyandrie (die Frau kann mehr als einen Mann haben). Priesterinnen verwalten die Religion, und weibliche Gottheiten sind dominant. Mit ihren Arbeiten über die matriarchale Kultur der Kantabrer, Irakis, Lykier und Kamtschadalen sowie über die matriarchalische Kulturphase in Ägypten, Sparta und Libyen kamen Mathilde und Mathias Vaertung zu dem Schluß, daß viele der angeblich weiblichen Charakteristika Männereigenschaften waren. So waren männliche Kennzeichen: passive Rolle beim Liebeswerben, Gehorsam, Unterwürfigkeit, Ängstlichkeit, Bescheidenheit, schamvolle Zurückhaltung, Häuslichkeit, Zärtlichkeit gegenüber den Kindern und Putzsucht. Auch Margaret Mead belegt mit ihren Untersuchungen über einige Kulturen in Neuguinea diese Kennzeichen.[10]

Die Entstehungszeit des Matriarchats deckt sich mit dem Beginn des Neolithikums (8 000 v. Chr.). Die Menschheit beendet ihr Jäger- und Nomadendasein, wird seßhaft und fängt an, den Boden zu bestellen. Die Frau, die nicht wie der Mann auf die Jagd geht, erntet die Früchte der Erde und beobachtet die Natur und ihren Rhythmus. Sie geht dazu über, die Früchte zu kultivieren und wird so Herrin über sie und über das bebaubare Land. Ackerbau aber bedeutet Stabilität und verändert mithin die wirtschaftlichen, rechtlichen und psychischen Verhältnisse. In allem übernimmt die Frau die Führung.[11] Lafitau, der den matriarchalen Stamm der Huronen in den USA erforscht hat, schreibt: »Nichts ist realer als die Überlegenheit der Frau. Auf der Frau gründen die Nation, der Blutadel, die Geschlechterfolge und der Bestand der Familie. Bei ihr liegt alle echte Autorität; die Stadt, die Felder wie die gesamten Pflanzungen gehören ihr. Frauen sind die Seele der Ratsversammlungen, entscheiden über Krieg und Frieden und haben die Verfügungsgewalt über die öffentlichen Finanzen. In ihrer Hand liegen die Schlüssel. Sie schließen die Ehen. Die Kinder hängen von der Frau ab, und ihr Blut definiert die Geschlechterfolge. Die Männer hingegen sind vollständig isoliert und ganz auf sich beschränkt. Selbst mit den Kindern haben sie nichts zu tun . . .«[12] So verwundert es nicht, daß sich die Männer zu Geheimbünden (Bruderschaften) zusammenschlossen, um ein Mindestmaß an Identität zu wahren.

---

[10] Vgl.: *M. Mead,* Geschlecht und Temperament in drei primitiven Gesellschaften, München ²1971; *M.* und *M. Vaertung,* Die weibliche Eigenart.
[11] Vgl.: *S. Cole,* The neolithic revolution, London 1970.
[12] Zitiert bei: *L. Vannicelli,* La donna, 404.

Als Ergebnis des matriarchalen Standards entwickelte sich die Ideologie, jeder Mann müsse Frau werden und alle hätten auf das letzte Ziel hin zu leben, Frau zu werden. Dies wird besonders im Glauben der Sciva-Sciatchi in Indien deutlich, die die Göttin Tripurasundari verehren. So kommt es zur vollständigen Herrschaft der Frau über den Mann.

Das für die matriarchale Ära charakteristische Symbol ist der Mond (*seléne*), verstanden als Mutter aller Lebenden und als Sinnbild für die vielgestaltigen Formen der Weiblichkeit wie Jungfrau, Mutter, Gattin, Gefährtin und Beschützerin oder in ihrer verhängnisvollen Ausprägung als Hexe, Zauberin, Verführerin, Verschlingerin, Nachstellerin usf. Der Ackerbau, in dem Leben, Wasser, Zeugung, Geburt usw. untrennbar mit den Geheimnissen weiblicher Erfahrung verbunden sind, bildete die letzte große Weltrevolution, die sich bis in die letzten Winkel der Erde verbreitete und bis zum 15. Jahrhundert, als die Technologie aufkam, beinahe unverändert blieb. Da die landwirtschaftliche Kultur mit der Frau in Verbindung steht, wird verständlich, daß ihr Einfluß auf die Menschheit wie auch ihre äußere und innere Geschichte für das Selbstverständnis des Menschen schlechthin entscheidend waren. In der Soziologie hält die Diskussion noch an, ob das Matriarchat eine dem Patriarchat vorausgegangene Phase sei. Psychologisch gesehen ist es dagegen, wie die gesamte psychologische Schule um C. G. Jung zeigt, ein unleugbares Faktum. So kann Erich Fromm schreiben: »Wenn auch manche der historischen Konstruktionen Bachofens nicht haltbar sind, kann es doch keinen Zweifel geben, daß er eine Form der gesellschaftlichen Organisation und eine psychologische Struktur aufgedeckt hat, die von Psychologen und Anthropologen nicht beachtet worden war, weil ihnen infolge ihrer patriarchalischen Orientierung die Vorstellung, eine Gesellschaft könne statt von Männern von Frauen regiert werden, einfach absurd vorkam.«[13] Freud zum Beispiel gibt »dem Vater den Platz, der in Wirklichkeit der Mutter gehört, und degradiert die Mutter zum Gegenstand sexueller Lust. Aus der göttlichen Gestalt wird eine Prostituierte, und der Vater wird zur zentralen Figur des Universums erhoben«.[13a]

---

[13] *E. Fromm,* Der moderne Mensch und seine Zukunft, Frankfurt ²1967, 44.
[13a] Ebd. 43.

b. Der Archetyp des Weiblichen in der Geschichte

Die Relevanz des Weiblichen wird noch besser belegt durch die Forschungen der Komplexen oder Analytischen Psychologie C. G. Jungs und seiner Schüler, insonderheit Erich Neumanns. Hier geht es darum, nicht nur mit Hilfe der geschichtlichen Reste in der Kultur, sondern vor allem durch das Studium der Reste in der menschlichen Psyche, im kollektiven Unbewußten der Menschheit wie in jedem einzelnen Menschen an die menschlichen Ursprünge heranzukommen. Wir folgen hier Neumann, dessen Buch: *Die Große Mutter. Der Archetyp des großen Weiblichen,* Zürich 1956, ein Klassiker geworden ist.

Zuvor jedoch muß auf einen wichtigen Unterschied in der Darstellung der Rolle des Weiblichen im Prozeß der Individuation durch Freud bzw. durch Jung hingewiesen werden.

aa. Das Weibliche in der Psychologie Freuds

Bekanntlich entgeht Freuds Psychologie in Sachen Geschlechtlichkeit nicht einem gewissen Phallozentrismus, das heißt: in ihr gilt für beide Geschlechter ein phallischer Sexualmonismus. Das einzige Sexualorgan – so Freud –, das Kinder beiderlei Geschlechts bis zum Alter von zwei Jahren kennen, sei das männliche, der Penis beim Jungen und die Klitoris beim Mädchen. Die Scheide sei unbekannt. Um die vier Jahre entdeckten Jungen und Mädchen, daß sie verschieden seien. Das Mädchen, das spüre, daß ihm etwas fehle, denke, es sei kastriert worden, und der Junge, der sehe, daß das Mädchen keinen Penis habe, fürchte, man könne ihn kastrieren. So gehe es weiter bis zur Pubertät, wenn sich beide der spezifischen Funktion von Penis und Scheide bewußt würden. So verkürzt Freud die gesamte Geschlechtlichkeit auf die des Mannes, ohne wie andere Schulen, insbesondere die angelsächsische (Josine Müller, Karen Horney, Melanie Klein und Ernest Jones), zwei verschiedene Arten von Sexualität anzuerkennen: die männliche und die weibliche mit je eigenen Erlebnis- und Integrationsprozessen.[14]

Andererseits besteht eine der Grundachsen Freudscher Psychologie in der Figur des Vaters und im Ödipuskomplex. Freuds Psychologie ist vaterzentriert. Unter Ödipuskomplex versteht man »die großenteils unbewußte Gruppe von Ideen und Gefühlen, die um den Wunsch kreisen, den andersgeschlechtlichen Elternteil (der Junge die

[14] Vgl.: *J. Chasseguet-Smirgel* (Hrsg.), Psychoanalyse der weiblichen Sexualität, Frankfurt ⁵1981, 11–25.

Mutter und das Mädchen den Vater) zu besitzen und den des eigenen Geschlechts zu liquidieren«[15]. Er baut sich auf im Alter von drei bis fünf Jahren (in der Zeit der Entwicklung der Libido und des Ego). Für Freud realisiert sich dieser Komplex aber nicht nur auf individueller, sondern auch auf universaler Ebene und wäre damit phylogenetisch bedingt. Die Urhorde habe ihren Wunsch, den Vater zu eliminieren, tatsächlich in die Tat umgesetzt. Die Söhne hätten den Vater getötet und sich damit von ihrem physischen Überich befreit. Da aber sei das Schuldgefühl dazwischengekommen. Deshalb hätten sie den Vater symbolisch in der Figur des Totems (Symboltier des Stammes) wiederhergestellt. So sei das Schuldgefühl gebändigt und die Instanz des Überich verewigt worden. Die Rechtsordnung, die Macht der Gruppe und des Staates wie auch der Religion entstanden nach Freud als Reaktion auf den Ödipuskomplex.

Die Überwindung des Ödipuskomplexes erfolgt beim einen wie beim anderen Geschlecht durch Identifizierung mit dem Elternteil des gleichen Geschlechts und durch den teilweisen Verzicht auf den Elternteil des entgegengesetzten Geschlechts, das im erwachsenen Geschlechtsobjekt wiedererkannt wird. Freud selbst bekennt, daß sein theoretisches Schema problematisch ist, und gesteht ehrlich: »Wo sich in dieser Entwicklung die Stelle für die großen Muttergottheiten findet, die vielleicht allgemein den Vatergöttern vorhergegangen sind, weiß ich nicht anzugeben.«[16]

Niemand wird die Bedeutung des Vaters im Prozeß des Ichaufbaus bestreiten können. Was indes fragwürdig erscheint, ist, ob er tatsächlich ein so radikales und strukturierendes Gewicht hat, wie Freud meinte. Heute hebt nahezu die gesamte analytische Literatur ein noch ursprünglicheres Datum hervor, die vorödipale Phase nämlich, das Verhältnis zur Mutter. Noch ursprünglicher ist dieses Datum, weil es bereits vorgeburtlich beginnt und die Bindung an den Vater sich erst später aufbaut. Jeder Mensch hat zwei Elternteile. Im Gegenüber zu beiden gelingt oder scheitert in aufeinanderfolgenden und dialektischen Phasen die Entwicklung seines Ichs.

bb. Das Weibliche in der Psychologie C. G. Jungs

C. G. Jung wird nach unserer Ansicht dem grundsätzlichen und komplexen Problem Mutter eher gerecht als Freud. Jung hat ein sauber differenziertes Verständnis von der Struktur der menschlichen

---

[15] Ch. Rycroft, Dicionário crítico de Psicanálise, Rio de Janeiro 1975, 56.
[16] S. Freud, Totem und Tabu (Fischer Bücherei 6053), Frankfurt am Main 1970, 166.

Psyche. Das eigentliche Problem besteht nicht in der Integration von Sexualität, Libido oder Ödipuskomplex. Diese Probleme gibt es, aber im Zusammenhang eines weiteren und umfassenderen Rahmens.

Das große Problem – tragende Achse des Jungschen Verständnisses von der Struktur der Psyche – ist die Bewußtwerdung oder das Verhältnis zwischen dem Ich einerseits und dem bewußten und unbewußten Leben andererseits. Unter Bewußtwerdung darf man nun nicht einen Prozeß verstehen, in dem auf der Ebene des bewußten Lebens das Bewußtsein sich aufhellt, das heißt eine Steigerung des Lichtes der Vernunft oder eine Potenzierung ihrer Kontroll- und Lenkungsfähigkeit. Bewußtwerdung bedeutet die Stärkung des Ichs, in dem Sinne, daß es in den Stand versetzt wird, sowohl mit der bewußten als auch mit der unbewußten Dimension des menschlichen Lebens in ein Verhältnis zu treten und die Energien der einen wie der anderen, der äußeren wie der inneren Ebene zum Aufbau eines immer volleren, dichteren und reicheren Individuationsprozesses zu nutzen. In diesem schwierigen Prozeß des Aufbaus und der Stärkung des Ichs tauchen die Komplexe um Mutter und Vater auf, die allerdings weniger physische Gestalten denn Funktionen und Archetypen sind. Das Ich wächst und befreit sich von der dunklen und mysteriösen Welt des Unbewußten, in der es eingeschlossen und verborgen lebte in einer Einheit, wie sie das Kind im Mutterschoß mit der Mutter verband. Das Unbewußte ist wie eine Mutter, die in ihrem Schoß das Ich trägt; der ganze Leib strebt danach, das, was er in sich birgt, zur Welt zu bringen. Das Bewußte wird durch Differenzierung, Unterscheidung und Bruch aus dem Unbewußten geboren. Dieses ist das weibliche Prinzip, die wärmende Matrix, die den Prozeß der Individuation in Gang bringt. Sich lösen, sich befreien, geboren werden, sich differenzieren, bewußt werden, Ideen formulieren und zum Logos auftauchen, das ist dagegen das väterliche Prinzip.

Im Prozeß der Individuation liefern sich das Unbewußte (Mutter), das das Ich zurückhält, und das Bewußte (Vater), das das Ich befreit, sozusagen einen großen Kampf. Oder umgekehrt: In Anbetracht der Schwierigkeiten auf seiten der äußeren Welt (Vater) versucht das zerbrechliche Bewußtsein nach innen zu tauchen, von wo das Unbewußte (Mutter) aufgetaucht ist. Dieses treibt kraft eines dem Unbewußten innewohnenden kompensatorischen Impulses das schwankende Bewußtsein an, sich zu befreien.

Eine Darstellung dieses dramatischen Kampfes der Psyche oder des Ichs in seinem bzw. ihrem Bestreben, die bewußte Welt samt ihren entsprechenden Inhalten – so schwierig das auch ist – zu integrieren, sind die Mythen. Dabei geht es vor allem um die mythologischen Heldengestalten (Bewußtsein – Vater), die gegen den Drachen bzw. das Ungeheuer (Unbewußtes – Mutter) kämpfen. Der Held kämpft, wird vom Drachen bzw. vom Wal verschlungen und trotzdem am Ende wiedergeboren. In jedem Menschenleben läuft dieser Kampfeszyklus ab: Das Ich taucht in einem Prozeß von Leben und Tod in seine unbewußten Ursprünge (Mutter) hinab und steigt dann wieder zum Licht (Vater) empor. »Aber die Wirkung solch heroischer Tat pflegt leider nicht von Dauer zu sein. Immer und immer wieder müssen sich die Mühen des Helden erneuern, und dies immer unter dem Symbol der Befreiung von der Mutter.«[17] Demnach vollzieht sich die Entwicklung der menschlichen Psyche in gefährlichen Abstiegen in den Leib des Ungeheuers (Unbewußtes, Mutter) und befreienden Aufstiegen zum Sonnenlicht des Bewußten (Vater). So werden in der Jungschen Vorstellung der psychischen Kräfte die Tiefen des Unbewußten bewohnt von weiblichen Gestalten und Archetypen in allen möglichen positiven und negativen Variationen als Mutter, Gattin, Jungfrau, Gefährtin, Liebhaberin usf. Jung spricht in diesem Zusammenhang von *anima*, die jeder Mensch – ob Mann oder Frau – in sich trägt. Jeder muß sich mit dem in ihm wohnenden Weiblichen auseinandersetzen, es annehmen und integrieren. Es gehört zum Prozeß des Aufbaus seiner Persönlichkeit dazu.[18]

Mit seinen Überlegungen hilft uns C. G. Jung, die verschiedenen Mythosbildungen des Weiblichen besser zu verstehen und in die Geschichte einzuordnen. Im christlichen Raum wurden sie auf Maria übertragen und als Instrumente dazu verwendet, die geschichtlichen *magnalia* Gottes an Maria zu entziffern und zu vermitteln. Um Jungs Schema noch besser zu verdeutlichen, muß noch eine weitere Gegebenheit erwähnt werden. Sie erleichtert uns, die Variationen der Gestalt des Weiblichen im Laufe der bewußten und unbewußten Geschichte zu verstehen.

Wir erleben das Unbewußte immer in ambivalenter Form. Obgleich es sinnbildlich als Mutterschoß, der das Ich gebiert, dargestellt wird, ist es doch beim Mann anders als bei der Frau. Der Mann

---

[17] *C. G. Jung,* Symbole der Wandlung, in: Gesammelte Werke 5, Olten/Freiburg 1973, 348.

[18] Eine seriöse Einführung in dieses Problem bieten: *J. Jacobi,* Die Psychologie von C. G. Jung, Zürich 1949, 89f; *N. da Silveira,* Deus-Mãe, in: Quaternio (1975) 87–103, bes. 96–98; *G. H. Graber,* Tiefenpsychologie der Frau, München 1972, 9–17.

projiziert sein Unbewußtes in die Frau und erlebt es in der Frau, während die Frau es in den Mann projiziert. Oder in Jungscher Begrifflichkeit: Die Frau erfährt den *animus* (der in ihr wohnt, das Bild des Mannes) als im Mann konkretisiert, während dieser seine *anima* (das Bild der Frau, das er in seinem Unterbewußtsein trägt) als in der Frau konkretisiert erlebt. Beide erfahren das Unbewußte stets als etwas Bedrohliches, denn es kann das zerbrechliche *Ich,* das sich ja gerade vom Unbewußten befreit hatte, wieder verschlingen. So versteht sich, daß das Ich bemüht ist, das Unbewußte zu verdrängen und das *Ich,* die Vernunft, den Logos, zu stärken. In einer Gesellschaft wie der unseren, die patriarchalisch und machistisch ist und in der die Männer das Sagen haben, bedeutet das, daß die Frau verdrängt und dämonisiert wird, weil sie für den Mann das eigene Unbewußte darstellt und verkörpert. Und indem der Mann das Unbewußte verdrängt, verdrängt er die Frau. Er hat Angst vor seinem eigenen Unbewußten.

Es ist symptomatisch: In Zeiten schwerer Hexenverfolgungen (Verdrängung des Unbewußten) war die Marienverehrung besonders intensiv. Der Grund ist, daß das Unbewußte kompensatorischen Charakter hat: Auf der einen Seite verdrängt es, auf der anderen Seite erhöht es. Die Geschichte der psychischen Archäologie zeigt, wie Jung überzeugend nachgewiesen hat (*Psychologie und Alchemie*), daß zwischen Teufel, Sünder und Erde einerseits und der Frau andererseits eine Einheit besteht. Mit anderen Worten: Das bedrohliche Unbewußte (Sünde, Teufel) ist an die Frau oder an die Erde gebunden. In beiden sieht der Mann Vertreter des Unbewußten.

Im Prozeß der Bewußtwerdung der Menschheit mußte es eine matriarchale Phase geben. Hier war das Unbewußte vorherrschend und trug in seinem Schoß wärmend eingeschlossen das Bewußte und das Ich. Diese Phase wird durch die Schlange Uroboros der Urmythen versinnbildlicht, die den eigenen Schwanz frißt und die für die ursprüngliche Symbiose und Einheit zwischen Bewußtem und Unbewußtem steht. In ihr stellt sich historisch die matriarchale Phase dar, die das Kind in ihrem Schoß noch als Teil ihrer selbst bewahrt hat. In einer zweiten Phase hört die Schlange Uroboros auf, sich in den Schwanz zu beißen, und richtet den Kopf auf. Die patriarchale Phase bricht an, deren Kennzeichen das Ich, die Idee und die Autonomie sind. Auch diese Phase ist notwendig, damit sich die menschliche Psyche auf phylogenetischer (das gesamte menschliche Geschlecht betreffender) wie ontogenetischer (jedes Individuum betreffender)

Ebene entwickeln kann. Um sich in dieser Phase behaupten zu können, geht das Bewußte dazu über, das Unbewußte zu verdrängen; aber auch das Verdrängen muß es überwinden und seine dunkle und geheimnisvolle Vergangenheit integrieren; das Patriarchat muß das Matriarchat assimilieren, der Mann die Frau in sich integrieren. Kulturell gesehen, erleben wir gegenwärtig, wie sich ein neues Verhältnis zwischen Weiblichkeit und Männlichkeit etabliert und das Schema Matriarchat – Patriarchat zu Ende geht.[19]

Nach diesen Erläuterungen sind wir nunmehr imstande, einige Grundmerkmale des Weiblichen zu beschreiben, wie sie in Träumen, in Äußerungen gesunder und kranker Menschen, in Darstellungen alter und moderner Kunst sowie in jeder Art von Symbolik, die es mit dem Weiblichen zu tun hat, zum Ausdruck kommen. Untersucht hat all diese Zusammenhänge Erich Neumann in seiner minutiösen und klassischen Studie *Die Große Mutter*.

Wie alle Archetypen, so erweisen sich auch die weiblichen Archetypen als ambivalent, insofern sie uns die guten und schlechten Erfahrungen überliefern, welche die Menschen im Laufe ihrer psychischen Entwicklungsgeschichte gemacht haben. Es sei daran erinnert, daß für Jung Archetyp eine Kraft, eine Anlage und eine Form bedeutet, die sich im Laufe des Bewußtwerdungsprozesses der Menschen herausgebildet hat. Mit Inhalten hat das noch nichts zu tun, sondern ist erst die Bedingung für die Bildung von Inhalten. Die Inhalte sind geschichts- und kulturgebunden, werden aber von den Archetypen gestaltet.

So erleben wir den weiblichen Grundarchetyp als mütterlichen Schutz und als Verschlingung, als tötende Aggression und als tatkräftige Unterstützung. Die beiden ersten Aspekte sind eminent weiblich, wohingegen die beiden letzten als männliche Elemente innerhalb des Weiblichen zu bezeichnen sind. Das Weibliche gibt sich als Mutter voll Wärme, aber kann sich auch als Mutter und Frau geben, die erdrückt, als aggressiv oder inspirierend, als unterstützend usf. Die Mythologien stellen zum Beispiel die gute Mutter dar als Sophia, die furchtbare Mutter als Gorgo, die ihre Kinder erdrosselt, und die große Mutter, die alles erzeugt, als Isis, die sowohl das Universum als auch sich selbst schafft, weil sie zugleich männliches und weibliches Prinzip ist.

---

[19] Vgl. dazu: *H. Unterste,* Das verdrängte Weibliche, in: Theologische Aspekte der Tiefenpsychologie von C. G. Jung, Düsseldorf 1977, 108–113; *D. Ferreira da Silva,* Teoria Geral do Feminino, in: Cavalo Azul 3 (o. J.) 75–83.

Im Weiblichen erlebt das Ich darüber hinaus noch einen Elementarcharakter und einen Wandlungscharakter. Der *Elementarcharakter* ist die fundamentale Realität des Weiblichen. Er zeigt sich im »Bewahren«. Alles, was vom Weiblichen geboren wird, ihm gehört und von ihm abhängig ist, wird unter dem Schutz der Mutter bewahrt. So aber wird jede Selbständigkeit relativiert. Das ist das typische Merkmal der Mutter, das im Bewahren besteht, und dies wiederum zeigt sich im Ernähren, Beschützen, Hegen und Wärmen und – negativ – im Abweisen und Erdrosseln. Der *Wandlungscharakter* führt zur Veränderung. Er macht sich bemerkbar, wenn das Weibliche einem Du begegnet, sich faszinieren läßt, sich verliebt und anzieht. Die Frau verändert ebenso sich selbst wie den Mann. Positiv wird das Weibliche als inspirierend erfahren. Erinnert sei nur an Dantes Beatrice, aber auch an zahllose andere geliebte Frauen, die mit ihrer Inspiration die Phantasie der Künstler bewohnen. Dabei handelt es sich zunächst um die eigene *anima* des Künstlers und sodann um seine Projektion, der er in einer geschichtlichen Frau Gestalt gibt.

Den Elementarcharakter des Weiblichen erfährt der Mensch in Institutionen und Traditionen, in der Kirche wie auch in allem, was ihm Geborgenheit und Sicherheit gibt. Den Wandlungscharakter erlebt er auf der persönlichen Ebene der Beziehungen, wenn diese zu Veränderungen führen, das heißt in der Geschichte von Liebe, Freundschaft und Kreativität. Hier stecken Risiken, Herausforderungen und Ängste.

Sowohl der eine wie der andere Charakter – das sei noch einmal wiederholt – hat eine negative und positive Polyvalenz. Das Weibliche kann konkret werden sowohl als Mutter, die Leben spendet, befreit, schützt und verteidigt (als gute Mutter: Isis, Demeter, Maria mit dem Kind), wie auch als Mutter, die an sich fesselt, bindet, erdrückt und die Freiheit raubt (als schreckliche Mutter: Gorgo, Hekate, Kali). Weiter kann es uns als Jungfrau, Gattin und Gefährtin begegnen, die fasziniert, bezaubert, inspiriert und unterstützt (Maria, die Gestalt der Weisheit), oder als Jungfrau, Gattin und Gefährtin, die den Menschen fesselt, absorbiert und wahnsinnig macht (Circe, Astarte, Lilith, chthonische Venus). Natürlich finden sich diese weiblichen Charakteristika, die sowohl der Mann als auch die Frau in sich tragen, nirgends in reiner Form. Sie mischen sich wie Hell und Dunkel in der Dämmerung. Wo Licht ist, ist auch Schatten. Beide zusammen machen die Realität des Lebens aus.

Die Polyvalenzen werden deutlicher, wenn man sie als Phasen im Prozeß der Individuation und der Bewußtwerdung versteht.

Zu *Anfang* herrscht die ursprüngliche Einheit, dargestellt im Typ des Uroboros: Alles ist eins und bildet eine große *union mystique*. Mensch und Welt, Ich und Natur, Gott und Mensch, Mutter und Kind wohnen im selben Raum und teilen dasselbe Leben. Das ist das Mütterliche mit seinem Merkmal, den anderen in sich wie ein Stück seiner selbst zu behüten. Geborgenheit und Schutz geben den Ton an.

In einem *zweiten* Schritt wird das Kind bereits geboren, hängt aber noch in allem von der Mutter ab. Sie ist die große Mutter. Das Kind bringt Dualität, aber die Abhängigkeit ist noch sehr stark. Ohne die Mutter stirbt das Kind in seinen Lebensfunktionen.

In einem *dritten* Moment ist das Kind schon groß. Es ist das geliebte Kind an der Seite der großen und guten Mutter. Mit der Mutter lebt es in einem »Inzest«. Die Mutter ist Mutter. Aber sie ist Mutter nur für mich. Sie gehört niemandem sonst. Als Mutter erfahre ich die Mutter als Jungfrau, die niemand zu berühren hat und die niemandem als mir allein gehört. »Inzest« hat hier nichts Geschlecht-lich-Genitales, sondern ist eine symbolische Realität: Das Kind ist noch ganz an die Einflüsse der Mutter gebunden und will zurück zur ursprünglichen *union mystique*. Die Mutter, die es zwar schützt und behütet, hält und will es doch auch ihrerseits als Kind, das sich von ihr unterscheidet und Gegenstand ihrer Liebe ist.

In der *vierten* und letzten Phase kommt es zum Kampf des Helden gegen die große Mutter. Das Kind macht sich selbständig. Das Ich ist ausreichend stark geworden, um sich selbst zu behaupten. Dazu muß es jedoch mit dem Elternhaus brechen. Nur so wird es es selbst. Das Ich, der Geist und das Männliche behaupten sich gegenüber dem Weiblichen.[20]

Die Befreiung des Bewußten, des Ichs wie des Geistes aus den Tiefen des Weiblichen und des Unbewußten bildet für die ganze Menschheit, für die Männer wie für die Frauen, einen Weg voller Kämpfe und schwerer Hindernisse. Das ist der Kampf zwischen dem Unbewußten und dem Bewußten. Jenes bringt dieses zur Welt, hält es aber noch unter seinem Einfluß, bis sich das Bewußte schließlich als siegreich erweist, sich widersetzen und seine eigene Realisierungs-geschichte gestalten kann. Die Menschheit hat sich noch Spuren dieses Jahrtausende währenden und noch nicht an sein Ende gekom-

---

[20] Vgl.: *E. Neumann*, Ursprungsgeschichte des Bewußtseins, München 1949, 18–160.

menen Kampfes bewahrt. So werden die negativen Seiten und die drohenden Schatten verständlich, die von der Erfahrung der Geburt, des Wachstums und der Selbstbehauptung haftengeblieben sind. Man könnte sie mit Kriegswunden vergleichen, die der Mann wie auch die Frau – jeder im Rahmen seiner eigenen Synthesen – an sich tragen. Das Bewußte hat bei der Frau wie beim Mann männlichen Charakter. Für beide ist es das Prinzip der Ordnung, der Selbstbehauptung und der Selbststeuerung.[21]

Das zentrale Symbol des Weiblichen ist das Gefäß. Von den frühesten bis zu den fortgeschrittensten Entwicklungsformen begegnen wir ihm als Sinnbild des Weiblichen. Die symbolische Gleichsetzung: weiblich = Körper = Gefäß entspricht vielleicht den elementarsten Erfahrungen der Menschheit mit dem Weiblichen, in denen sich das Weibliche selbst erfährt und auch vom Männlichen erfahren wird. Jedes Gefäß besitzt eine Innen- und eine Außenseite. Der Körper mit seinen Sinnen ist besonders bedeutsam. Diese werden als numinos empfunden und deshalb geschmückt, behütet und tabuisiert, weil sich in ihnen und durch sie etwas Großartiges, ja das Geheimnis des Lebens selbst vollzieht. Veränderungen kommen durch die Sinne zustande. Nun wird der Körper wie ein Gefäß erlebt, wie ein Innenraum, der die ganze Welt des Unbewußten dunkel in sich birgt und hervorbringt. Aus ihm werden die Leidenschaften, die Luft, das Wort und der Gedanke »geboren«. Das Innere des Körpers wird archetypisch mit dem Unbewußten gleichgesetzt. Deshalb wird es als Symbol für das Weibliche verstanden, weil aus ihm alles nach außen geboren und hervorgebracht wird. Selbst die Universalmaterie, der Kosmos als Ganzes (Materie kommt von *mater* = Mutter), wird als weiblich symbolisiert, weil sie bzw. er alles hervorbringt und gibt. Dagegen wird der Geist überall als männlich erfahren (*nous* = Geist), als Prinzip von Ordnung und Organisation, von Trennung und Unterscheidung.

Alles, was elementar ist, was auf Natur und entstehendes Leben verweist, wird (von Mann und Frau) als weiblich empfunden. Alles, was als Entwicklung, Bestimmung, Rationalisierung und Teilung erlebt wird, kommt (bei Mann und Frau) als männlich zum Ausdruck. Das Ziel dieser Entwicklung ist das Entstehen von Rationalität als Rationalität. Nun findet sich die geschichtliche Gestalt des Weiblichen vor allem in der konkreten Frau. Für sie bilden deshalb

---

[21] Vgl.: *ders., Die Große Mutter*, Zürich 1965 (Olten/Freiburg ⁶1983), 147–148.

Vernunft und Männliches das Unbewußte. Der Mann thematisiert dichter das Männliche, und deshalb ist sein Unbewußtes weiblich geprägt. So erklärt sich, daß die Frau nicht selten tiefe Intuitionen hat; obwohl sie sich nicht vornehmlich auf der Ebene des Bewußten und in den Parametern der kühlen Rationalität bewegt (was vor allem der Mann tut), hat sie gleichwohl auch Rationalität in ihrem Unbewußten. Sie weiß die Dinge nicht so sehr, aber sie sieht sie und findet eine Lösung für die Probleme. Umgekehrt kann der Mann, dessen Dimension ja die Rationalität ist, von tiefer Leidenschaft erfaßt sein, weil sein Unbewußtes weiblich ist. Das menschliche Ideal liegt in der Integration von Weiblichem und Männlichem, im Gleichgewicht zwischen Mann und Frau.

Das Weibliche wird stets das Geheimnisvolle, Tiefe und Dunkle sein, das unser Leben herausfordert. Immer wird es eine offene Frage, eine Sphinx sein, die Antworten will. Stets aber wird es auch Licht, Helle und Rationalität, kurz: Männlichkeit, geben, die die Antworten bietet. Keine von ihnen wird aber die unauslotbare Materie (*mater-ia*) unserer tiefsten Wurzeln entziffern. Das Weibliche ist das unergründliche Geheimnis und die geheimnisvolle Tiefe unserer Wirklichkeit als Männer und Frauen.

Jeder Mensch wird von einer Mutter geboren. Das Verhältnis zu ihr, von der vorgeburtlichen Phase über die verschiedenen Lebensabschnitte als Kind und Heranwachsender bis hin zum Erwachsenenalter, prägt ihn tief und unwiderruflich. Ohne dadurch irgend etwas zu mystifizieren, kann man durchaus von einem ewig Weiblichen sprechen, das den Menschen durch seine ganze Existenz hindurch positiv und negativ begleitet. In Auseinandersetzung mit dieser Dimension, in der Assimilation und in der Annahme dieser Realität findet er zu seiner Individualisierung. Da es sich dabei für jeden Menschen um die grundlegendste und ursprünglichste Beziehung handelt, darf es niemanden verwundern, daß die Menschheit sie als erste mit ihrem Verhältnis zur Gottheit in Verbindung gebracht hat. Viel früher, als dem menschlichen Geist die Vatergottheiten bekannt waren, waren ihm die Muttergottheiten vertraut.

Von Indien bis in den Mittelmeerraum hinein begegnen uns, wie Erich Neumann in seinem berühmten, bereits zitierten Buch *Die Große Mutter* dargetan hat, in nahezu allen Kulturen Statuen von Muttergottheiten. Ihre runden Brüste sollen zeigen, daß sie Gebärerinnen und Ernährerinnen aller Lebewesen, einschließlich der Götter, sind. In Sumer heißt die Gottheit Inana und in Babylonien Ischtar, beide werden später miteinander identifiziert. Sie, die »Höchste«, die »Ruhmreiche«, die alles hervorbringt, schafft Himmel und Erde. Der Tierkreis ist ihr Gürtel. In Ägypten heißt die große Göttin Isis und wird als die große göttliche Schöpferin des Himmels und der Erde, der Götter und der Menschen verehrt. Möglicherweise war Isis die am meisten verehrte Göttin der Erde. Ihre Herrschaft erstreckte sich bis in die römische und griechische Kultur und drang selbst in den christlichen Raum ein. Bekanntlich wurden in der antiken christlichen Kultur zahlreiche schwarze Statuen der Isis mit Horus, ihrem Kind, auf dem Arm als Jungfrau Maria mit dem göttlichen Kind verehrt. Offenbar gehen die verschiedenen katholischen Wallfahrtsorte, an denen die schwarze Madonna verehrt wird, auf eine dem Isiskult entlehnte Frömmigkeit zurück. Erinnert sei an die schwarze Madonna von Einsiedeln in der Schweiz, von Montserrat bei Barcelona, von Orléans und von Marseille, in der nördlichen Rosette der Kathedrale von Chartres oder in der Krypta desselben Gotteshauses – wo eine schwarze Jungfrau an einem tiefen Brunnen verehrt wird –, an die schwarze Madonna im französischen Roc-Amadour, in Tschenstochau in Polen oder an unsere Liebe Frau von Aparecida im brasilianischen Bundesstaat São Paulo. Isis wurde die »Göttin mit den zehntausend Namen« genannt. Alles, was Dichtung positiv vom Weiblichen sagen konnte, wurde auf Isis bezogen.[22]

Weiterhin wissen wir, daß die gesamte minoische Kultur die große Göttin Diktyna und Britomartis verehrte. Auf Kreta wurde die große Göttin als Frau dargestellt mit Rock, nackten Brüsten, eine Tiara auf dem Kopf, offenem Haar und um die Arme gewundenen Schlangen. Der heilige Baum und die Säule sind ihre Symbole und sollen die Einheit des Himmels mit der Erde und mit der Unterwelt versinnbildlichen, weil sie über alle diese Räume herrscht.

Auch in der kanaänischen Kultur verehrte man eine Muttergottheit. Das alttestamentliche Buch der Könige berichtet von den Kämpfen Israels gegen diesen Kult, besonders gegen den der Astarte und ihres Sohnes Baal (1 Kön 11,5.33; 2 Kön 21,3–7).

Alle mütterlichen und jungfräulichen Göttinnen werden als Herrinnen über Pflanzen und Tiere, ja über die ganze Natur darge-

---

[22] Zu diesem Aspekt vgl.: *E. Harding,* Frauen-Mysterien einst und jetzt, Zürich 1949, 198–222; *A. Marcos dos Santos,* Maria, in: Quaternio (1973), 49–60, bes. 57–58; *M. Stone,* When God was a Woman, New York/London 1976, 30–62; *A. M. Greeley,* Maria. Über die weibliche Dimension Gottes, Graz/Wien/Köln 1979.

stellt, weil sie in ganz besonderer Weise das Prinzip des Lebens und Zeugens zum Ausdruck bringen.[23]

In diesem Zusammenhang haben religiöse Bekundungen wie »Gott, meine Mutter« ihren Entstehungsort. Im Hinduismus ist die Vorstellung absolut normal. Brahma ist beides und entzieht sich jeder Festlegung. Aber er ist Ursprung und Quelle aller Dinge. Die erste Unterscheidung bringt die große kosmische Mutter Kakti, die das All schafft und organisiert und die im Gegensatz steht zu dem anderen Prinzip der Teilung und Zerstörung, zu Kali.

Selbst das Judentum, das ja sonst deutlich vom männlichen und patriarchalen Prinzip geprägt ist, offenbart die weiblichen Züge des absoluten Geheimnisses. Das Buch der Sprüche (8,22–30) redet von der Weisheit, als wäre sie Gott selbst mit seiner zärtlichen Sympathie, im Gespräch mit sich selbst und mit der Schöpfung.

So findet das Weibliche seinen Ort am Anfang des Anfangs. Die Menschheit stellt sich ihr *Woher* als einen Ur-Uterus, als einen Schoß vor, in dem alles seinen Ursprung nimmt. Zugleich bedeutet der Archetyp des Anfangs auch den Archetyp des Endes: Der Mensch hat das unbändige Verlangen, in der ursprünglichen Einheit zu leben, und kann sich das Ende nicht anders vorstellen denn als Wiedererlangung und Potenzierung der anfänglichen Integration.

cc. Psychologisch-kulturelle Wertung der Mariendogmen durch C. G. Jung.

Einem so wachen Geist wie C. G. Jung, der die psychologische Reflexion über die Archetypen entwickelt hat, blieb die Bedeutung, die das Christentum – zumal in seiner katholischen Ausprägung – der Verehrung der Jungfrau und Gottesmutter Maria beimißt, nicht verborgen. Selbstverständlich ist sich Jung des Patriarchismus, ja des Machismus bewußt, den das Christentum von seinen alttestamentlichen und (griechisch-römischen und germanischen) kulturellen Quellen ererbt hat, was so weit geht, daß es schließlich zu einem guten Teil zu einer Männerreligion wurde. Dennoch ließ das kollektive Unbewußte der Glaubensgemeinde die weibliche Dimension durchschimmern, die sie in sich trägt und die sich insbesondere um Maria und um die Kirche als Gattin, Jungfrau und Mutter rankt. Aber das Christentum artikulierte nur die numinose Seite der guten Mutter und der völlig reinen Jungfrau, ohne auch die Dimension des Schattens im Archetyp der

---

[23] Reiche Literaturhinweise bei: *E. Neumann*, Die Große Mutter, 229–265.

anima zu integrieren. Dies bedeutet, wie wir an der entsprechenden Stelle bereits sahen, keineswegs eine Kritik, sondern ist eher ein Argument zugunsten des christlichen Bewußtseins, das sich ja nicht einfach als Konvergenz aller Dynamik der Vergangenheit, sondern hauptsächlich als Anbruch des *eschaton* schon in der Geschichte versteht, als Beginn des endgültigen Zustandes des Mannes und der Frau in Gott. Deshalb gibt sich auf dieser Ebene nur das versöhnte und endlich wieder hergestellte und erhöhte Antlitz des Weiblichen zu erkennen.

Jung betrachtet Maria unter vier Gesichtspunkten: erstens als Bild des Archetyps der *anima*, zweitens als Ausdruck des Archetyps der Mutter, drittens in ihrem Verhältnis zwischen Trinität und Quarternität, und viertens fragt er schließlich nach der Bedeutung des Dogmas von der Aufnahme Marias mit Leib und Seele in den Himmel. Wir wollen auf diese vier Punkte kurz einzeln eingehen.

Die *anima* bildet einen der tiefsten und greifbarsten Archetypen der menschlichen Psyche. Er ist der vornehmste Ausdruck der Weiblichkeit, sowohl im Mann (*animus*) als auch in der Frau (*anima*). Im Laufe der Geschichte artikulierte er sich so, daß ihn die Menschen – nach Jung – in vier großen Idealtypen erfuhren: als *Eva* – in einem überpersönlichen und kollektiven Sinn –, die die erzeugende, chthonische und alles Leben zur Welt bringende Frau versinnbildet; als *Helena* von Troja: der geschlechtliche Eros wird ästhetisch oder romantisch sublimiert; Helena beschreibt die Frau in ihrer Fähigkeit zu Beziehung und Kommunikation wie auch in ihrem Vermögen, den Mann zu faszinieren und ihn auf eine Ebene jenseits des bloß Sexuell-Genitalen zu erheben; als *Maria*, die – als höchste Sublimierung und Spiritualisierung des Eros – das Niveau religiöser, von jeder geschlechtlichen Anspielung abgehobenen Verehrung erreicht. Hier zeigt sich der Archetyp in der Form der Jungfrau oder der Mutter, die zugleich jungfräulich unbefleckt und unberührt ist; und als *Sophia* oder *Weisheit*, welche die unüberbietbare und letztgültige Form des weiblichen Archetyps ist und nicht nur die verschiedenen weiblichen Formen in sich einschließt, sondern auch das Männliche, ja sogar einen Bezug zu Gott. Die christliche Überlieferung bezieht die biblischen Texte, die von der Weisheit handeln (Spr 8), auf Maria. Nach diesem Verständnis stellt Maria von Nazaret – in unserer Kultur wie in der Menschheit insgesamt – das strahlendste Aufleuchten des Weiblichen dar. Dieses aber gibt sich nicht nur mit kollektiven Konkretisierungen zufrieden, sondern will auch auf geschichtlicher und personaler Ebene einen Höchstausdruck. Maria verkörpert ihn.[24]

Bei seinen Überlegungen über die Weisheit (*Sophia*) als Ausdruck für Gott selbst, der sich voller Sympathie der Schöpfung zuwendet, äußert sich Jung auch zur Bedeutung Marias als Mutter und als Gestaltwerdung des Archetyps Mutter. Gott als Weisheit bedeutet, daß Gott selbst sich »verändern« und der Schöpfung näherkommen will. Gott ist auf Inkarnation hin angelegt. Er will als zweiter Adam geboren werden, aber nicht wie der erste Adam, der unmittelbar aus der Hand des Schöpfers hervorging, sondern will aus dem Schoß einer jungfräulichen Frau geboren werden. Weil Maria – sagt Jung – die Mutter Gottes sein wird, wird sie rein bleiben und sich im Zustand vor dem Sündenfall befinden. Sie ist nicht nur Tochter Gottes im hervorragenden Sinn, sondern Gott nimmt sie sich auch zur Braut. So kommt es zu einem *hierós gámos* (zu einer heiligen und himmlischen Vermählung), aus dem der Sohn Gottes hervorgehen wird. Unbefleckt und unberührt von den Fängen des Dämons, erfreut sich Maria eines paradiesischen Zustandes und lebt eine pleromatische und göttliche Existenz. Jung steigert sich bis hin zu der Aussage, Maria habe aufgrund ihrer Nähe zu Gott den Status einer Göttin. Als Werkzeug der Geburt Gottes werden Maria ebenso wie die Menschheit, die sie repräsentiert, in das göttliche Drama hineingenommen. Als Mutter Gottes kann sie zum Symbol für die wesensmäßige Teilhabe der Menschheit an der Trinität werden (vgl. Bd. 11, 176, 491). So kommen wir zum dritten Punkt, in dem es um das Verhältnis zwischen Maria und der Dreifaltigkeit geht.

In einem berühmten Text untersucht Jung die psychologische Bedeutung des christlichen Dogmas der Dreifaltigkeit. Zunächst einmal sollte hervorgehoben werden, daß das Thema Dreiheit und Einheit in der Trinität ein geläufiger Topos in der Religionsgeschichte ist. Das Christentum setzt eine Linie fort, die von den ältesten Mythologien und Religionen auf uns zukommt. Für Jung hat die Trinität Merkmale eines Archetyps, der in einem bestimmten Moment des Individuationsprozesses auftaucht. Einerseits ist sie das Symbol für die Entfaltung des Einen, der zwei wird und damit Spaltung und Konflikt schafft, und andererseits bedeutet sie als Dreiheit Überwindung und Integration des Konflikts und der Spaltung, die die Zwei verursacht haben. Als solcher entspricht der Archetyp Dreiheit in der

---

[24] Vgl.: *C. G. Jung*, Gesammelte Werke 16, 185–186; 11, 499. Siehe auch: *H. Unterste*, Das Bild der vergeistigten Frau im Christentum, in: Theologische Aspekte, 135–139.

Einheit einem Stadium der Menschheit, in dem diese zu mehr Reflexion und Bewußtsein gefunden hat (Bd. 11, 150). Wenn wir ihn in der Geschichte der menschlichen Individuation orten wollen, müssen wir zugeben, daß er in die Ära des Patriarchats gehört. Die Trinität ist vorrangig ein männlicher Archetyp (Bd. 11, 164) und zielt auf Vollkommenheit ab. In der Tat versinnbildlicht die Dreiheit die Vollkommenheit (drei Kardinaltugenden; Vater – Mutter – Kind usf.).

Gleichwohl, so überlegt Jung, erschöpfe sich die Vollkommenheit, wie sie in der Trinität zum Ausdruck kommt, nicht im Prozeß der Identitätsbildung und der Personalisierung. Ein viertes Element müsse noch integriert werden: das Weibliche an Gott. Hier kommt Maria ins Spiel – als Mutter Gottes, als Braut des Heiligen Geistes und als die, welche durch ihre leibliche Aufnahme in den Himmel in das Innenleben der Dreifaltigkeit eingegangen ist. Für Jung stellt die Quaternität eine größere Fülle dar als die Trinität, gerade weil sie das verdrängte Weibliche integriert. Aus diesem Grund erscheint in christlichen Darstellungen, in Visionen einiger Heiliger oder in Träumen und Materialien Geisteskranker neben der Dreifaltigkeit fast immer noch ein viertes, weibliches Element, sei es die Schöpfung, sei es die Materie, sei es Maria. Die Verkündigung des Dogmas der Aufnahme Marias in den Himmel durch Pius XII. im Jahre 1950 (mit der Enzyklika *Munificentissimus Deus*) ratifiziert einen der fundamentalsten Archetypen der menschlichen Psyche in ihrem Bestreben nach umfassender Integration. So kommen wir zum vierten Punkt, zur Bedeutung der Aufnahme Marias in den Himmel.

Die Verkündigung des Mariendogmas von der Aufnahme in den Himmel brachte das ökumenische Bemühen vieler Christen in eine schwere Krise. Trotzdem behauptet Jung unumwunden, das Dogma stelle das größte religiöse Ereignis seit der Reformation dar. Nur auf symbolischem und nicht auf vernunftmäßigem Wege, nur über das Unbewußte und nicht über das Bewußte finde man Zugang zum Verständnis dieses Dogmas. Auf dieser Ebene stehe es in vollem Einklang mit den Bedürfnissen unserer inneren Archäologie. Nicht nur das Männliche werde in Christus zur Gottheit erhoben, sondern in Maria bis zu einem gewissen Grad auch das Weibliche. Selbstverständlich habe der christliche Glaube, so Jung, Maria niemals vergöttlicht, wohl aber habe er sie in eine solche Nähe zur Gottheit gebracht, daß sie als Mutter Gottes in den trinitarischen (quaternarischen) Kreislauf hineingehöre. Sei sie doch zur Königin des Alls, zur universalen Mittlerin (durch Christus und in Abhängigkeit von ihm) wie auch zur Herrin des Himmels und der Erde erhoben worden. Attribute dieser Art befriedigten grundsätzlich die realen Bedürfnisse der Psyche. So gelange das Weibliche zu seiner höchsten Identität.[25]

Darüber hinaus antwortet dieses neue Dogma auf eines der ältesten Probleme der Menschheit: die Integration von Materie und Geist, die definitive Vermählung zwischen Himmel und Erde. Der Traum der Alchemie: die endgültige Einheit und die Versöhnung aller Widersprüche, wird Realität. Die Aufnahme Marias in den Himmel besagt, daß ihre Leiblichkeit bzw. ihre materielle Wirklichkeit in höchster Form verherrlicht wurde. Die Materie mit ihrem ganzen Dunkel, ihrer Last und Vergänglichkeit hat teil an Gott. Wenn sich die Psyche Materie und Erde als weiblich vorstellt, dann bedeutet die Aufnahme Marias in den Himmel Verherrlichung der *Magna Mater*, die jetzt mit ihrem göttlichen Gemahl, dem Himmel, vereint ist. Ein *hierós gámos* (eine heilige Vermählung) findet statt. Die in den Himmel aufgenomene Maria antizipiert den Sinn allen Geschehens: Die Materie und der Geist, das Dunkel der Erde und die Helle des Himmels sollen in einer unaussprechlichen Einheit radikal integriert werden.

4. Schlußfolgerung: das Weibliche als Offenbarung Gottes

Unser Exkurs in die Mythologie des Weiblichen hat klar gezeigt, wie wichtig das Weibliche für das Verständnis des Menschen und seines Verhältnisses zu Gott ist. Die weiblichen Gottheiten haben nicht weniger Würde und Kraft als die männlichen. Die Kategorie des Weiblichen hat sich als hilfreich erwiesen, wenn man die Erfahrung des Menschen in Fühlung mit dem absoluten Geheimnis artikulieren will, das sich nicht nur in männlichen Begriffen erfassen läßt. Das Bewußtsein dieser Tatsache muß uns dazu bringen, unseren religiösen Horizont, der ja vornehmlich durch männliche Marksteine abgegrenzt ist, in einem gewissen Maß zu relativieren. Gott übersteigt die Geschlechter und die männlich-weiblichen Bestimmungen. Dennoch gründen sie in Gott, und wenn Gott sich offenbart, bedient er sich dieser Kategorien, die dann zu Sakramenten seiner Gegenwart und seines Wirkens werden. Gott kann sich als Vater wie auch als Mutter zu erkennen geben, obwohl er beide transzendiert, denn er wohnt ja in einem unzugänglichen Licht.

[25] Vgl.: *C. G. Jung*, Gesammelte Werke 11, 498–499.

Diese Kategorien begegnen uns allenthalben im Bereich der Religion, und was uns hier betrifft, bietet sich das Weibliche als Ausdrucksmöglichkeit für die transzendente Wirklichkeit Marias an. Trotzdem gilt es, die Wirklichkeit der Fakten und die Wirklichkeit der Mythen und Archetypen auseinanderzuhalten. Die Frage lautet schlicht und einfach: Bildet die unbefleckte und in den Himmel aufgenommene Jungfrau und Gottesmutter Maria eine Variation antiker agrarischer Mythen, oder stellt sie die Geschichtswerdung eines göttlichen Eingriffs in den Bereich der historischen Zeit dar? Macht der Mythos die Hauptsache aus, so daß Unsere Liebe Frau eine Illustration des Mythos ist, oder begründet Maria eine von Gott initiierte historische Wirklichkeit, so daß der Mythos eine Hinführung oder Illustration ist? Hier fällt die Entscheidung über den Sinn christlicher Mariologie, und hier liegt die Grenze zwischen Mythos und Geschichte.

Der christliche Glaube wie auch die wissenschaftliche Rede über sie (die Theologie) sagen: Maria sowie die Großtaten, die Gott an ihr getan hat, sind geschichtliche Ereignisse, für die es Zeugnis abzulegen gilt. In Maria haben die Anliegen der archaischsten Mythologien, die radikalsten Sehnsüchte unserer inneren Archäologie und die Träume der primitivsten Archetypen zu einer geschichtlichen und personalen Konkretion gefunden! In ihr ist das *eschaton*, das heißt die definitive Wirklichkeit in ihrem Endzustand in Gott, ein für allemal angebrochen. Folglich verweisen die Mythen auf dieses gnadenhafte Geschehen und antizipieren es. Damit verlieren sie nicht ihre Gültigkeit. Im Gegenteil: Sie gelangen zu ihrer Wahrheit und bekommen ihre volle Bedeutung zurück, unter der Bedingung freilich, daß sie nicht als substantielle und letztgültige Größen verstanden werden. Sie waren Hinweis auf etwas, das noch ausstand, und antizipierten eine Geschichte, die nun endlich Wirklichkeit geworden ist. So wird Maria in der christlichen Interpretation zur Eschatologisierung der Wahrheit des Mythos und der Archetypen des Weiblichen.

Wenn die Mariologie als systematische Reflexion über das Geheimnis Marias verstanden werden will, muß sie sich demnach auf zwei Ebenen bewegen: einmal auf dem Boden der geschichtlichen Fakten (mit der daraus sich ergebenden Theologie) und zum anderen auf dem ihrer mythologischen und archetypischen Darstellungsform. Auf der ersten Ebene wird sie die Historizität ihrer Aussagen gewährleistet sehen: Maria ist, *geschichtlich* gesehen, die Unbefleckte, ist *de facto* die jungfräuliche Mutter Gottes und wurde *wirklich* mit Leib und Seele in den Himmel aufgenommen. Auf der zweiten Ebene wird sie verdeutlichen, daß die menschliche Psyche diese heilsgeschichtlichen Ereignisse die ganze Geschichte hindurch in den verschiedensten Mythen und unter den merkwürdigsten Figuren vorweggenommen hat und daß wir sie auch heute noch in eine mythologische Sprache kleiden, die diese unaussprechlichen heilsgeschichtlichen Wahrheiten auszudrücken vermag.

XV. Der symbolisch-existentielle Inhalt der Mariendogmen

Nach diesen langen Vorüberlegungen gilt es nunmehr, die symbolische Dichte der wichtigsten theologischen Aussagen über Maria in der gebotenen Kürze zu beleuchten.[1] Auf diesem Gebiet war der katholische Glaube ja äußerst kreativ und strömte geradezu nach allen Seiten über.

1. Die Wahrheit der Symbole

Der christliche Schatz an Marienliedern ist unermeßlich. »Alle Tage sing und sage Lob der Himmelskönigin; ihre Gnaden, ihre Taten ehr, o Christ, mit Herz und Sinn.« Hier hat nicht mehr die Theologie mit ihrer Begriffssystematik das Wort, hier strömt das Herz über *(theologia cordis)*, das sich in seiner religiösen Begeisterung über die menschliche und göttliche Bedeutung Marias nicht halten kann. Nun ist es aber die Welt der Symbole und der Mythologien, in der Sinngehalte und Werte zum Ausdruck kommen, die ihrerseits dem menschlichen Leben Bedeutung verleihen.

Insbesondere die großen Mariengeheimnisse erweisen sich als Punkte, an denen die Bilder des Unbewußten auftauchen und sich überlagern. So beinhaltet in der symbolischen Erfahrung zum Beispiel die *Unbefleckte Empfängnis Marias* viel mehr als nur die Feststellung, Maria sei vor der Erbsünde bewahrt geblieben und sei frei von ihr. Sie bildet die reale Grundlage für ein ganzes Symbolgefüge, das die Mythen vom verlorenen und wiedererlangten Paradies in Erinnerung rufen. Maria ist die Knospe, der die Schlange nichts anhaben konnte, das Paradies, das in Zeit und Geschichte Wirklichkeit wird, der Frühling, dessen Blüten und Früchte weder Frost noch Fäulnis gefährden können. Die Lauretanische Litanei preist sie als »Kelch des Geistes«, »kostbaren Kelch« und »Kelch der Hingabe«. Wie wir bereits gesehen haben, bildet der Kelch als Gefäß den grund-

---

[1] Vgl.: *G. Vannucci*, I simboli religiosi della feminilità, in: Servitium 11 (1977) 335–365 (reiche Literatur!); *J. Layward*, The Virgin Archetyp, New York 1972, 254–307; *A. M. Greeley*, Maria. Über die weibliche Dimension Gottes, Graz/Wien/Köln 1979.

legenden Archetyp für das Weibliche. Das Gefäß enthält das Leben. In Maria bricht ein Sproß neuen Lebens und einer neuen Menschheit auf. So enthält sie symbolisch die ganze geläuterte und auf Gott hin transparente Schöpfung, die selbst zum Aufnahmegefäß und Tempel Gottes wird. Maria ist der Antityp Evas. Diese brachte sterbliches, jene unsterbliches Leben hervor. Die unbefleckte Maria ist das Symbol für die begnadete Seele, die dem Sohn Gottes das Leben gibt, und Bild für die Kirche, die unentwegt Söhne und Töchter im Sohn gebiert. Wie sie das Haupt der neuen Menschheit, Christus, zur Welt gebracht hat, so bringt sie durch die Jahrhunderte hindurch auch weiterhin den Leib und die neuen Glieder hervor.

Was die *Jungfräulichkeit* Marias angeht, sehen symbolisches Denken und einfühlsamer Glaube in ihr viel mehr als ein wundersames Phänomen der menschlichen Biologie. Für unsere innere Archäologie bildet die Jungfrau den Archetyp des Ganzen, Heilen, Noch-nicht-Berührten, Natürlichen und des unversehrt aus der Hand des Schöpfers Hervorgegangenen. Sie versinnbildet das Leben in seiner Unsterblichkeit und unverdorbenen Ursprünglichkeit, die noch nichts vom Spiel des Besitzens und Besessenwerdens weiß. Maria vergegenwärtigt diese gesammelte Fülle, diese geheimnisvolle und faszinierende Kraft, den geheimen Glanz des Noch-nicht-Verdunkelten. Sie erweist sich als ein Versprechen und als eine Möglichkeit, aber nicht im Sinne einer unmöglichen Möglichkeit und einer in sich und gegen die anderen verschlossenen Monade. Maria ist eine Gabe wie eine Knospe, die sich gerade öffnen will, wie ein Samenkorn, das sich anschickt zu sprießen, wie eine Hand, die darauf wartet, sich auszustrecken, zu geben und zu empfangen, wie ein Auge, das sich öffnen und vom Anblick der Landschaft verletzen lassen kann, wie eine Stimme, die bereit ist, sich zu erheben und die Gute Nachricht zu verkünden, wie der Gedanke, der zum Begriff, und wie der Begriff, der zum Wort wird. Alles das heißt Jungfrau, aber Jungfrau von fruchtbarer Jungfräulichkeit. Indem sie sich für eine andere Wirklichkeit öffnet, wird etwas Neues geboren. Es ist wie das Wort *Konzeption* (Entwurf, Begriff), das von *con-cipere* (empfangen) kommt, empfangen aus der Beziehung zwischen dem Gedanken in seiner Jungfräulichkeit und der Wirklichkeit in ihrer Fruchtbarkeit. Maria hat diese fruchtbare Jungfräulichkeit ebenso wie diese jungfräuliche Fruchtbarkeit. Deshalb ist sie jungfräuliche Mutter und nicht nur Jungfrau. Als Braut und Gattin macht sie deutlich, was die Fruchtbarkeit der Jungfräulichkeit bedeutet. Die Gattin ist das

Symbol für geduldig-ungeduldiges Warten, für frohe und vertrauensvolle Offenheit. Ist dies aber nicht die einzig wahre Haltung vor Gott? Maria konkretisiert den Archetyp der heiligen Schöpfung, die vor dem absoluten Geheimnis, unserer Zukunft und unserem Sinn, steht.

Die *jungfräuliche Mutterschaft* Marias bildet die Achse, um die ein ganzer Komplex von Symbolen, Mythen und Archetypen kreist. Wir sprachen schon von dem ältesten Archetyp des menschlichen Lebens in seiner ursprünglichsten Harmonie und Einheit (Uroboros), der normalhin in der Gestalt des Weiblichen, der großen Mutter auftritt, die zugleich auch Jungfrau und als solche so vollkommen ist, daß sie nicht des befruchtenden männlichen Elements bedarf. Was auf phylogenetischer Ebene gilt, gilt *mutatis mutandis* auch auf ontogenetischer Ebene. Das heißt: Das Individuum reproduziert strukturell den Werdegang der Menschheit.

Das Kind wächst nicht nur in der Mutter, sondern entwickelt sich auch immer in Beziehung zur Mutter. Es gestaltet sein Verhalten nach dem Verhalten der Mutter. Die Mutter ist der erste Kontinent, den das Kind entdeckt. Die Nähe oder die Ferne zur Mutter orientiert das Kind in der Auseinandersetzung mit der Wirklichkeit. Die Grundkategorien von Gut und Böse, von Schön, Angenehm, Groß, Fremd usf. sind anfangs mütterliche Kategorien, insofern das Kind die Mutter als gütig oder zwanghaft, als Schutz oder als Bedrohung usw. erfahren kann. Mutter und Kind leben in einer uroborischen Situation der Integration. Für den Fall, daß sich zwischen Kind und Mutter etwas oder jemand einschleicht, stellt sich das Gefühl der Unlust ein, das bis zur Ablehnung des Eindringlings führen kann, selbst wenn es sich um den Vater handelt. Auf dieser Ebene kann nach der Theorie Freuds der Ödipuskomplex entstehen, das heißt das unbewußte Verlangen, den Vater zu beseitigen, um ganz alleine bei der Mutter zu sein und sie ganz für sich und für niemanden sonst zu haben. Hier taucht dann auch – unbewußt – das Bild der jungfräulichen Mutter auf, die für den Mann (Vater) nichts, für mich (Kind) aber alles gewesen wäre. Das Kind will die Geborgenheit der ursprünglichen und uroborischen Einheit so lange erhalten, wie es nur geht.

Natürlich bringt die spätere Entwicklung in der Regel die Integration von Vater und Mutter, von Weiblich und Männlich. Aber der anfängliche Kampf einerseits zur Erhaltung der paradiesischen Situation bei der Mutter und andererseits zur Entwicklung und Stärkung des Ichs durch Abstandgewinnen von der Mutter hat Narben und Erinnerungen hinterlassen, die in Archetypen und

Mythen erahnbar werden. So wird zum Beispiel die traumhafte Erinnerung an den ursprünglichen Zustand von Glück und Integration und an seinen späteren Verlust zum Mythos vom verlorenen Paradies oder vom goldenen Zeitalter, das endgültig vorbei ist. Das intrauterine Leben kommt zum Ausdruck in den Mythen des Kultes der Mutter Erde und der *Magna Mater,* die als die archaischsten Gottheiten verehrt werden. Die Mutter wird als Göttin erlebt, die ganz heilig und ganz rein ist und in eine andere, absolut glückliche, aber verlorene Welt gehört. Das Inzesttabu wäre demnach nicht in Kulturverboten, die die Art erhalten sollen, begründet, sondern im Gegenteil in der symbolischen Feier und Sublimierung der Liebe zur Mutter und des Wunsches, mit ihr wieder eins zu werden wie in den neun Monaten im Mutterschoß. Dies wäre der Wunsch nach dem Paradies, das in der Geschichte nicht mehr möglich ist, dem Wunsch aber offensteht und sich im Symbol zum Ausdruck bringt. Ebenso wäre das Geschlecht nicht aufgrund von kulturellen Vorschriften tabuisiert, sondern weil es mit dem Geheimnis des Lebens zu tun hat, das zum Schöpfungsmythos wird. In den Mythen ist der Schöpfer zugleich weiblich und männlich bzw. Mutter oder Vater, weil er aufgrund seiner Vollkommenheit und uneingeschränkten Einheit das Prinzip der Befruchtung in sich trägt. In diesem Zusammenhang kommt es zu den Mythen der Jungfrauengeburten, der Jungfrau, die vom Himmel her empfängt.

Unbewußte Inhalte dieser Art speisen das Bewußtsein des Menschen, der in der Mutter die ganz reine, nie verletzte und vollkommene Frau sucht. Selbstverständlich weist die analytische Vernunft nach, daß es, historisch gesehen, solche Eigenschaften nicht gibt. Aber das Gefühl (Pathos), das sich in einem anderen Bereich bewegt, wird immer aus solchen Wirklichkeiten leben, die nicht selten symbolisch, dafür aber realer sind als die rohe Faktizität der Daten, weil sie die Werte und den Sinn des Lebens artikulieren.

Wer derartige mythologische Texte theologisch liest, entdeckt, mit welcher Pädagogik Gott vorgeht, daß er nämlich die menschliche Psyche nach und nach auf das historische Geschehen vorbereitet, das Gott Heiliger Geist an Maria wirkt. Demeter und Artemis, die Kreter und Griechen als Göttinnen der fruchtbaren Mutter Erde verehrten, Juno, die bei den Römern als *Mater Regina* galt, Ceres, die *Terra Mater* hieß (und später mit Demeter identifiziert wurde), die *Mater Idaea,* die *Magna Mater* der Römer, die unter dem Namen Kybele verehrt wurde, die Isis der Ägypter, die Menschen und Göttern das

Leben spendete, diese und andere mythologische Göttinnen, ohne männliche Einwirkung, vielmehr durch göttliche Kraft befruchtete Mütter, waren nichts anderes als der diffuse Traum, das Vor-Bild und die symbolische Vorwegnahme der wahren Jungfrau und Mutter: der Maria von Nazaret, die der Heilige Geist befruchten wollte, wodurch er den Anfang der Utopie vom Paradies und vom Reich Gottes machte. Die Mythologie gehört zur Pädagogik Gottes, zu seiner »Herablassung« *(kénosis)*, mit der er die Menschen auf seine Großtaten vorbereitete und in der Vergangenheit symbolisch an dem teilhaben ließ, was erst in der Zukunft geschichtliche Wirklichkeit werden sollte. Die Mythifizierung, die wir alle mit der Frau als Jungfrau und Mutter vornehmen, stellt die Weise dar, in der Gott uns an seine und unsere Mutter heranbringt; diese aber ist nicht mehr eine symbolische Größe, sondern historische Wirklichkeit und eschatologisches Ereignis des Reiches und der neuen Menschheit, die der Heilige Geist und der ewige Sohn sich zu eigen gemacht haben.

Über die archetypische Bedeutung der *Aufnahme* Marias mit Leib und Seele in den Himmel hat C. G. Jung das Wichtigste bereits gesagt. Sie verwirklicht eine der archaischsten Sehnsüchte des Menschen: sich von der Erde in den Himmel zu erheben, das Unten mit dem Oben, die Materie mit dem Geist, den Anfang mit dem Ende und den Menschen mit Gott zu vereinigen. Das gängigste Sinnbild für diese finale Einheit ist die Ehe. So wundert es nicht, daß die liturgischen Texte zu diesem Fest unter dem Zeichen der Vermählung zwischen Sohn und Mutter stehen. Historisch verstanden, mögen sie abwegig erscheinen, in symbolischer Sicht jedoch transportieren sie einen der ältesten Mythen: die Wiederherstellung der ursprünglichen Einheit zwischen Mutter und Kind. Die ganze Schöpfung wird in Maria und durch Maria in das heilige Hochzeitsgemach der dreifaltigen Liebe eingeführt. So beginnt eine neue, unbeschreibliche Geschichte zwischen Geschöpf und Schöpfer, ohne Schatten und ohne Auflehnung, die ja das Stigma der ersten und alten Schöpfung waren.

Die symbolische Sprache findet zu ihrem vollendeten Ausdruck, wenn sie Maria als *Weisheit* feiert. Das Alte Testament wendet das Weisheitsthema auf Jahwe in seinem liebevollen Verhältnis zur Schöpfung an. Das Neue Testament betrachtet Jesus Christus als ewige Weisheit, weil es in ihm den einziggeborenen Sohn des Vaters sieht. Die christliche Liturgie bezieht an zahlreichen Marienfesten die Funktion der Weisheit auf die Jungfrau, weil sie die Mutter des ewigen Sohnes ist, ungeschaffene Weisheit des Vaters und lebendiger

Tempel des Heiligen Geistes. Maria werden folgende Worte in den Mund gelegt: »Der Herr besaß mich im Anfang seiner Wege, vor seinen Werken in der Urzeit; in frühester Zeit wurde ich empfangen, am Anfang, beim Ursprung der Erde. Als die Urmeere noch nicht waren, wurde ich geboren ... Als er den Himmel baute, war ich dabei ...« (Spr 8,22–31; vor der Liturgiereform Lesung am Fest der Unbefleckten Empfängnis; heute Lesung am Dreifaltigkeitssonntag im Lesejahr C). »Ich bin die Mutter der schönen Liebe, der Gottesfurcht, der Erkenntnis und der frommen Hoffnung. In mir ist alle Lieblichkeit des Weges und der Wahrheit, in mir alle Hoffnung des Lebens und der Tugend. Kommt zu mir, die ihr mich begehrt, sättigt euch an meinen Früchten! An mich zu denken ist süßer als Honig, mich zu besitzen ist besser als Wabenhonig. Mein Andenken reicht bis zu den fernsten Generationen ...« (Sir 24,18–20, Vulgata).

Aus der unerschöpflichen Quelle des Symbolischen – wie im Falle der Weisheit – entspringen die besten Ausdrücke zur Schilderung Marias in ihrer Herrlichkeit innerhalb der Dreifaltigkeit. Dabei handelt es sich auf eschatologischer, endzeitlicher und trans-historischer Ebene um die Vergöttlichung der Kreatur, in der erhabensten Form, die ein geschaffenes Wesen überhaupt ertragen kann. Maria geht in das innere Geheimnis der Dreifaltigkeit ein, weil sie definitiv mit dem Geist und mit dem ewigen menschgewordenen Sohn verbunden ist. Durch sie gewannen der eine wie der andere Fleischlichkeit und Sichtbarkeit und berührten die menschliche Natur. Die menschliche Sprache ist am Ende; nur noch die göttliche Bilderwelt ist, wie die weisheitlichen Texte zeigen, würdig, uns das Unaussprechliche des Mariengeheimnisses zu vermitteln.

Die ganze marianische Welt ist vom Symbolischen durchdrungen. Unsere Darstellungen in Malerei, Skulptur und Dichtung erzählen in verherrlichender Weise vom Sinn und religiösem Wert der Gestalt Marias. Um diese Sprache zu verstehen, müssen wir uns in das Universum des Mythologischen hineinbegeben. Dieses schafft nämlich die geschichtliche Wirklichkeit auf einer symbolischen Ebene neu. Jede Generation orientiert sich an einigen sinnschaffenden Symbolen. In ihrem Licht bewegt sich auch die marianische Symbologie.

2. Symbol und Geschichte

Wenn sich das Christentum vorrangig in Kategorien wie Sünde, Strafe, Vergebung, Erlösung durch Blut und Kreuz Christi, Hölle und Himmel bewegt und mithin vornehmlich ein richterliches Bild von Gott und Christus zeichnet, tritt Maria als die auf den Plan, die im Ausgleich dazu die Barmherzigkeit verkörpert. Die Ikonographie des 15. bis 18. Jahrhunderts ging so weit in der Übertreibung, daß sie Jesus als einen zornentbrannten, mit Strahlen bewaffneten Menschen darstellte, der die Sünder niederschmettert, während sie Maria als die Frau auftreten ließ, die zwischen beide tritt und den Sünder mit ihrem Mantel schützt. Bisweilen war folgender Satz hinzugefügt: »Jesus will richten, Maria will retten.«

In einer Feudal- und Sklavenhaltergesellschaft, wie sie jahrhundertelang in Lateinamerika herrschte, wurde Christus dargestellt als großer Herr und absoluter Monarch, Maria hingegen als Sklavin, die sich freiwillig Gott und den Menschen unterwirft. Dem Chef im Himmel untertänig, diente sie als ideologisches Vorbild, das man in einem Regime schrecklicher Unterdrückung und bösen Männlichkeitswahns den Frauen einhämmerte.

Als im vorigen Jahrhundert das alte Regime zu Grabe getragen wurde, unter den sozialen Klassen eine größere Mobilität entstand, die Ständegesellschaft sich zu einer Gesellschaft der Konflikte und Veränderungen entwickelte und Gott allmählich menschliche Züge annahm und schließlich als unendlich gütiger Vater gezeichnet wurde, der auch die Undankbaren und Bösen liebt, stellte die Ikonographie auch Maria mit einem neuen Gewand dar: als freundliche Frau und gütige, liebenswürdige und Geborgenheit schenkende Mutter.

Heute haben wir ein Gespür für das Thema der Befreiung der Frau sowie aller, die in der Gefangenschaft eines politischen und wirtschaftlichen Systems leben, das die Arbeitskraft des Menschen ausbeutet. Gott tritt uns als Befreier der ungerecht Behandelten entgegen und Maria als die Frau, »die nicht zögerte zu verkünden, daß Gott der Anwalt der Kleinen und Unterdrückten sei, der die Mächtigen dieser Welt vom Thron stürzt (vgl. Lk 1,51– 53); . . . ›als hervorragende Vertreterin der Demütigen und Armen Gottes‹ (*Lumen gentium*, 55), als eine starke Frau, die Armut und Leiden, Flucht und Verbannung mitmachte (vgl. Mt 2,13–23): Situationen, die der Aufmerksamkeit dessen nicht entgehen können, der im Geist des Evangeliums die *befreienden Kräfte* des einzelnen wie in der menschlichen Gesellschaft fördern will.«[2]

---

[2] *Paul VI.*, Marialis Cultus, 1974, Nr. 37.

Wie wir sehen, hat jede Generation ihre eigene Begegnung mit Maria. Auf sie projiziert sie ihre Sehnsüchte und soziokulturellen Ideale und findet so den Weg zur Erkenntnis der weiblichen Archetypen, die unseren inneren Keller bevölkern. Mit Papst Paul VI. wiederholen wir: »Wenn die Kirche die lange Geschichte der Marienfrömmigkeit betrachtet, freut sie sich über die ununterbrochene Tradition. Aber sie bindet sich weder an Schemen, die aus dieser oder jener kulturellen Phase stammen, noch an besondere anthropologische Konzeptionen, die ihnen zugrunde liegen. Im übrigen versteht sie gut, daß einige Formen dieses Kultes, die an sich völlig unanfechtbar sind, sich weniger für Menschen anderer Epochen und Zivilisationen eignen.«[3]

Wir sagten bereits und wiederholen hier noch einmal: Das Symbolische muß sich an die Grenzen seiner besonderen Ordnung halten, die darin besteht, die geschichtliche Wirklichkeit neuzuschaffen und neuzusagen, in der Absicht, den verborgenen Sinn und geheimen Wert, den sie enthält, aufzudecken und zu besingen. Es kann weder die Geschichte ersetzen noch sich von ihr verabschieden. Vielmehr muß es sich ständig auf die Geschichte Marias rückbeziehen, der Dorfbewohnerin, Ehefrau des Josef, Jungfrau und Mutter des Zimmermanns Jesus. Maria sah wie zahlreiche andere Frauen in Galiläa aus, wie auch ihr Sohn den anderen Männern seines Ortes glich. Aber beide unterschieden sich auch von ihnen, weil sie ohne jede Sünde waren (der eine war der menschgewordene Gott und die andere die Mutter Gottes und der Tempel des Heiligen Geistes).

Wenn wir Maria aus der Perspektive des Symbolischen betrachten, bleibt uns das Bescheidene an ihrer geschichtlichen Situation nahezu verborgen. Was hören wir da schon von den von der Arbeit schwieligen Händen, von den leidgeprüften Zügen ihres Gesichtes voller Würde, von den vom langen Stehen klobigen Füßen? Was uns das Symbol zu erkennen gibt, ist die anmutige junge Frau, die mit Juwelen und Gold geschmückt und in Brokat und Seide gekleidet ist, deren Hände zart sind, deren Haut gepflegt und deren Gesicht verklärt ist. Was die symbolische Erhöhungssprache preisen muß und nicht kaschieren darf, ist das Große an dieser Dunkelheit. Sonst mystifizierten wir Maria und brächten die Dimensionen durcheinander, die geschichtliche und die symbolische. Die Gläubigen, die vor den Marienstatuen niederknien, müssen durch das Symbol hindurch-

³ Ebd. Nr. 36.

schauen und an die Geschichte dieser auf der ganzen Welt einmaligen Frau, die das Leben aller Frauen geteilt hat, herankommen können. Gläubige, die an Maria diese alltäglichen Dinge entdecken, werden allmählich auch das Große, Erhabene und Heilige erkennen, das sich hinter der Banalität des häuslichen Lebens verbirgt, die ja schließlich auch ihr eigenes Leben ausmacht. In diesen einfachen Dingen hat Gott den Reichtum seiner und unserer Herrlichkeit verborgen. Wenn wir so vom Ruhm Marias sprechen und die Symbole betrachten, die von ihrer Herrlichkeit erzählen, dann wird es weder Euphemismus noch Mystifizierung noch falsche Projektion mehr geben.

Nur in dieser Spannung zwischen Geschichte, Theologie und Symbol sind wir imstande, die kleine Größe und die große Kleinheit, die demütige Hoheit und die hohe Demut, die dunkle Herrlichkeit und die herrliche Dunkelheit Marias angemessen miteinander zu verbinden.

Schluß
Das radikal Weibliche

Wir sind am Ende unseres Versuches angekommen. Dabei war uns – so meinen wir – die Kategorie des Weiblichen mit ihrer radikalen und ontologischen Dimension behilflich, das Geheimnis um Maria aufzuhellen. Umgekehrt haben uns das Leben Marias und die Großtaten, die Gott an ihr gewirkt hat, geholfen, das Weibliche in seiner geschichtlichen wie auch endzeitlichen Erscheinungsform besser zu verstehen.

Die Wirklichkeit des Weiblichen, die wir von verschiedenen Perspektiven aus (analytische, philosophische und theologische Annäherung) befragt haben, hat uns gewiß ein dichteres Verständnis des Menschen und nicht nur der Frau ermöglicht. Aber sie hat sich auch als Geheimnis erwiesen. Was wir über das Weibliche in Erfahrung bringen können, ist im Vergleich zu dem, was wir nicht von ihm wissen und was sich von ihm verbirgt, annähernd nichts. Seine Wurzeln verlieren sich in Gott. Deshalb ist es durchaus Rechtens, vom Weiblichen in Gott und an Gott zu sprechen, der ja auch meine Mutter ist.

Das Geheimnis des Weiblichen hat nichts Niederschmetterndes an sich, sondern ist voll von Geborgenheit und Zärtlichkeit. Ja, es ist weniger ein Problem als vielmehr ein wirkliches Geheimnis. Probleme kann man lösen. Und wenn man sie einmal gelöst hat, gibt es sie nicht mehr. Geheimnisse kennen keine Lösung. Je tiefer man in ein Geheimnis eindringt, um so mehr fordert es den Verstand heraus. Das Geheimnis ist nicht dunkel, sondern hell, ist Licht, das nach Licht ruft. Aus diesem Grund kann man sich immer wieder in das Geheimnis des Weiblichen vertiefen. Jede Generation leistet ihren Beitrag dazu, es zu erhellen. So sprechen wir vom *radikal Weiblichen*. Es hat die Struktur einer Wurzel und einer Quelle und steht in Verbindung mit der Letzten Wurzel und der Letzten Quelle. In Maria ist es zu geschichtlicher Sichtbarkeit gelangt, hat eine eschatologische Antizipation gefunden und ist zum Symbol dafür geworden, was mit allem Weiblichen, das sich auf je verschiedene Weise in allen Menschen realisiert, geschehen wird.

Das Weibliche zeigt uns eine andere Form des Mensch-Seins und der Zivilisation. Die letzten Jahrtausende sind von der Vorherrschaft des Männlichen geprägt gewesen. Dieses begründet eine bestimmte Weise, Mensch zu sein und mit der Wirklichkeit umzugehen. Kennzeichen dieser Weise ist vor allem der *logos,* sind Vernunft und Begriff. Der *logos* führt zu einem Bruch zwischen Mensch und Natur. Wir schwingen uns zu Herren über die Erde auf, unterwerfen uns ihre Kräfte und zerstören ihr differenziertes Gleichgewicht.[1] Diese Art der Zivilisation brachte manches Positive, führte aber auch in Sackgassen, deren Enge wir heute deutlich spüren.

In diesem Zusammenhang erweist sich nun das Weibliche als Möglichkeit eines alternativen Weges. Natürlich geht es nicht darum, zu den Modellen der weiblichen Agrarzivilisation zurückzuwollen, sondern darum, der Dimension des Weiblichen in unserer Kultur größere Weite einzuräumen. Das Weibliche befähigt uns zu einer anderen Art von Beziehung, die brüderlich-schwesterlicher, zärtlicher und mit unseren kosmischen und tellurischen Wurzeln solidarischer ist. Alle großen Geister, die von tiefer, menschlicher Integration geprägt sind, hatten ein Gespür für Zärtlichkeit und für die Ausdrucksformen der *anima.*

In dieser Perspektive haben wir uns bemüht, die theologische Reflexion über Maria neu zu formulieren – Maria, die Gertrud von le Fort »die ewige Frau«[2] und Paul Claudel »Sakrament der mütterlichen Zärtlichkeit Gottes« nannte. Unsere Überlegungen dürften verdeutlicht haben, daß die Bedeutung Marias über Maria, ja über die Frau hinausgeht und an das Geheimnis des Menschen – ob Mann oder Frau – wie auch an das religiöse Geheimnis der Schöpfung rührt. »Maria, Vertreterin der gesamten Schöpfung, vertritt zugleich Mann und Frau.«[3] Nicht ohne Grund spricht die Lauretanische Litanei Maria Eigenschaften zu, die unsere Kultur dem einen wie dem anderen Geschlecht zuweist. So ist Maria die reinste Mutter, die liebenswürdige Mutter, die mystische Rose und der Morgenstern – alles eminent (aber nicht ausschließlich) weibliche Eigenschaften –, zugleich wird sie besungen als mächtige Jungfrau, davidischer Turm und Spiegel der Gerechtigkeit, mit Attributen also, die eher (aber

---

[1] Vgl.: *C. G. Jung,* Der Archaische Mensch, in: Gesammelte Werke 10, Olten/Freiburg ²1981, 90.

[2] *G. von LeFort,* Die ewige Frau, München ²⁰1962.

[3] *C. G. Jung,* Gesammelte Werke 10, 158.

nicht ausschließlich) männlich sind. Maria ist mithin ein menschliches und nicht bloß weibliches Ideal.

Die Sprache, die einem so umfassenden Ideal am nächsten kommt, ist nicht der Begriff, sondern das Symbol, nicht der Diskurs, sondern die mythische Erzählung. Die symbolische und mythische Sprache vermittelt eine Botschaft in Hieroglyphen und nicht in einem konventionellen Alphabet unserer Vernunft. Wie jedes Alphabet aber beinhaltet sie einen entzifferbaren Sinn. Auf etlichen Seiten haben wir gezeigt, daß es legitim ist, die Tiefe des Weiblichen, insbesondere in ihrer höchsten Konkretion, die ja ihr Hineingenommenwerden in das göttliche Geheimnis ist, in mythischer Rede zu vermitteln. Im Raum des Mythos wird einem klar, daß die Grundstruktur des Menschen nicht das *sum* (ich bin), sondern das *sursum* (empor) ist.[4]

Allerdings müssen Geheimnis und Mythos sauber auseinandergehalten werden. Der Mythos ist eine Sprache, das Geheimnis eine radikale Wirklichkeit. Der Mythos ist eine Hermeneutik des Geschichtlichen. Deshalb haben wir in unserer Arbeit über die Mariengeheimnisse betont, diese kämen angemessener in Symbolen und Mythen zum Ausdruck als in theologischer Rationalität. Die Realität Marias ist so fruchtbar und grundlegend, daß sie nahezu alle Mythen, die unsere innere Archäologie erhellen, auf sich zieht. Treffend sagte Jean Guitton:

»Die Jungfrau ist der privilegierte *Ort* der reinsten Mythen. Die Jungfrau ist das *Band* der erhabensten Geheimnisse. Ja, es muß noch tiefer gesagt werden: Die Jungfrau ist ein ursprünglicher, privilegierter und vielleicht einzigartiger Brennpunkt, durch den die erhebende *assumptio,* die Aufnahme in den Himmel, geschieht, so daß die niederen Bereiche der Existenz in einen vollkommeneren Zustand gelangen, in dem sie zu ihrem reinsten Wesen zurückfinden und nur ihre Akzidentien verlieren. Ist diese Sublimierung, diese *assumptio,* nicht das metaphysische Geheimnis des Kosmos, des Lebens, des Denkens, des geistigen Fortschritts wie auch das des zeitlichen Lebens, das zum ewigen Leben erhöht wird? In der Idee der Jungfrau werden die Mythen zum Geheimnis sublimiert. Im Sein der Jungfrau vollzieht sich bereits die *assumptio,* die ›Aufnahme in den Himmel‹, die ja keine Auflösung des Leibes, sondern eine Sublimierung bedeutet. Wir wollen nicht, wie Paulus sagt, entkleidet, sondern überkleidet wer-

[4] Vgl.: *G. Marcel,* Philosophie der Hoffnung, Düsseldorf 1949.

den, damit das Sterbliche an uns vom Leben aufgesogen wird. Das ist ohne Zweifel das höchste Gesetz.«[5]

Dieses höchste Gesetz muß ständig sichtbar gemacht und fortwährend neu gesagt werden. Aus diesem Grund müssen wir die Sprache der Symbole und der Mythen innerhalb ihrer eigenen Grammatik verstehen. Hüten müssen wir uns vor allzu geometrischen Geistern, denen es leider an *finesse,* am Geist der Feinheit und an Zärtlichkeit fehlt. Um die Geheimnisse zu retten, nehmen sie ihnen alle symbolische Einkleidung. Der Preis für diese theoretische Katharsis ist, daß das Geheimnis zu einer abstrakten Idee austrocknet. Diese aber ist nie ein Anreiz für das geistliche Leben und regt auch niemanden an, bis zu den Wurzeln der Wirklichkeit hinab- oder bis zu den Gipfeln der religiösen Erfahrung emporzusteigen. Wichtig ist, unterscheiden zu können, was Mythos und was Geheimnis ist. Aber niemand darf ohne Schaden auseinanderreißen, was die Psyche verbunden und vereint hat. Andere, die das Geheimnis konkretisieren wollen, begraben es in einer solchen Fülle von Symbolen und Mythen, daß niemand es mehr identifizieren kann; Ergebnis: mit der christlichen und marianischen Erfahrung ist es vorbei. Das Geheimnis hat seinen Ursprung nicht im Mythos, sondern in Gott. Gott aber zieht den Mythos, der ja vom Menschen stammt, an sich. Die Richtschnur für den rechten Gebrauch der Symbolsprache ist die Geschichtlichkeit, die sie ins Spiel bringt. So muß uns die Symbolsprache des Glaubens bezüglich Marias – mit all ihrem verherrlichenden Klang – immer daran erinnern, daß Maria eine historische Frau aus dem einfachen Volk war, die an unserem Alltag teilhatte und den schmalen Weg der Namenlosen ging. Kein Mensch verliebt sich in eine Phantomfrau. Man begeistert sich immer nur für eine Frau aus Fleisch und Blut, deren geschichtliche Größe die Sprache der Symbole unterstreichen will. Als Don Quijote wieder bei Sinnen war, vergaß er seine Dulcinea.[6]

Geist und Buchstabe müssen also zusammenbleiben. Nur so findet sich die geschichtliche Mirjam aus Nazaret in der Maria unseres Glaubens wieder. Die Größe Marias, so wie wir sie in unserer Arbeit zu beschreiben trachteten, ergibt sich aus der doppelten Beziehung, in der sie zum Heiligen Geist und zum Wort steht. Der Geist macht sie

---

[5] *J. Guitton,* Mythe et mystère de Marie, in: De primordiis cultus mariani IV, Rom 1970, 1–11, hier 9.

[6] Vgl.: *J. Falgás,* Maria, la mujer. Un estudio científico de su personalidad, Madrid 1966, 226.

sich hypostatisch zu eigen, damit sie das Weibliche verewigt und dadurch der menschlichen Existenz in ihrer weiblichen Ausprägung eschatologischen und antizipatorischen Charakter verleiht und sich zugleich der Fülle der Weiblichkeit als jungfräuliche Mutter Gottes öffnet, indem sie ihr *fiat* sagt und so die Inkarnation des ewigen Wortes in ihr ermöglicht. Durch die Inkarnation weiß Maria sich auch vom ewigen Wort getroffen, dessen geschichtliche Konkretheit ja von ihr stammt. Das pneumatische und das christologische Element in Verbindung mit dem eschatologischen Aspekt versetzen uns in den Stand, im Horizont einer Anthropologie des Weiblichen die systematische Reflexion über Maria neu zu formulieren. So, denken wir, findet Maria ihren richtigen Platz in der Heilsgeschichte, die in der Geschichte einer fortschreitenden Assimilierung des Menschen durch Gott und Gottes durch den Menschen besteht.

Mit Teilhard de Chardin glauben wir, daß »das authentisch und reine Weibliche ... *par excellence* eine leuchtende und keusche Energie, Trägerin von Mut, Ideal und Güte ... = die allerseligste Jungfrau Maria«[7] ist.

Wie in Jesus ist Gott in ihr alles in allem (vgl. 1 Kor 15,28).

---

[7] *P. Teilhard de Chardin,* Tagebücher I, Olten/Freiburg 1974, 180. Vgl. auch folgende Sätze: »Ich verführe immer, aber zum Lichte hin. Ich ziehe mit fort, aber in die Freiheit hinein ... Die Jungfrau ist noch Frau und Mutter; das ist das Zeichen der neuen Zeiten ... Wer den Ruf Jesu hört, braucht nicht die Liebe aus seinem Herzen zu verwerfen. Er muß vielmehr von Grund auf menschlich bleiben. Christus hat mir alle meine Geschmeide gelassen. Nur hat er vom Himmel einen Strahl auf mich fallen lassen, der mich grenzenlos erhoben hat. Ich bin die unverwelkliche Schönheit der künftigen Zeiten – das weibliche Ideal. Je mehr ich also Frau sein werde, desto immaterieller und himmlischer wird meine Gestalt sein« (*ders.,* Frühe Schriften, Freiburg 1968, 243–245).

Abkürzungen

Bulletin   Bulletin de la société française d'études mariales, Paris
           1949 ff
c.   causa
CCL   Corpus Christianorum, series latina, Turnholt 1953 ff
CLAR   Confederación lationamericana de religiosos (Lateiname-
           rikanische Vereinigung der Ordensleute)
CSEL   Corpus scriptorum ecclesiasticorum latinorum, Wien
           1866 ff
DS   Heinrich Denzinger/Adolf Schönmetzer, Enchiridion
           symbolorum, definitionum et declarationum de rebus
           fidei et morum, Barcelona/Freiburg ^{35}1973
LThK   Lexikon für Theologie und Kirche, 2. Aufl., hrsg. von
           Josef Höfer/Karl Rahner, Freiburg 1958–1965
MySal   Mysterium Salutis. Grundriß heilsgeschichtlicher Dog-
           matik, hrsg. von Johannes Feiner/Magnus Löhrer, Einsie-
           deln/Zürich/Köln 1965–1981
NR   Josef Neuner/Heinrich Roos, Der Glaube der Kirche in
           den Urkunden der Lehrverkündigung, neubearb. von
           Karl Rahner/Karl-Heinz Weger, Regensburg ^{11}1983
PG   Patrologiae cursus completus, series graeca, hrsg. von
           Jacques Paul Migne, Paris 1857–1866
PL   Patrologiae cursus completus, series latina, hrsg. von
           Jacques Paul Migne, Paris 1844–1855
q.   quaestio
Scg   Thomas von Aquin, Summa contra gentiles
Sth   Thomas von Aquin, Summa theologiae
ThWNT   Theologisches Wörterbuch zum Neuen Testament, hrsg.
           von Gerhard Kittel/Gerhard Friedrich, Stuttgart 1933 bis
           1973